供应链管理（第 2 版）

陈明蔚　编著

北京理工大学出版社
BEIJING INSTITUTE OF TECHNOLOGY PRESS

版权专有　侵权必究

图书在版编目（CIP）数据

供应链管理/陈明蔚编著. —2 版. —北京：北京理工大学出版社，2018.9（2018.10 重印）

ISBN 978 – 7 – 5682 – 6254 – 5

Ⅰ. ①供… Ⅱ. ①陈… Ⅲ. ①供应链管理 – 教材 Ⅳ. ①F252.1

中国版本图书馆 CIP 数据核字（2018）第 200468 号

出版发行 / 北京理工大学出版社有限责任公司
社　　址 / 北京市海淀区中关村南大街 5 号
邮　　编 / 100081
电　　话 / （010）68914775（总编室）
　　　　　（010）82562903（教材售后服务热线）
　　　　　（010）68948351（其他图书服务热线）
网　　址 / http：//www.bitpress.com.cn
经　　销 / 全国各地新华书店
印　　刷 /
开　　本 / 787 毫米 × 1092 毫米　1/16
印　　张 / 13.5　　　　　　　　　　　　　　　责任编辑 / 李玉昌
字　　数 / 314 千字　　　　　　　　　　　　　文案编辑 / 李玉昌
版　　次 / 2018 年 9 月第 2 版　2018 年 10 月第 2 次印刷　责任校对 / 周瑞红
定　　价 / 35.00 元　　　　　　　　　　　　　责任印制 / 李　洋

图书出现印装质量问题，请拨打售后服务热线，本社负责调换

再版说明

根据教材使用的时间及时代发展的新形势,本书编写者为满足专业人才培养及教学的需要对原书进行了必要的修改。《供应链管理(第2版)》,在保持原有特色的基础上,系统性地介绍了供应链管理产生和发展的历史背景、供应链管理的基本概念与基本理论、供应链的驱动要素与障碍因素、供应链中的网络设计、供应链的协调、供应链管理环境下的库存策略、运输、组织与控制、电子商务与供应链等核心内容;同时对组织供应链管理运行的管理方法与绩效评价、支持供应链管理的信息技术等内容也进行了阐述。

特色:充实了最新研究成果,对相关章节数据进行了更新以及增加、更新了必要的案例,补充了更多富有价值的实训练习资料。修订版充分体现了强化供应链管理的战略地位。全书对选择合作伙伴、实现风险共担、利益共享,共同提高竞争力;通过VMI、第三方物流等技术,提高供应链上物流的效率;降低库存成本,使价值真正增值;完善了供应链运作的绩效评价技术,制定合理的激励机制,使供应链整体竞争力保持活力以及借助先进的信息技术、建立供应链管理运行的支持系统和平台等内容进行了较为完整的展示。

"供应链管理"课程是物流管理及相关专业的核心专业课,经过几轮教学实践后,本书的修订依据基本上得到明确。本次修订,紧贴时代发展与供应链发展的趋势,紧密结合人才培养的目标,在原书13个章节的基础上整合成12个章节,突出重点、难点及根据供应链管理的需要,重新设计章节结构,增加新的知识点。

《供应链管理》于2011年8月出版,这是高职物流管理专业课程的重要成果,也是一本借鉴国内外众多专家学者研究成果的关于供应链管理的专著。该书自出版以来得到众多学院的关注及应用,在社会上有良好的影响,是国内物流与供应链管理研究和应用的可用参考书之一。

本书可作为物流管理、电子商务、工商管理、管理科学与工程、企业管理等相关专业高职学生的教材,还可供企业相关决策层的管理人员和供应链管理从业人员学习参考。

序

"供应链管理"是一门系统研究供应链管理过程的普遍规律、基本原则和基本方法的极具突出专业特色的课程。因此,物流管理及相关专业群都开设了"供应链管理"课程。

高质量的教材是培养高质量人才的基本保证。然而,现在的有些教材过分强调知识的系统性,重理论、轻实践,符合高职教育特色的"对口"教材严重不足。因此,开发具有高职特色的专业教材成为高职院校教学工作的重要任务之一。

福建船政交通职业学院管理工程系副教授陈明蔚编写的这本《供应链管理》教材就要在北京理工大学出版社出版了,作为学院的院长我感到很欣慰,学院的专业教师除了教学和科研工作的涉足,还越来越多地参与到教材的编写工作,这是值得鼓励和支持的事情。

这本教材以供应链管理的主要问题为主线,突出重点,深入浅出,通俗易懂,是适合高职教学的必备教材,同时还可以作为从事供应链管理工作的相关人员学习理论与方法的参考书。

本人认为本教材在编写上重点突出了以下四个方面的特点。

一、教材目标上的特点

首先,在教材的知识目标方面,该教材突出其服务基层的特点。由于高职教育培养的是高端技能型应用人才,必然要求高职学生对专业理论知识有着深刻的理解,因此在教材内容中将理论教学与生产实际、与学生未来职业紧密联系。其次,在教材的方法目标和态度目标方面,强调了素质教育贯穿于高职教育人才培养工作的始终。

二、教材内容上的特点

首先,在内容的广度方面,该教材有别于普通高校的供应链管理教材;其次,在内容的深度方面,该教材按教育部对高职"必备理论知识"的要求,突出"够用""实用"的基本要求,删去部分偏难、偏深的理论,体现基于市场需求的人才培养的特点,并将课程内容的重点放到基本理论上。

三、组织上的特点

该教材与高职学生的认知水平、心理规律相适应。根据高职的学生的培养目标与高职教学特点,大多学习基础较为薄弱,因此,该教材比较好地改变过去重视知识的传授,过于强调学科体系的严密、完整的做法,精选学生终身发展必需的基础知识和基本技能,体现学生身心发展及掌握知识的特点,即教材要体现社会需要、专业学科特点和学生身心发展三者有机的统一。该教材对基本概念、基本理论、基本方法的论述深入浅出,清楚明白;对内容的编排由易到难,循序渐进并注重教材的连贯性、衔接性;增加可读性,激发学生的学习兴趣。

四、呈现和表达上的特点

在教材的编写中,突出了文字叙述简明扼要的特点。在内容的体现过程中淡化推导、加强应用、突出能力,以问题、案例为载体,注重实践能力的培养。

博士生导师、院长:沈斐敏教授

第 1 版前言

应北京理工大学出版社的邀请，笔者非常荣幸地编写了本书。经过近一年的努力，很高兴本书就要出版使用了。笔者感觉自己很幸运，同时也感觉到一丝不安。进入 21 世纪后，供应链管理领域，无论在理论上，还是在实践上，都有了很大的发展，未来企业的竞争使供应链之间竞争的概念更加得到认同，供应链理念已经深深渗透到企业经营管理实践和理论研究之中。

本书在编写过程中整体体系参考了国内外众多的教材和文献资料，在内容结构设计上符合目前国际流行的同类教材的编写体系，同时还兼顾了专业教学的特点及要求，体现了"以人为本"的教学理念。本书在编写时，尽量遵循了以下基本原则：第一，注重学生基础知识的掌握。理论以"应用"为宗旨，只阐述必要的理论与原理，而理论来源、推导过程、理论争议基本不涉及，不做理论上的深入阐释，以高职院校学生必须掌握、能够掌握为度。第二，注重学生实务能力的培养。本书采用了大量案例，即先引入案例、后补充总结、再扩展与思考，解决社会经济发展中的各种问题，满足社会对行业人才的需求。

本书共十三章，主要从基本概论、基本理论、基本策略等方面阐述了供应链管理的相关内容。特别是在案例的选择上，基本取材于网站上国内国际成功企业在供应链管理各个领域的案例，特别是能与中国的实践相结合的案例。

本书的编写得到福建船政交通职业学院的院、系领导的大力支持；笔者的大三学生黄丹红、叶新忠、袁一超、朱华荣、许赞冬，大二学生刘青林、蒋小莹等在图表等方面做了一些工作。感谢笔者的学院院长博士生导师沈斐敏教授、笔者的硕士导师福州大学公共管理学院的陈福集教授、笔者的博士导师长安大学经济管理学院徐海成教授给予笔者的信任和支持；感谢笔者的家人给予笔者时间上的保障和关心。

由于编者水平和编写时间有限，加之物流行业发展较快，许多观点尚存在争议，因此，书中难免有较多不足之处，恳请批评与指正，以期保持教材的时代性与实用性。

目 录

第一章 理解供应链 .... (1)
1.1 供应链概述 .... (2)
1.1.1 什么是供应链 .... (2)
1.1.2 供应链的范畴 .... (3)
1.1.3 供应链的特征 .... (4)
1.1.4 供应链的类型 .... (5)
1.2 供应链的重要性 .... (6)
1.2.1 供应链的三个重点 .... (6)
1.2.2 从客户与供货商的关系看内部供应链的重要性 ...... (7)
1.2.3 供应链的活动 .... (8)
1.3 供应链的目标 .... (9)
1.4 供应链的演变 .... (10)
1.4.1 供应链提出的时代背景 .... (10)
1.4.2 供应链发展历史 .... (11)
1.4.3 供应链概念的形成 .... (11)
1.5 供应链的未来发展 .... (12)
1.5.1 全球网络供应链 .... (12)
1.5.2 信息化及信息数据的可视化 .... (12)
1.5.3 电子商务发展 .... (13)
1.5.4 供应链结构向横向一体化与网络化发展 .... (13)
1.5.5 企业生产敏捷化、柔性化 .... (14)
1.5.6 逆向物流与绿色物流 .... (14)
1.5.7 中国大陆市场的兴起 .... (14)
1.6 学习目标小结 .... (15)

第二章 供应链策略与方法 .... (18)
2.1 供应链策略 .... (19)

2.1.1　策略与供应链管理策略 ……………………………………………… (19)
　　2.1.2　竞争战略与供应链战略的匹配 ……………………………………… (21)
　2.2　供应链的决策 ……………………………………………………………… (25)
　　2.2.1　供应链战略或设计 …………………………………………………… (25)
　　2.2.2　推拉式供应链战略选择 ……………………………………………… (26)
　2.3　供应链管理的方法 ………………………………………………………… (28)
　　2.3.1　快速反应 ……………………………………………………………… (28)
　　2.3.2　有效客户反应 ………………………………………………………… (29)
　　2.3.3　ERP …………………………………………………………………… (32)
　　2.3.4　配送资源计划 ………………………………………………………… (33)
　　2.3.5　联合计划、预测和补货系统 ………………………………………… (34)
　2.4　学习目标小结 ……………………………………………………………… (35)

第三章　供应链的驱动要素与障碍因素 ………………………………………… (38)
　3.1　供应链的主要驱动要素 …………………………………………………… (39)
　　3.1.1　库存 …………………………………………………………………… (39)
　　3.1.2　运输 …………………………………………………………………… (40)
　　3.1.3　设施 …………………………………………………………………… (40)
　　3.1.4　信息 …………………………………………………………………… (40)
　3.2　供应链运营的结构框架 …………………………………………………… (40)
　3.3　库存 ………………………………………………………………………… (41)
　　3.3.1　库存在供应链中的作用 ……………………………………………… (41)
　　3.3.2　库存决策的组成要素 ………………………………………………… (41)
　3.4　运输 ………………………………………………………………………… (42)
　　3.4.1　运输在供应链中的作用 ……………………………………………… (42)
　　3.4.2　运输决策的组成要素 ………………………………………………… (43)
　3.5　设施 ………………………………………………………………………… (43)
　　3.5.1　设施在供应链中的作用 ……………………………………………… (43)
　　3.5.2　设施决策的组成要素 ………………………………………………… (44)
　3.6　信息 ………………………………………………………………………… (45)
　　3.6.1　信息在供应链中的作用 ……………………………………………… (45)
　　3.6.2　信息决策的组成要素 ………………………………………………… (46)
　　3.6.3　预测与总体规划 ……………………………………………………… (46)
　　3.6.4　可利用的技术方法 …………………………………………………… (46)
　3.7　供应链运营的障碍因素 …………………………………………………… (47)
　　3.7.1　产品种类的增多 ……………………………………………………… (47)
　　3.7.2　产品生命周期缩短 …………………………………………………… (47)
　　3.7.3　顾客要求不断增加 …………………………………………………… (47)
　　3.7.4　供应链所有权分裂 …………………………………………………… (47)
　　3.7.5　经济全球化问题 ……………………………………………………… (48)

3.7.6　执行新战略的困难 …………………………………………… (48)
　3.8　学习目标小结 ………………………………………………………… (48)

第四章　供应链的需求与供给管理 ………………………………………… (51)
　4.1　供应链管理中的需求预测 …………………………………………… (51)
　4.2　预测需要考虑的要素 ………………………………………………… (53)
　　4.2.1　需求的性质 …………………………………………………… (53)
　　4.2.2　预测的内容 …………………………………………………… (54)
　4.3　预测技术 ……………………………………………………………… (55)
　　4.3.1　预测技术分类 ………………………………………………… (56)
　　4.3.2　预测的种类与流程 …………………………………………… (57)
　4.4　供应链的供给管理 …………………………………………………… (58)
　　4.4.1　生产能力管理 ………………………………………………… (58)
　　4.4.2　库存管理 ……………………………………………………… (59)
　　4.4.3　供给计划、供给调度 ………………………………………… (59)
　4.5　供应量的需求满足 …………………………………………………… (61)
　　4.5.1　需求满足的重要性和目的 …………………………………… (61)
　　4.5.2　需求满足的功能 ……………………………………………… (62)
　4.6　学习目标小结 ………………………………………………………… (63)

第五章　供应链中的库存策略 ………………………………………………… (67)
　5.1　供应链管理环境下的库存 …………………………………………… (68)
　5.2　供应链中的不确定性与库存 ………………………………………… (70)
　　5.2.1　供应链中的不确定性 ………………………………………… (70)
　　5.2.2　供应链的不确定性与库存的关系 …………………………… (70)
　5.3　供应链管理环境下的库存管理策略 ………………………………… (71)
　　5.3.1　库存管理的基本原理 ………………………………………… (71)
　　5.3.2　供应商管理库存 ……………………………………………… (72)
　　5.3.3　联合库存管理 ………………………………………………… (73)
　　5.3.4　JIT 库存管理 ………………………………………………… (74)
　　5.3.5　MRP 库存控制 ……………………………………………… (75)
　5.4　供应链库存的常用策略及计算模型 ………………………………… (75)
　　5.4.1　获取供应链规模经济的手段：循环库存 …………………… (75)
　　5.4.2　解决供应链中不确定性问题的手段：安全库存 …………… (79)
　　5.4.3　经济订货批量模型 …………………………………………… (80)
　5.5　学习目标小结 ………………………………………………………… (81)

第六章　供应链中的运输 ……………………………………………………… (84)
　6.1　运输的作用与原理 …………………………………………………… (85)
　　6.1.1　运输在供应链中的作用 ……………………………………… (85)
　　6.1.2　运输的基本原理 ……………………………………………… (85)

  6.1.3 供应链运输的不确定性 ……………………………………………………… (86)
 6.2 运输决策的内容及运输决策的影响因素 ……………………………………………… (86)
  6.2.1 运输决策的内容 …………………………………………………………… (86)
  6.2.2 运输决策的影响因素 ……………………………………………………… (86)
 6.3 各种运输方式的特征及其运营特点 …………………………………………………… (87)
  6.3.1 运输方式 …………………………………………………………………… (87)
  6.3.2 各种运输方式的技术经济特征 …………………………………………… (88)
  6.3.3 运输需求与供给 …………………………………………………………… (88)
  6.3.4 运输市场及特征 …………………………………………………………… (89)
 6.4 供应链中运输网络的设计 ……………………………………………………………… (89)
 6.5 运输运作方式的选择 …………………………………………………………………… (92)
  6.5.1 供应链运输管理的程序 …………………………………………………… (92)
  6.5.2 运输运作管理需要考虑的事项 …………………………………………… (92)
 6.6 协同运输管理——新型供应链管理模式 ……………………………………………… (93)
  6.6.1 协同运输管理的由来和含义 ……………………………………………… (93)
  6.6.2 实施协同管理效果 ………………………………………………………… (93)
 6.7 学习目标小结 …………………………………………………………………………… (94)

第七章 供应链的组织与控制 ……………………………………………………………… (97)
 7.1 企业组织架构与物流职能 ……………………………………………………………… (97)
  7.1.1 供应链管理与传统管理的区别 …………………………………………… (98)
  7.1.2 供应链管理的特点 ………………………………………………………… (98)
  7.1.3 供应链管理作为价值结构的管理与整合工具 …………………………… (98)
 7.2 物流组织的发展 ………………………………………………………………………… (99)
 7.3 企业物流组织的构成和类型 …………………………………………………………… (99)
  7.3.1 功能型组织结构 …………………………………………………………… (99)
  7.3.2 区域型组织结构 …………………………………………………………… (100)
  7.3.3 双信息中心组织结构 ……………………………………………………… (101)
  7.3.4 整车物流联盟组织结构 …………………………………………………… (102)
  7.3.5 基于联邦模式的组织结构 ………………………………………………… (103)
  7.3.6 典型物流组织结构优化案例分析——烟草商业企业现代物流体系构建的
     初步设想 …………………………………………………………………… (104)
 7.4 物流中心及类型 ………………………………………………………………………… (104)
  7.4.1 供应链环境下的现代物流中心概念 ……………………………………… (105)
  7.4.2 供应链环境下的现代物流中心功能及作用 ……………………………… (106)
  7.4.3 供应链环境下的现代物流中心类型 ……………………………………… (107)
  7.4.4 供应链环境下的现代物流中心空间布局规划 …………………………… (107)
  7.4.5 供应链环境下的现代物流中心规模 ……………………………………… (108)
 7.5 第三方物流 ……………………………………………………………………………… (108)
  7.5.1 第三方物流概述 …………………………………………………………… (108)

7.5.2　第三方物流系统的组成要素 …………………………………………… (110)
　　7.5.3　用系统论指导第三方物流的发展 ……………………………………… (110)
　7.6　第四方物流 …………………………………………………………………… (111)
　　7.6.1　第四方物流概述 ………………………………………………………… (111)
　　7.6.2　一整套完善的供应链解决方案 ………………………………………… (113)
　　7.6.3　供应链产生影响增加价值 ……………………………………………… (113)
　　7.6.4　与第三方物流的异同 …………………………………………………… (113)
　7.7　学习目标小结 ………………………………………………………………… (114)

第八章　供应链的协调 …………………………………………………………… (117)
　8.1　供应链失调和"牛鞭效应" …………………………………………………… (118)
　8.2　"牛鞭效应"对经营业绩的影响 ……………………………………………… (120)
　8.3　供应链协调中的障碍因素和解决方法 ……………………………………… (121)
　　8.3.1　激励障碍 ………………………………………………………………… (121)
　　8.3.2　信息传递障碍 …………………………………………………………… (121)
　　8.3.3　运营障碍 ………………………………………………………………… (121)
　　8.3.4　定价障碍 ………………………………………………………………… (122)
　　8.3.5　行为障碍 ………………………………………………………………… (122)
　　8.3.6　供应链协调中的解决方法 ……………………………………………… (122)
　8.4　供应链合作伙伴与战略联盟 ………………………………………………… (123)
　　8.4.1　供应链合作伙伴关系建立的必要性分析 ……………………………… (123)
　　8.4.2　影响供应链合作伙伴关系建立的因素 ………………………………… (124)
　　8.4.3　供应链合作伙伴的选择 ………………………………………………… (125)
　　8.4.4　供应链合作伙伴的未来发展趋势 ……………………………………… (126)
　8.5　学习目标小结 ………………………………………………………………… (127)

第九章　供应链绩效评价 ………………………………………………………… (130)
　9.1　供应链绩效评价概述 ………………………………………………………… (131)
　　9.1.1　供应链绩效评价的概念及原则 ………………………………………… (131)
　　9.1.2　供应链绩效评价的基本思路 …………………………………………… (132)
　　9.1.3　供应链绩效评价指标的分类 …………………………………………… (132)
　　9.1.4　供应链绩效评价指标的特点 …………………………………………… (133)
　　9.1.5　现行企业绩效评价与供应链绩效评价的比较 ………………………… (133)
　9.2　供应链绩效评价指标体系 …………………………………………………… (134)
　　9.2.1　反映整个供应链业务流程的绩效评价指标 …………………………… (134)
　　9.2.2　反映供应链上、下节点企业之关系的绩效评价指标 ………………… (136)
　9.3　供应链绩效评价体系模型 …………………………………………………… (137)
　　9.3.1　三种供应链绩效评价体系模型 ………………………………………… (137)
　　9.3.2　建立绩效评价体系的步骤 ……………………………………………… (138)
　　9.3.3　供应链绩效评价方法 …………………………………………………… (138)
　9.4　几种常用的供应链绩效评价体系 …………………………………………… (139)

9.4.1 基于供应链运作参考模型的评价体系 (139)
9.4.2 基于供应链均衡记分卡的评价体系 (139)
9.4.3 SaT体系 (140)
9.4.4 评价指标家族模型 (140)
9.5 基于SCOR模型的绩效衡量方法与关键绩效指标的选择 (140)
9.6 未来供应链绩效评价研究展望 (142)
9.6.1 供应链绩效评价内容界定 (142)
9.6.2 绩效评价与供应链整体优化相结合 (142)
9.6.3 基于电子商务的供应链绩效评价 (142)
9.6.4 绿色供应链中环境管理绩效评价 (143)
9.6.5 供应链绩效评价体系和方法的研究 (143)
9.7 学习目标小结 (143)

第十章 供应链中的网络设计 (146)

10.1 供应链模型 (146)
10.2 供应链的设计 (147)
10.2.1 怎样选择供应链 (147)
10.2.2 根据亿博咨询的研究,供应链设计失败的主要原因 (148)
10.2.3 设计供应链主要解决的问题 (149)
10.2.4 基于产品的供应链设计 (149)
10.2.5 基于产品生命周期的供应链设计 (150)
10.3 供应链网络设计 (151)
10.3.1 供应链网络设计的概念架构 (151)
10.3.2 供应链网络设计的影响因素细分 (153)
10.3.3 供应链网络设计决策的步骤 (156)
10.3.4 网络设计决策框架 (156)
10.3.5 网络设计优化模型 (157)
10.3.6 网络优化模型的运用 (158)
10.4 学习目标小结 (158)

第十一章 信息技术在供应链中的运用 (162)

11.1 信息技术在供应链中的作用 (163)
11.1.1 现代信息技术的发展 (164)
11.1.2 信息技术在供应链管理中的应用 (164)
11.2 供应链中信息的重要性 (166)
11.3 供应链中信息技术支撑体系 (167)
11.4 未来决定供应链中信息技术格局的趋势 (169)
11.5 实践中的供应链信息技术 (171)
11.6 学习目标小结 (172)

第十二章 电子商务与供应链 (176)

12.1 电子商务在供应链中的作用 (177)

12.2　B2B 引起企业供应链变革 …………………………………………………（177）
　　12.2.1　B2B 电子商务模式引起企业供应链的变革概述 ………………………（178）
　　12.2.2　电子商务对供应链运营业绩的影响 ………………………………………（178）
　　12.2.3　基于电子商务的供应链管理的核心思想 …………………………………（179）
12.3　电子商务供应链的实践和发展 …………………………………………………（180）
　　12.3.1　电子商务和供应链管理集成的必要性分析 ………………………………（180）
　　12.3.2　电子商务环境下的 SCM 模式的发展 ……………………………………（180）
　　12.3.3　集成化电子供应链的体系结构 ……………………………………………（181）
　　12.3.4　基于供应链管理的电子商务模式——以汽车行业为例 …………………（182）
12.4　学习目标小结 ……………………………………………………………………（183）

附　录 ……………………………………………………………………………………（187）

第一章

理解供应链

学习目标

阅读完本章节后，你将能够：
- ※ 阐述供应链及供应链管理的基本思想
- ※ 识别供应链的特征、类型及领域
- ※ 讨论供应链的目标并理解供应链的重要性
- ※ 理解供应链是21世纪企业获取竞争优势的关键要素

章前导读

沃尔玛物流——供应链管理的成功之道

沃尔玛神话般的成功，其历史的根源其实是那句朴实但难于实现的标语——天天平价，始终如一。而这一口号的实现最主要的原因是其严格控制了供应链每一环节的成本，从而可以以最低的价格出售商品，争取到尽可能多的消费者。

沃尔玛百货有限公司由美国零售业的传奇人物山姆·沃尔顿先生于1962年在阿肯色州成立。经过50余年的发展，沃尔玛百货有限公司已经成为美国最大的私人雇主和世界上最大的连锁零售商。沃尔玛于1996年进入中国，在深圳开设了第一家沃尔玛购物广场和山姆会员商店。目前，沃尔玛在中国经营多种业态，包括购物广场、山姆会员商店、社区店等。

在供应链环节中，沃尔玛的战略恰恰应了中国一句老话——磨刀不误砍柴工。它不是将物流环节视为企业的成本中心尽力缩减投入，而是将其视为利润中心，采用全方位的电子系统控制、最先进的技术以及对供应商的高标准要求，从而实现供应链高效益的运转。

在供应链管理方面，早在20世纪80年代初，沃尔玛便采用全电子化的快速供应QR这一现代化供应链管理模式，并且不断地将更新的技术融入这一管理模式。QR模式改变了传统企业的商业信息保密做法，将销售信息、库存信息、生产信息、成本信息等与合作伙伴交流分享。可以说，这是供应链管理由企业内部向企业间合作的一个质的飞跃。

沃尔玛的供应链管理主要由4部分组成：

(1) 顾客需求管理；
(2) 供应商和合作伙伴管理；
(3) 企业内和企业间物流配送系统管理；
(4) 基于 Internet/Intranet 的供应链交互信息管理。

1.1 供应链概述

1.1.1 什么是供应链

供应链这一概念源于价值链，产生于 20 世纪 80 年代后期。

目前比较普遍的观点认为供应链是指围绕核心企业，通过对信息流、物流、资金流的控制，从采购原材料开始，制成中间产品以及最终产品，最后由销售网络把产品送到消费者手中的将供应商、制造商、分销商、零售商直到最终用户连成一个整体的功能网链结构和模式。一个产业往往包含很多企业，其中一个企业的产品被另一个企业作为原料加以利用，使企业间发生一定的联系，这种相互联系的企业共同构成一个完整的价值链，实际上就是供应链。

供应链的概念是从扩大的生产概念发展来的，它将企业的生产活动进行了前伸和后延。譬如，日本丰田公司的精益协作方式中就将供应商的活动视为生产活动的有机组成部分而加以控制和协调。这就是向前延伸。后延是指将生产活动延伸至产品的销售和服务阶段。因此，供应链就是通过计划、获得、存储、分销、服务等这样一些活动而在顾客和供应商之间形成的一种衔接，从而使企业能满足内外部顾客的需求。

供应链包括产品到达顾客手中之前所有参与供应、生产、分配、销售的公司和企业，供应链对上游的供应者（供应活动）、中间的生产者（制造活动）和运输商（储存运输活动），以及下游的消费者（分销活动）同样重视。以下是众多学者对供应链的一个界定。

美国史迪文斯（Stevens）："通过增值过程和分销渠道控制从供应商的供应商，到用户的用户的物料流就是供应链，它开始于供应的源点，结束于消费的终点。"

哈里森（Harrision）："供应链是执行采购原材料，将它们转换为中间产品和成品，并将成品销售到用户的功能网链。"

密歇根大学：强调供应链是一个过程，同时认为，供应链是一个对多公司"关系管理"的集成供应链，它包含从原材料的采购到产品和服务交付给最终消费者的全过程。

《物流术语》（GB/T 18354—2001）对供应链的定义是：供应链是生产及流通过程中，涉及将产品或服务提供给最终用户活动的上游与下游企业所形成的网链结构。

供应链包括满足顾客需求所直接或间接涉及的所有环节，是由物料获取、物料加工，并将成品送到用户手中这一过程所涉及的企业和企业部门组成的一个网络，是一个动态的系统。形象一点，我们可以把供应链描绘成一棵枝叶茂盛的大树：生产企业构成树根；独家代理商则是主干；分销商是树枝和树梢；满树的绿叶红花是最终用户；在根与主干、枝与干的一个个结点，蕴藏着一次次的流通，遍体相通的脉络便是信息管理系统。例如，裘皮服装的产销供应链如图 1-1 所示。

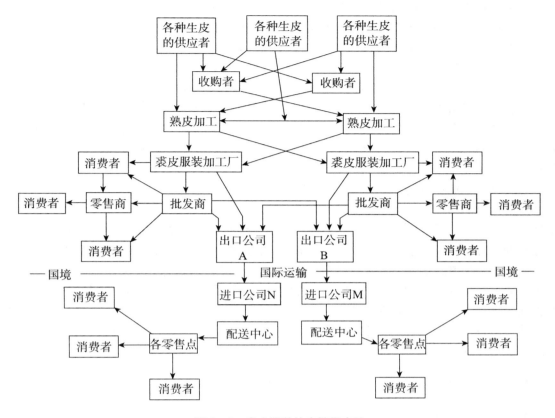

图 1-1 裘皮服装的产销供应链

典型的供应链可能包括许多不同的环节。供应链环节如图 1-2 所示，包括：零部件或原材料供应商、制造商、分销商、零售商以及消费者。恰当的供应链设计取决于最终顾客市场的需求和满足这些需求所涉及环节的作用，各个环节不一定都出现在同一条供应链中。

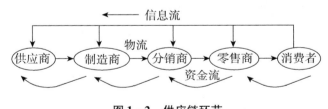

图 1-2 供应链环节

1.1.2 供应链的范畴

供应链的活动主要是通过供应链管理来实现的，供应链管理（SCM）划分为三个主要流程。

（1）计划：包括需求预测和补货，旨在使正确的产品在正确的时间和地点交货，还可以使信息沿着整个供应链流动。这需要深入了解客户的需求，同时这也是成功管理供应链的根本所在。

（2）实施：主要关注运作效率，包括如客户订单执行、采购、制造、存货控制以及后勤配送等应用系统，其最终目标是综合利用这些系统，以提高货物和服务在供应链中的流动效率。其中，关键是要将单个商业应用提升为能够运作于整个商业过程的集成系统，也就是要有一套适用于整个供应链的电子商务解决方案（包括实施框架、优化业务流程、技术标准、通信技术及软硬件设备等）。

（3）执行评估：是指对供应链运行情况的跟踪，以便于制定更开放的决策，更有效地反映变化的市场需求。利用电子商务工具，如财会管理系统，可进行有效的信息审核和分析。为了解决信息通路问题，许多公司正在开发集成数据仓库，它可提供数据分析工具，管理者能够在不影响系统运作性能的情形下分析商业信息。还有一种趋势是利用基于 Web 的软件媒体做预先分析。

面对当前全球化市场竞争日益激烈，企业的发展乃至生存在不同程度上受到威胁。在巨大的经济浪潮的冲击下，市场竞争已不再是单纯的企业与企业之间的竞争，而是供应链与供应链之间的竞争。因此，提高管理不同模式的供应链的能力就显得非常重要。"推销"模式是传统的供应链模式，指根据商品的库存情况，有计划地将商品推销给客户。而当前更多的是"需求动力"模式，顾名思义，该供应链模式源于客户需求，客户是供应链中一切业务的原动力。在"需求动力"模式中，零售商通过 POS 系统采集客户所购商品的确切信息；数据在分销仓库中经汇总分析后又传给制造商。这样，制造商就可以为下一次向分销仓库补货提前做准备，同时调整交货计划和采购计划，更新生产计划；原材料供应商也可改变他们相应的交货计划。

1.1.3 供应链的特征

如图 1-3 所示，供应链由不同成员组成，其中存在一个核心企业（可能是产品生产制造业，也可以是大型零售企业），供应链在信息流的驱动下，透过供应链成员的功能分工与合作，以资金流、物流、服务流为媒体提升整个供应链的价值。

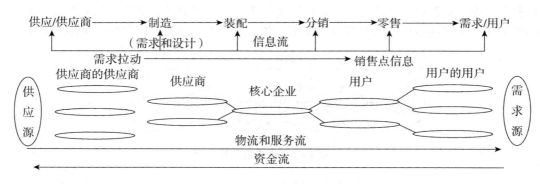

图 1-3 供应链的网链结构

因此，供应链主要具有以下特征：

（1）复杂性：因为供应链节点企业组成的跨度（层次）不同，供应链往往由多个、多类型甚至多国企业构成，所以供应链结构模式比一般单个企业的结构模式更为复杂。

（2）动态性：供应链管理因企业战略和适应市场需求变化的需要，其中节点企业需要动态地更新，这就使得供应链具有明显的动态性。

（3）面向用户需求：供应链的形成、存在、重构，都是基于一定的市场需求而发生，并且在供应链的运作过程中，用户的需求拉动是供应链中信息流、产品/服务流、资金流运作的驱动源。

（4）交叉性：节点企业可以是这个供应链的成员，同时又是另一个供应链的成员，众多的供应链形成交叉结构，增加了协调管理的难度。

1.1.4 供应链的类型

最好的供应链应该同时具有敏捷力（Agility）、适应力（Adaptability）和协同力（Alignment）。要建立这种3A供应链，企业必须放弃与生产力背道而驰的、一味追求效率的心态，必须做好准备以保持整个供应链网络随时对环境的变化做出反应，必须关注供应链所有合作伙伴的而不只是自家企业的利益。

根据产品的生命周期、需求是否稳定以及是否可以预测等因素通常把产品分为两种：功能型的和创新型的。

从需求这一端来看，对功能型产品的需求是稳定的。而创新型产品的生命周期短暂，需求难以预测，比如时装、电脑游戏、高端电脑等都属于这一类产品。

从供应这一端来看，也有两种类型：一种是稳定的；另一种是变化的。稳定的供应背后，是成熟的制造流程和技术、完备的供应基地。而在变化的供应背后，制造流程和技术都处于早期开发阶段，处于迅速变化的时期，供应商可能在数量和应对需求变化的经验上都有限。企业在确定了自己的产品需求和供应两端各自属于哪一种类型之后，就能构建合适的供应链战略。

（1）高效型供应链——针对具备稳定供应流程的功能型产品。丰田汽车就属于这一类型的供应链，它的特性是遵循精益原则。精益原则能够帮助公司获得制造和供应的高效性，同时消除不能够增加价值的行为。高效型供应链的另一个重要特征就是追求规模经济，应用最佳技术，将产能和分销能力都发挥到最大限度。同时，企业还必须重视与供应链中的各方保持有效、准确的信息沟通。

（2）风险规避型供应链——针对供应流程变化不定的功能型产品。能力共享是应对供应不稳定的一个有力方式。比如与其他公司共同拥有缓冲库存，设立多家供应商，或者利用分销商的库存能力来减少供应风险等。

（3）响应型供应链——针对具备稳定性供应流程的创新型产品。例如 PC 或者笔记本电脑公司的供应链，需要快速和灵活地满足多样且多变的顾客需求，就是这一类型的供应链。

（4）敏捷型供应链——针对供应流程变化不定的创新型产品。

这种类型的供应链结合了第二种和第三种供应链的长处，它对于顾客的需求反应迅速而且灵活，同时也通过共享库存或者其他的能力资源规避了风险。

供应链还可以这样来分类：

（1）以客户要求为核心构筑的供应链：根据客户的要求标准，达到以客户满意为目标来设计和组合的供应链。例如，为一个汽车制造厂设计一个汽车零配件的采购与供应系统。首先，要对该汽车制造厂每年、每月、每天的汽车零配件的使用量，厂区内汽车零配件的存放容量，生产线上汽车零配件的使用数量，使用频率等情况做充分的了解；其次，要考虑外购零配件的供应企业和零配件生产企业的供货率、信誉度以及零配件运输能力、配送方式以及交通运输路线、路况等情况；最后，还要考虑如果采取零库存供货方式，相关的条件能否配套和协调运转，是否符合该汽车制造厂的现有条件，配套能力能不能达到预定目标等。

（2）以销售为核心构筑的供应链：在市场饱和的买方市场的条件下，以销售为核心构筑的供应链往往是众多生产企业的客观需求，以销售为核心构筑的供应链，重点在于销售的数量、时间、成本和服务水平。

（3）以产品为核心构筑的供应链：这种类型的重点是各供应链企业的产品质量保证和各供应链企业的服务水平。构筑这种类型的供应链往往要从最初的原材料开始，到采购、加工、制造、包装、运输、批发、零售为止的全过程。

如果从服务对象的物流特性来划分，则可以分为三种类型，即高效率供应链、快速反应供应链和创新供应链。

（1）高效率供应链，是指在满足了产品或服务供给要求的同时，成本能达到最低的供应链，它在设计时以如何降低成本为主题，它应用的对象大都为产品差异性小、竞争激烈、利润率不高的企业，最典型的例子如连锁超市——它的目标是对每个门店的货物配送做到准确、及时，并力求让成本降到最低。这要求供应链的各个环节，包括搜寻产品、采购、运输、货物接收、库存、销售、退货等环节，都要在不影响销售额的条件下，进行低成本运作。

（2）快速反应供应链，是以如何快速地响应客户的需求为宗旨的供应链。它的应用对象包括设备维修、电信维修所需要的紧急零部件供应等，其目标是要在短时间内满足客户提出的要求，它与客户的联系比较紧密，需要具备额外的生产能力和运输能力，以满足应急要求。除了维修外，还有医疗紧急救助所需产品和器材等，也需要应用快速反应的供应链。

（3）创新供应链，是以如何满足客户不断变化的需要为重点，它与客户的关系更加紧密，强调灵活性。它主要应用在市场产品变化较快的行业，如时装、手机、汽车的设计等，其目标是以最大限度满足客户不断变化的需求为主，对供应链考虑更多的是如何针对多变的市场需求进行及时灵敏的反应。

一个企业同时拥有多条供应链的情况在企业中也不少见。上海通用汽车公司就拥有上述三条不同类型的供应链。

1.2 供应链的重要性

1.2.1 供应链的三个重点

不管你是批发商、零售商，还是制造商，你都需要处理好这三个重点：流程、人和技术。

供应链可能很长、很复杂，延伸到不同国家。一个公司有各种各样的顾客，他们有不同的订单和运输要求。公司也有各种各样的供应商，他们来自不同的国家和地区，而他们对于订单完成期都有不同的要求和计划。所有这些工作都是为了达到一个目的——在客户下订单时，拥有足够的产品以履行订单。

流程：指的是为某一特定目的，诸如满足顾客需求，而采取的一项运作、一系列活动。客户对供应商的期望越来越高；不论你的公司规模有多大，也不论你处于什么行业，这都是既存的事实。并且，供应链管理对顾客满意度也是至关重要的。

供应链流程是以满足某一顾客需求为目的的一连串活动。它包括诸如物流、配送、采购、客服、销售、制造和会计在内的所有内部职能以及公司外部的相关企业。同时供应链流程也是一个逆向的过程——从满足客户订单，到通过供应商提供成品、配件和装配来获取每份订单所要的货物。

人：组织由人构成，人对供应链的成功非常重要。他们需要有实用的专业知识和技能，需要了解仓库、库存、运输和采购的管理和运作方法。他们对每天的作业应该有战术上的见解，而针对他们在供应链上的作用、如何适应供应链，以及如何促进供应链发展，他们应有战略眼光。

技术：供应链管理有时会被错误地定义为一种技术。供应链管理软件在销售时，可能被宣称为解决供应链问题的"灵丹妙药"。

1.2.2 从客户与供货商的关系看内部供应链的重要性

客户和供货商两者之间是相辅相成、互相依存的。在市场经济竞争激烈的今天，客户与供货商之间的关系处理显得尤为重要。世界各类公司均在努力发展及改良供应链情况，希望在供应链的上下游间通过"节流"（供给链）与"开源"（需求链）来获得更大的利润，相应的管理软件（如 SRM：Supplier Relationship Management，供货商关系管理；CRM：Customer Relationship Management，客户关系管理等）亦是随之迅速发展。IBM 在应用 SRM 之后，有效地改善了业务处理过程，产品推向市场的时间缩短了 70%，设计周期时间缩短了 35%，大大缩短了产品推向市场的时间；设计重复利用率提高了 18%，部件成本降低了 15%~25%，首选部件的使用率提高了一倍，部件使用减少了 50%，使制造成本降低了 3%，大大降低了产品成本，节省了 7 亿美元。

2006 年，PC 和服务器的专业生产商 CSS Laboratories 公司（美国加州小型私人公司）凭借其优异的供应链管理和对客户满意的不懈追求被某网站评选为供应与设计链年度最佳。CSS 通过发现和提供为其客户带来竞争优势的供应链和其他支持服务，在市场中站住了脚。对于供应链管理，CSS 提出一些行动建议值得参考，总结其主要特点就是，将供应链中的质量管理放在发展的首位。另外十分重视与客户的沟通及密切协作，努力提高自身综合能力，最大限度地满足客户需要，全力为客户服务，共同维持及加大供应链中各参与方的共同利益。

对实施供应链的企业而言：通过供应链管理和优化，企业可以达到以下方面的收益：

（1）提高客户满意度。这是供应链管理与优化的最终目标，供应链管理和优化的一切方式方法，都是朝向这个目标而努力的。

（2）提高企业管理水平。供应链管理与优化的重要内容就是流程上的再造与设计，随着企业供应链流程的推进和实施、应用，企业管理的系统化和标准化将会有极大的改进，这些都有助于企业管理水平的提高。

（3）节约交易成本。结合电子商务整合供应链将大大降低供应链内各环节的交易成本，缩短交易时间。

（4）降低存货水平。通过扩展组织的边界，供应商能够随时掌握存货信息，组织生产，及时补充，因此企业已无必要维持较高的存货水平。

（5）降低采购成本，促进供应商管理。由于供应商能够方便地取得存货和采购信息，从事采购管理的人员等都可以从这种低价值的劳动中解脱出来，从事具有更高价值的工作。

（6）减少循环周期。通过供应链的自动化，预测的精确度将大幅度提高，这将导致企业不仅能生产出需要的产品，而且能减少生产的时间，提高顾客满意度。

（7）收入和利润增加。通过组织边界的延伸，企业能履行他们的合同，增加收入并维持和增加市场份额。

（8）网络的扩张。供应链本身就代表着网络，一个企业建立了自己的供应链系统，本身就已经建立起了业务网络。

对最终使用者而言：通过供应链管理和优化，企业可以达到以下多方面的效益：

（1）总供应链管理成本（占收入的百分比）降低超过 10%；

（2）中型企业的准时交货率提高 15%；

（3）订单满足提前期缩短 25% ~ 35%；

（4）中型企业的增值生产率提高超过 10%；

（5）绩优企业资产运营业绩提高 15% ~ 20%；

（6）中型企业的库存降低 3%，绩优企业的库存降低 15%；

（7）绩优企业在现金流周转周期上比一般企业保持 40 ~ 65 天的优势。

1.2.3 供应链的活动

近年来随着全球制造的出现，供应链在制造业管理中得到普遍应用，成为一种新的管理模式。受目前国际市场竞争激烈、经济及用户需求等的不确定性的增加，技术的迅速革新等因素的影响，供应链管理提出的时间虽不长，但是已经引起人们的广泛关注。供应链管理系统 SCM 能够随着发展和变化不断修正和强化计划的内容，直至计划执行的最后时刻。国际上一些著名的企业如惠普公司、IBM 公司、DELL 公司等在供应链实践中取得了巨大的成绩，使人更加坚信供应链是进入 21 世纪后企业适应全球竞争的一种有效途径。

《物流术语》（GB/T 18354—2001）对供应链管理的定义：利用计算机网络技术全面规划供应链中的商流、物流、信息流、资金流等，并进行计划、组织、协调与控制等。

为了降低成本和提高服务水平，有效的供应链战略必须考虑供应链各环节的相互作用。在一条典型的供应链中，厂商先进行原材料的采购，然后在一家或多家工厂进行产品的生产，把产成品运往仓库作暂时储存，最后把产品运往零售商或顾客。供应链管理是以提高企业个体和供应链整体的长期绩效为目标，对传统的商务活动进行总体的战略协调，对特定公司内部跨部门边界的运作和在供应链成员中跨公司边界的运作进行协调控制的过程。

实现企业供应链管理，首先应弄清楚供应链活动的主要内容。我国著名的供应链管理专家马士华教授认为，供应链管理主要涉及供应、生产计划、传统物流（主要指运输和存储）和需求四个领域，如图 1-4 所示。

此外，基于物流在供应链中的活动，供应链管理还应该体现以下主要内容：

（1）战略性供应商和用户合作伙伴关系管理；

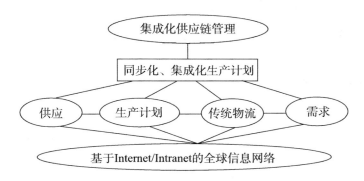

图 1-4　集成化供应链管理

（2）供应链产品的需求预测和计划；

（3）供应链的设计（节点企业、材料来源、生产设计、分销系统与能力设计、管理信息系统和物流系统设计等）；

（4）企业内部和企业之间的物料供应与需求管理；

（5）基于供应链的用户服务和物流（运输、库存、包装）；

（6）企业间资金管理；

（7）基于 Internet/Intranet 的供应链交互信息管理。

1.3　供应链的目标

供应链的目标应该是使供应链整体价值最大化。供应链所产生的价值为最终产品对顾客的价值与满足顾客需求所付出的供应链成本之间的差额。企业价值与供应链盈利之间是强相关关系，供应链盈利产生自顾客的收入与供应链总成本之间的差额，供应链盈利或者剩余是所有环节共享的总利润，供应链盈利越多，供应链就越成功。例如：一个顾客以 2 000 美元的价格从戴尔公司买了一台计算机，2 000 美元就是供应商的销售收入，戴尔与供应链上的其他环节在生产、配送、仓储、运输以及信息传递、资金转移等活动上都要付出一定的成本费用，"供应链的利润"就是供应商销售收入与上述这些活动成本的差额。作为全部利润之和，供应链的利润将被供应链的各个环节分享。

供应链的目标是在满足客户需要的前提下，对整个供应链（从供货商、制造商、分销商到消费者）的各个环节进行综合管理，例如从采购、物料管理、生产、配送、营销，到消费者的整个供应链的货物流、信息流和资金流，把物流与库存成本降到最小。

供应链管理就是指对整个供应链系统进行计划、协调、操作、控制、优化的各种活动和过程，其目标是要将顾客所需的正确的产品能够在正确的时间、按照正确的数量、正确的质量和正确的状态送到正确的地点，并使总成本达到最佳化。

一个公司采用供应链的最终目的有三个：

（1）提升客户的最大满意度（提高交货的可靠性和灵活性）；

（2）降低公司的成本（降低库存，减少生产及分销的费用）；

（3）企业整体"流程品质"最优化（错误成本去除）。

1.4 供应链的演变

1.4.1 供应链提出的时代背景

1. 全球一体化

20世纪90年代以后，整个市场环境发生了根本性的变革，体现出新的特征：经济全球一体化；用户需求水平持续快速提升；技术持续快速进步，产品更新换代间隔越来越短；高新技术的广泛应用；追求可持续发展成为共识。面对外部市场环境根本变革而展现出的新特征，曾一度获得辉煌成功的传统纵向一体化经营管理模式因无法很好适应而渐趋式微，新兴的横向一体化经营管理模式因其固有弱势而有待完善，时代的发展迫切需要一种新型的、与市场经济环境相适应的、建立在两者基础上扬长避短、创新、超越的、理想的经营管理模式的出现。纵观整个世界技术和经济的发展，全球一体化的程度越来越高，跨国经营越来越普遍。就制造业而言，产品的设计可能在日本，而原材料的采购可能在中国大陆或者巴西，零部件的生产可能在中国台湾、印度尼西亚等地同时进行，然后在中国大陆组装，最后销往世界各地。在这个产品进入消费市场之前，相当多的公司事实上参与了产品的制造，而且由于不同的地理位置、生产水平、管理能力，从而形成了复杂的产品生产供应链网络。这样的一个供应链在面对市场需求波动的时候，一旦缺乏有效的系统管理，"鞭子效应"在供应链的各环节中必然会被放大，从而严重影响整个供应链的价值产出。工业革命以来，全球的产品生产日益丰富，产品消费者拥有了越来越多选择产品的余地，而技术上的进步则带来了某些产品（如电子类产品）的不断更新升级。缩短的产品生命周期导致了产品需求波动的加剧。市场供求格局对供应链适应能力的要求达到了前所未有的高度，在生产管理领域，面向需求的"拉式"生产理论、JIT制造理论、柔性生产理论等纷纷被提出，且已进入了实践阶段。

2. 横向产业模式的发展

仔细观察20世纪80年代个人电脑的产生以及其后的发展，我们发现PC制造业的发展不仅带来了电子产品技术上的进步，将世界带进了信息时代，而且还引发了世界产业模式的巨大变革。

例如发生在汽车产业领域，汽车零部件供应商脱离了整车生产商而逐渐形成零部件制造业的一些巨头。这种革命性的模式变革正在整个世界范围内缓慢进行，逐渐使人们意识到，今天已经几乎不可能由一家庞大的企业控制着从供应链的源头到产品分销的所有环节，而是在每个环节，都有一些企业占据着核心优势，并通过横向发展扩大这种优势地位，集中资源发展这种优势能力，而现代供应链则由这些分别拥有核心优势能力的企业环环相扣而成。同时企业联盟和协同理论正在形成，以支撑这种稳定的链状结构的形成和发展。

3. 企业业务流程再造

回顾1993年，美国麻省理工学院计算机教授迈克尔·哈默（Hammer）和CSC顾问公司的杰姆斯·钱皮（James Champy）联名出版了《企业流程再造工商管理革命宣言》。该书一针见血地指出了当今组织管理制度中的弊端——部门条块分割和森严的等级制度，并给出了BPR的概念，以期望打破部门界限，重塑企业流程。而这个时代正是信息技术发展突飞猛进的信息时代，信息时代的最大革命就是计算机网络的应用，计算机网络带来的最大变革就是共享。人们认识到部门间的界限是由知识和数据资源的垄断带来的权利的垄断所造成的，而计算机技术通过信息共享，透明化了企业内部流程的运作，打破了这种垄断。随着互联网技术的发展，这种共享、协作的观念也一起跨出企业。我们今天所谈及的 SCM，正是为了实现这种观念而进行的一次实践。

1.4.2 供应链发展历史

供应链和供应链管理是不可分的，供应链管理产生于 20 世纪 90 年代的欧美国家，它是物流管理逐步发展的产物，但与物流管理有很大的不同。为了充分满足顾客的需求，不仅对物流，还应对资金流、信息流、工作流进行协调，必须在供应商、生产企业、批发商、零售商和最终用户形成的供应链上密切合作，通过所有市场参与者的共同努力达到生产流通全过程效率的提高。

1998 年，美国物流管理协会开始将物流定义为供应链活动的一部分，成为物流管理向供应链管理发展的开端。2001 年，美国物流管理协会进一步修订物流的定义，明确将物流管理纳入到供应链管理的范畴，并颁布了最新的供应链管理的定义，即供应链管理是指对涉及采购、外包、转化等过程的全部计划和管理活动的全部物流管理活动。

供应链概念有三个来源。

第一个是波特的价值链概念，这是最直接的来源。随着精益管理思想的出现，Womack 和 Jones（1996）及 Martin（1997）将价值链概念进一步拓展为价值流。所谓价值流是一组从开始到结束的连续活动，这些活动共同对顾客具有价值，为顾客创造了一种结果。物流管理在发展到 20 世纪 90 年代以后吸收了上述价值链和价值流的思想，使用了供应链来定义。供应链是由客户（或消费者）需求开始，贯通从产品设计到原材料供应、生产、批发、零售等过程，把产品送到最终用户的各项业务活动。最早使用供应链概念的人是 Reiter。

第二个是精益生产和敏捷制造的管理方式。1990 年，詹姆斯等学者在《改变世界的机器》一书中，最早提出了精益生产概念。精益生产方式是日本丰田汽车公司创立的一种旨在追求生产经营活动尽善尽美，消除生产过程中一切不产生附加价值的劳动和资源的全新生产方式。它的精髓就是在生产的各个环节中不断地消除浪费，从而达到降低成本、提高效率和效益的目的，最大限度地满足客户特殊化、多样化的需求。

第三个是组织理论。Coase（1937）解释了企业存在的原因，指出企业的本质是出于交易成本的节省而对市场的替代。在经济全球化和市场竞争加剧的背景下，企业供需关系网络作为企业第三利润源的物流引起了企业界和理论界的重视，而获取最大的第三利润源泉，对企业供需网络中的物流活动进行改进，将各企业独立运作物流，转变为企业链中各企业合作与协同基础上的集成式一体化物流，则企业供需网络中各企业由松散的、非合作的关系转换为紧密的、合作关系，企业供需网络通过物流集成转换为一个合作联盟。随着物流管理的发展，这个合作联盟被冠以供应链的名称并得到推广。

可以认为，供应链是由企业供需关系网络演进而来的一种介于企业和市场之间的中间组织，是纵向关联、横向合作的多个企业的集成。

1.4.3 供应链概念的形成

一般人们都认为，企业之间在市场上的竞争主要表现为企业所生产的产品之间的竞争；

谁的产品质量好、价格低、符合客户的需求，客户就会购买该产品。

在当前工业生产规模化的条件下，工业企业在生产方面已经做得比较完善了，各家企业自己内部的管理已经做到家了，同行业中，产品质量、材料耗用等方面均相差不大，也就是说，同行业的各个生产企业均存在一种趋同化的发展趋势；同时，市场竞争比以前更趋激烈，客户对产品的要求更高，为此，许多企业就靠价格战来赢取市场，但价格战的结果是产品生产企业利润更薄、更低、更少；如何才能更进一步地取得市场竞争优势呢？看来，靠商品成品生产企业内部潜力的挖掘已经远远不够了，为此，成品生产商就把眼光盯住了外部的供应商以及供应商的供应商，希望通过与供应商以及供应商的供应商之间的合作，在保证产品质量的同时，来取得整个产品链条上的成本最低化，从而进一步增强最终产成品的市场竞争力，这样，就衍生出产品供应链的概念。

以轿车产品为例，国内主要的小汽车生产商有三大类：欧系车（如德系的大众）、日系车（如丰田）和国产车（如奇瑞）。具体以大众与丰田为例，大众车与丰田车的竞争，表面上是产品的竞争，但实际上的竞争不仅是车辆产品的竞争，更实质的竞争是生产大众汽车的总装工厂—半成品组装工厂—零配件生产工厂—原材料供应工厂—产品设计等整个轿车生产供应链与丰田汽车的总装工厂—半成品组装工厂—零配件生产工厂—原材料供应工厂—产品设计等整个轿车生产供应链之间的竞争。只有某轿车的供应链比别的轿车供应链整体更优，才有可能在当前激烈的市场竞争中，获得更大的市场份额，企业才能取得更好的绩效。

供应链最早来源于彼得·德鲁克提出的"经济链"，而后经由迈克尔·波特发展成为"价值链"，最终日渐演变为"供应链"。所以，一条完整的供应链应包括供应商（原材料供应商或零配件供应商）、制造商（加工厂或装配厂）、分销商（代理商或批发商）、零售商（大卖场、百货商店、超市、专卖店、便利店和杂货店）以及消费者。

1.5 供应链的未来发展

供应链都是融合了当今现代管理的新思想、新技术，是对供应链中的物流、信息流、资金流、增值流、业务流及贸易伙伴关系等进行的计划、组织、协调和控制的一体化管理过程，供应链随着时代而进化。在产业、社会、经济环境的变化下，不管是现在信息技术的运用，还是新型市场的运营模式，均对未来的供应链产生不同的影响，供应链的未来发展趋势有以下多方面的表现。

1.5.1 全球网络供应链

在网络上的企业都具有两重身份，既是客户，又同时是供应商，企业不仅要上网交易，更重要的是，它构成该供应链的一个元素。越来越多的客户不仅以购买产品的方式来实现其需求，而是更看重未来应用的规划与实施、系统的运行维护等。

在全球网络供应链中，企业的形态和边界将产生根本性改变，整个供应链的协同运作将取代传统的电子订单，供应商与客户间信息交流层次的沟通与协调将是一种交互式、透明的协同工作。一些新型的、有益于供应链运作的代理服务商将替代传统的经销商，并成为新兴业务，如交易代理、信息检索服务等，将会有更多的商业机会等待着人们去发现。

1.5.2 信息化及信息数据的可视化

信息技术的应用是推进供应链系统中信息共享的关键，改进整个供应链的信息精度、及时性和流动速度,被认为是提高供应链绩效的必要措施。未来企业与产品的竞争肯定是供应链之间的竞争。未来市场的发展,将是资讯与信息数据可视化的天下,即快速了解市场的需求,与供应商一起根据需求变化,在第一时间把供应链的上下游企业做出整体、准确的反应。

举个简单的例子:一个公司有100个顾客,执行订单需要发往1 000个供应商。可视化提供一个共同的平台,给这1 000家供应商和客户一起看订单的执行状况,可以灵活地处理订单的变化情况,从而决定必要的安全库存。这个系统很聪明,可以经过一段时间后对客户需求的周期性和季节特点进行分析,帮助企业决定采购、生产和供货,甚至可以提前安排生产,缩短供货时间,这个概念称为 VMI(供应商管理库存)。

1.5.3　电子商务发展

电子商务供应链管理弥补了传统供应链管理的不足,它不再局限于企业内部,而是延伸到供应商和客户,甚至供应商的供应商和客户的客户,建立的是一种跨企业的协作,覆盖了从产品设计、需求预测、外协和外购、制造、分销、储运和客户服务等全过程。同时它最大化地以网络方式将顾客、销售商、生产商、供应商和雇员联系在一起,极大地提高企业管理水平,使供需双方在最适当的时机得到最适用的市场信息,大大减少商品流通的中间环节,极大地促进供需双方的经济活动,加速了整个社会的商品流通,有效地降低了企业的生产成本,提高了企业的工作效率和经济效益,增强了企业的竞争力。

1.5.4　供应链结构向横向一体化与网络化发展

所谓纵向一体化是指企业通过投资自建、收购兼并等取得所有权的方式,将提供产品和服务满足市场需求的从原材料的获取到零部件的加工、中间品的组装、产成品的实现、分销,直至送达最终需求者的整个过程的尽可能多的环节,甚至全部,纳入自身体系,以高度集中统一管理的方式,整合内部资源,低成本高效运作,从而取得竞争优势的经营管理模式。

所谓横向一体化是指企业在提供产品和服务满足市场需求的从原材料的获取直至产成品送达最终需求者的整个过程的多个环节中,集中全部资源于能够发挥自身优势的核心业务,充分利用外部资源完成其他环节,以分工协作、优势集成的方式组成利益共同体,整合内外部资源,快速响应市场需求,取得竞争优势的经营管理模式。

横向一体化经营模式的优劣势大多与纵向一体化经营模式相逆。

两种模式优劣势比较分析见表1-1。

表1-1　两种模式优劣势比较分析

经营模式	优势	劣势
纵向一体化	有利于信息充分共享;有利于决策的整体优化;有利于交易成本的降低;有利于强化对经营各环节的控制;有利于确保供给和需求,稳定上下游关系,加强配合,提高效率;有利于拓宽技术领域,扩展利润源;此外,纵向一体化经营模式还具有有利于企业提高差异化能力、增强纵向竞争谈判能力、提高行业进入壁垒和防止竞争对手的排斥等优势	运转效率下降,管理成本高企;创新激励弱化;不利于核心竞争力的发展;不利于整合外部市场资源;市场应变能力弱;融资负担重,经营风险大;退出壁垒高,行业依赖强;不利于平衡

续表

经营模式	优势	劣势
横向一体化	有利于集中力量发展核心竞争力；有利于整合内外部资源快速响应市场需求；巨大的市场压力不断强化创新激励，投资方向集中，融资负担轻，经营风险小；有利于规模经济的实现；跨行业参与合作，行业依赖度小，有利于协调平衡	不利于信息充分共享；不利于决策的整体优化；经营不确定性高，运作成本高；交易成本高；运作效率低；技术扩散风险大；依赖外部资源，时常受制于人

从20世纪末开始，"横向一体化"的供应链思想开始兴起，即利用企业外部资源快速响应市场需求，企业集中精力管理核心业务。"横向一体化"形成了一条从供应商到制造商再到分销商的贯穿所有企业的"链"。随着互联网与电子商务的发展，企业物流的集成思想、与供应商和客户建立协同的业务伙伴联盟思想等的出现，供应链机构出现"网络化"的趋势。

1.5.5 企业生产敏捷化、柔性化

20世纪末，美国提出了以虚拟企业或动态联盟为基础的敏捷制造模式，采用可以快速重构的生产单元构成的扁平组织结构，以充分自治的协同工作代替金字塔式的多层管理结构，注重发挥人的创造性，变企业之间的生死竞争关系为"共赢"关系，强调信息的开放和共享，形成虚拟企业，电子商务的兴起为实现敏捷制造提供了可能。而柔性化是指企业在瞬息万变的市场中调整生产的能力，该能力越大，企业活力就越大。

1.5.6 逆向物流与绿色物流

所谓逆向物流是指在企业物流过程中，由于某些物品失去了明显的使用价值（如加工过程中的边角料、消费后的产品包装材料等）或消费者期望产品所具有的基本功能失去了效用或已被淘汰，将作为废弃物抛弃，但在这些物品中还存在可以再利用的潜在使用价值，企业为这部分物品设计一个回收系统，使具有再利用价值的物品回到正规的企业物流活动中来。

绿色物流是指在物流过程中抑制物流对环境造成危害的同时，实现物流环境的净化，使物流资源得到最充分利用。需要指出的是，这里所指的绿色物流包括正向物流和逆向物流中所有绿色物流活动。

逆向物流的存在取代了传统物流的单向运作模式，有利于减少不适当物流所带来的环境污染，减少因焚烧、填埋带来的资源浪费。同时也能降低企业处理废旧物品的成本，改善企业和整个供应链的绩效，产生巨大的社会效益和经济效益。绿色逆向物流管理的主要目的是充分节约和利用资源与能源，保护生态环境，提高经济效益，最终实现可持续发展的战略方针。

1.5.7 中国大陆市场的兴起

中国大陆市场的崛起，对于国内外物流业者的吸引力很大，尤其在全球一体化的时代背景下，中国大陆市场的兴起显示了新市场的可开发。美智顾问公司在2001年与中国物流与采购联合会合作，写出了"中国第三方物流市场调查"，认为：中国物流成本占GDP的比重

为20%左右。中国物流与采购联合会发布的《2017年物流运行情况分析》指出，2017年中国物流发展质量和效益稳步提升，社会物流总费用与GDP的比率持续下降。社会物流总额增长稳中有升，需求结构优化，物流运行环境进一步改善，供给侧结构性改革成效显现，产业向高质量发展阶段迈进。

2017年社会物流总费用与GDP的比率为14.6%，比2016年下降0.3%，即每万元GDP所消耗的社会物流总费用为1460元，比上年下降2.0%。

在社会物流总费用中，运输费用6.6万亿元，占54.7%，同比提高0.9%；保管费用3.9万亿元，占32.4%，下降0.8%；管理费用1.6万亿元，占12.9%，下降0.1%。

简政放权、信息化应用、交通运输基础设施建设等多举措带动下，运输环节时效持续提升。特别是电商物流等重点领域持续高效运行，2017年物流时效指数平均为121.2点，比2016年提高6.4点。2017年中国仓储指数中的平均库存周转次数指数平均为52.1点，中国社会物流总额252.8万亿元，物流专业化水平持续提升，物流市场规模加速扩张。全年物流业总收入为8.8万亿元，比2016年增长11.5%，增速提高6.9%。从细分市场来看，与产业升级相关的物流细分行业增势良好，冷链市场规模预计仍将超过20%，快递服务企业业务收入比上年增长24.7%，增速均高于物流业平均水平。所有资料均充分显示中国大陆物流市场潜力很大。

随着21世纪纵深发展，中国大陆的物流市场进一步放开，中国市场第三方物流（简称3PL）及第四方物流市场需求更旺，发展空间巨大。持续高速的增长，是中国3PL的基本情况，预计中国大陆物流市场将是世界各国积极争取之地。

1.6　学习目标小结

1. 描述供应链的定义、重点和内容

供应链是围绕核心企业，通过对信息流、物流、资金流的控制，从采购原材料开始，制成中间产品及最终产品，最后由销售网络把产品送到消费者手中，它是将供应商、制造商、分销商、零售商，直到最终用户连成一个整体的功能网链模式，是高度一体化地提供产品和服务的增值过程；其每个节点代表一个经济实体以及供需的两个方面；物流、信息流和资金流是供应链的三种表现形式。

供应链的三个重点：流程、人、技术。

供应链管理主要涉及供应、生产计划、传统物流（主要指运输和存储）和需求四个领域。

2. 理解供应链的分类

3. 讨论供应链的目标并阐述供应链决策对企业成功的影响

供应链的目标应该是使供应链整体价值最大化，供应链所产生的价值为最终产品对顾客的价值与满足顾客需求所付出的供应链成本之间的差额。企业价值与供应链盈利之间是强相关关系，供应链盈利产生自顾客的收入与供应链总成本之间的差额，供应链的盈利是所有环节共享的总利润，供应链盈利越多，供应链就越成功。

供应链决策对公司总收入和总成本有重大影响，因此影响到公司经营的成败。成功的供应链通过管理产品流、信息流、资金流，能够降低成本，并提高产品的供给水平。

讨论题：
（1）如何理解供应链的定义及其特征？
（2）供应链的类型划分有哪些？划分的标准是什么？
（3）现代企业在激烈竞争中取胜的关键是什么？
（4）供应链由哪些部分组成？供应链的目标是什么？
（5）说明供应链的未来发展趋势。

案例分析

案例1 几个应用供应链不同方法的案例

（1）丰田、耐克、尼桑和苹果等公司的供应链管理都从网链的角度来实施。

（2）壳牌石油通过IBM的Lotus Notes开发了SIMON（库存管理秩序网）的信息系统，从而优化了它的供应链。

（3）利丰的供应链优化方法是在生产上对所有供应厂家的制造资源进行统一整合，作为一个整体来运作，是基于整合供应商的角度。

（4）HP打印机和丰田是通过麦肯锡咨询在地理上重新规划企业的供销厂家分布，以充分满足客户需要，并降低经营成本，是基于地理位置的选择。

（5）宝洁是通过宝供物流，采用分类的方法，与供应链运作的具体情况相适应，详细分类并采取有针对性的策略可以实现显著的优化供应链，是基于分类的细化。

（6）锦鑫物流集团通过亿博物流咨询进行企业转型，从国有大型生产集团（华西、国资委等4个国有单位）的物流业务剥离出来，而成长为大型地方物流企业，是基于战略的选择与规划。

（7）神州数码在中国的供应链管理。作为中国最大的IT分销商，神州数码在中国的供应链管理领域处于第一供应链管理的地位。在IT分销模式普遍被质疑的环境下，依然保持了良好的发展势头，与CISCO、SUN、AMD、NEC、IBM等国际知名品牌保持着良好的合作关系。本着"分销是一种服务"的理念，神州数码通过实施渠道变革、产品扩张、服务运作，不断增加自身在供应链中的价值，实现规模化、专业化经营，在满足上下游客户需求的过程中，使供应链系统能提供更多的增值服务，具备越来越多的"IT服务"色彩。

思考题：
（1）结合上述企业实施的供应链，简述什么是供应链？
（2）供应链是如何影响一家公司（如神州数码公司）的成败的？

案例2 揭开戴尔公司供应链的秘密

戴尔（DELL）公司的供应链管理一直被视为全球的典范之一。从1984年成立以来，DELL公司一直致力于为用户提高量身设计的产品及服务，并在全球高技术行业以及个人电脑制造业普遍不景气的大环境下，仍然占据全球个人电脑销售额第一的头牌位置。

关于DELL公司成功的原因，可以分为以下两大方面。

1. DELL公司通过供应链管理平台整合外部资源

DELL公司的高层负责人将DELL公司的成功归功于独特的直接运营模式及其背后支撑的基于现代化的高效供应链，认为这个供应链管理平台使DELL公司在供应商、客户之间构筑一个"虚拟整合的平台"，保证整个供应链的无缝集成。DELL公司前期本希望通过实施

ERP 来达到这一目的。在投入了 2 亿美元巨资，经历了 2 年努力之后，发现 ERP 项目并不能帮助 DELL 公司实现外部资源整合的目标，于是毅然决定中止 ERP 项目，转而投巨资建设了全球著名的供应链管理平台。目前超过 50% 的客户订单是通过互联网发出的，在客户发出订单 50 秒内，供应链管理平台控制中心就会收到信息。工作人员借助供应链管理平台，把收到的订单信息迅速传递给各个配件供应商，通知他们 DELL 公司所需配件的数量、规格、型号、装配和运输，供应商则根据相关信息迅速组织运货到装配厂，从而保证在最短的时间、以最少的开支制造出更好的产品。通过供应链管理平台，DELL 公司已经把客户、配件生产大家、供应商、装配线等连接成一个整体。

2. DELL 公司将渠道流程优化作为供应链管理的实现策略

DELL 公司的供应链管理为什么成功，根本原因在于其供应链管理始终以渠道流程优化为核心实现策略。具体表现在以下三个方面：

第一，直销原则。直销（Direct Business Model）在 DELL 公司具体体现为基于最终客户需求的模式，就是由 DELL 公司建立一套与客户联系的渠道，由客户直接向 DELL 公司发订单。订单中可以详细列出所需的配置，然后公司"按单生产"。这是 DELL 公司供应链管理的第一个特点，实质上就是基于客户需求的渠道扁平化。虽然大多数人把 DELL 公司的直接模式简单地理解成"直销"，但实际上 DELL 公司的真正成功绝不仅仅是直销，其真正的优势和独特之处在于整个管理上的先进，而这种先进的管理思想和方法就是基于供应链管理平台的渠道流程优化。"虚拟整合"了供应商和顾客，使得企业的效率大大高于竞争对手，这才是 DELL 公司真正的制胜之道。

第二，以信息代替存货。DELL 公司为什么敢提出"零库存"这个大胆的理念？主要原因就是公司可以基于其强大的渠道流程优化能力，通过处理信息资源创造价值。传统分销代理渠道是存储货物的水渠，厂商的库存是压在分销渠道中的，这样一来很难做到"零库存"。DELL 公司通过供应链流程的简化和优化，信息反馈速度的提高，加强库存管理能力及与零件供应商的协作关系加强，达到了"以信息代替存货"的目标。目前 DELL 公司与全球 170 多个国家和地区、5 万多家供应商和配件生产厂保持着联系，并掌握它们的库存和生产信息，保证按时、按质送货到位。因此，DELL 公司能够在竞争对手的库存周期大都还徘徊在 30～40 天时，就将自己的库存周期降至 4～5 天，极大地降低了库存和物料成本。DELL 公司在销售和采购环节的零库存，效益显而易见。

第三，价值整体创造。价值整体创造在 DELL 公司被具体化为"与客户结盟"的战略，DELL 公司打破了传统意义上"厂家"与"供应商"之间的供需配给，始终保持与客户的实时互动，及时得到第一手的客户反馈和需求，然后根据客户需求接受订单，再进行以客户需求为导向的产品制造。这样就能保证按照客户需求提供产品。这是一个良性循环的过程。

正是通过基于供应链管理平台的渠道流程优化，DELL 公司能够实现在合适的时间把合适的产品以最优的价格送到合适的地点，从而使公司的生产成本大大下降，而效益大幅度提高。

（资料来源：http://tieba.baidu.com）

思考题：
（1）DELL 公司的供应链管理为什么成功？它做出了怎样的战略、规划和运营决策？
（2）DELL 公司的供应链如何为公司提高效率？

第二章

供应链策略与方法

学习目标

阅读完本章节后，你将能够：
※ 阐述供应链策略及供应链合作伙伴关系的基本思想
※ 识别影响供应链策略制定的因素
※ 讨论供应链策略的建设及其重要性
※ 叙述如何在供应链战略与竞争战略之间实现战略匹配
※ 掌握供应链管理的几种主要方法

章前导读

宜家的供应链策略

截至2009年年底，瑞典宜家的产品面向世界100多个国家销售，在40个国家建立了243家宜家超市，每年营业额达数百亿美元之巨。"生产外包战略是宜家迅速发展壮大的一大法宝。"

20世纪80年代在西方发达国家流行的外包管理是一个战略管理模型，指将非核心业务下放给专门从事该项运作的外部第三方，原因是为了节省成本、集中精力于核心业务、优化资源配置、获得独立及专业人士服务等。

据中国驻瑞典大使馆提供的一份调研报告显示，除了服装、家具等传统产业外，瑞典的汽车、IT、生命科学等资本密集型和高新技术型产业都越来越倾向于外包。瑞典业内普遍认为，快速变化的市场和迅猛发展的全球经济给企业带来日渐沉重的竞争压力，消费者对企业产品和服务的需求也更加专业化，这迫使企业必须把资源和精力专注于核心业务上，通过外包达成战略目标。

生产成本高也是目前国际化企业进行外包的因素之一。在国际分工不断深化的当代，标准化的生产制造环节的附加值愈来愈低，处于产品价值链的"鸡肋"部分，许多发达国家的跨国公司就把这块"鸡肋"剥离，外包到生产成本低廉的国家和地区。

另外，受法律限制，许多企业为了避免在劳工问题上"翻船"，就选择了尽可能减少固定员工数量的管理模式，把生产、行政、后勤、物流等部门外包给其他专业企业，这不仅可以优化各部门的生产效率，而且在市场行情出现衰退时可以轻而易举地收缩战线，避免陷入棘手的裁员困境。另外，当经济繁荣时，可以及时和外包企业签约，不必自己重新招募、培训员工，从而节约资金和时间，达到人力资源的优化配置和风险转移。

"最主要的是，外包可以实现资源共享，增加企业整体优势。"如今，瑞典许多公司不仅把生产进行外包，而且还把研发项目进行外包。一种是外包给专门承担特定研发项目的专业公司，另一种外包形式是与大专院校和科研机构合作，将商业化前期的基础研究项目外包给科研院所，即产学研相结合的方式。这两类外包有助于消除企业的科技研发瓶颈和风险，加快产品更新换代，增加企业整体优势。

把生产或研发任务外包给他人，如何保证产品的质量？以宜家为例，从建店伊始，宜家就开始境外采购，后来发展为国际生产外包。如今，宜家在全球的5个最大外包来源地分别是中国、波兰、瑞典、意大利和德国。为保证生产质量，宜家把核心的产品设计部门放在瑞典，每年设计1 000种不同类别的家居用品。家具制造都采用外包，供应商必须按照图纸来生产，无论是在中国、波兰还是瑞典，制造商都必须保证是遵循宜家的设计和宜家的质量标准。为了协调外包地和销售市场在空间上的矛盾，保证宜家全球业务的正常运作和发展，宜家通过分布在32个国家的44家贸易公司，以及分布在全球55个不同国家的1 300个供应商，实现了高效、敏捷、低成本的供应链管理。供应链管理与降低成本的外包业务正是宜家迈向成功的两个车轮。

（资料来源：CIO时代网）

2.1 供应链策略

2.1.1 策略与供应链管理策略

策略一般是指一组目标或者用以达到目标的基本政策及计划，包括：
（1）可以实现目标的方案集合。
（2）根据形势发展而制定的行动方针和斗争方法。
（3）有斗争艺术，能注意方式方法。

也有的研究认为，策略是为了达到目的的手段和方法，因此策略注重整个组织机构各个部门之间的互相配合。

战略泛指对全局性、高层次的重大问题的筹划和指导，如经济发展战略。战略应用于军事上，则是指对战争全局的筹划和指导。它依据敌对双方军事、政治、经济、地理等因素，照顾战争全局的各方面、各阶段之间的关系，规定军事力量的准备和应用。策略是战略的一部分，并服从于战略。

企业的市场环境就是空前激烈竞争。根据迈克尔·波特教授的竞争战略理论，企业的利润将取决于：同行业之间的竞争、行业与替代行业的竞争、供应方与客户的讨价还价以及潜在竞争者共同作用的结果。

竞争战略就是一个企业在同一使用价值的竞争上采取进攻或防守行为。长期以来企业比

较流行的战略是降价,既打倒对方,也损害自己,形成负效应,进入恶性循环。正确的竞争战略应该是:

(1) 总成本领先战略;
(2) 差异化战略,又称别具一格战略;
(3) 集中化战略,又称目标集中战略、目标聚集战略、专一化战略。

具体的企业战略制定步骤有以下几点:

(1) 了解企业现行的战略是什么?
(2) 对现期企业所处的环境进行分析。包括行业分析、竞争对手分析、社会环境分析以及企业自身优劣势分析。
(3) 在以上分析的基础上结合3种基本战略的优缺点,选择适合企业发展的竞争战略。

总之,竞争战略都是建立在产品价格、顾客需求满意、产品获取的便利、产品种类和产品质量偏好的基础上。沃尔玛的顾客享受天天平价的产品,而戴尔公司则提供个性化的电脑,并且以最快的速度送达顾客手中;亚马逊网上购物,更多的是产品种类和个性化。因此,竞争战略是以一个或者多个顾客市场为目标,提供能满足顾客需要的产品和服务。

竞争战略与供应链战略之间的关系可以借助于价值链分析加以明确和认识,价值链分析法是由美国哈佛商学院教授迈克尔·波特提出来的,是一种寻求确定企业竞争优势的工具。图2-1所示为企业价值链。

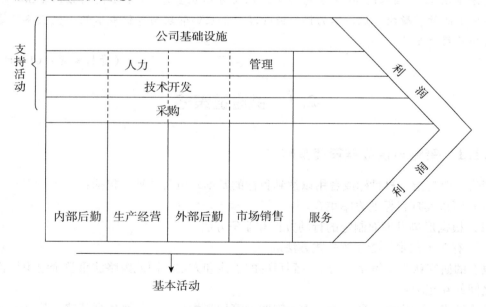

图2-1 企业价值链

价值链分析的基础是价值,其重点是价值活动分析,各种价值活动构成价值链。价值是买方愿意为企业提供给他们的产品所支付的价格,也是代表着顾客需求满足的实现,不同的产业具有不同的价值链。在同一产业,不同企业的价值链也不同。

供应链战略目前没有明确的定义,一般认为就是包括传统上所谓的供应战略、经营战略和物流战略。供应链战略确定原材料的获取和运输,产品的制造或服务的提供,以及产品配送和售后服务的方式与特点。供应链战略包括了采购、生产、销售、仓储和运输等一系列活动。

从价值链的角度看，供应链战略详细说明了生产经营、配送和服务职能特别应该做好的事情。

供应链战略是基于业务外包的一种互补性的、高度紧密的企业联盟，这个联盟以核心产品、核心资产或核心企业（通常是最终产品的生产者和服务的提供者）为龙头组成，它包括原材料、配件供应商、生产商、配送中心、批发商、零售商和顾客等，这个联盟的目标是通过联盟内各个成员统一协调的无缝隙的工作，以价低质优的产品、及时供货和提供优质的售后服务来提高市场供应的有效性和顾客的满意度，以较高的市场占有率取得竞争优势。

2.1.2 竞争战略与供应链战略的匹配

企业选择合适的供应链战略需要一个前提，即只有对于既定的竞争战略，才存在正确的供应链战略。这便是企业如何获取战略匹配的问题。所谓战略匹配，是指供应链战略旨在构建的供应链能力目标与竞争战略用来满足的顾客群体需求目标之间的相互一致。

选择供应链战略，使之能最好地满足企业目标顾客群体特定类型的需求，是获取战略匹配的全部内容。功能性产品由于其需求可以准确地预测，从而达到供需平衡，企业则能够集中精力降低供应链上的成本，因此可以与赢利型供应链相匹配；对于创新型产品，企业要考虑的中心问题不是低成本，而是速度与灵活性，反应型供应链恰好与之相匹配。

在实际生活中，大部分的顾客需求并不能简单地用功能性或创新性来划分。例如，时下国内各汽车厂商纷纷推出的经济实用型轿车，每款车型又都有自己独特的个性化设计，这种产品既有功能性存在也有创新性开发。这就使得产品的需求特性难以判断，给企业的战略匹配造成障碍。再如，即使是功能性强的牙膏上市，同样会面临需求不确定的状况，它在导入期的边际收益相对也会比后期高，面对这样低成本的产品，供应链是采用反应型战略还是赢利型战略呢？

1. 如何获取战略匹配

任何一家公司要想成功，其供应链战略与竞争战略必须相互匹配。战略匹配是指竞争战略与供应链战略拥有相同的目标。也就是说，竞争战略设计用来满足顾客的优先目标与供应链战略旨在建立的供应链能力目标之间相互协同一致。获取战略匹配，是供应链的战略或设计阶段的一项重要内容。供应链战略执行的成败与以下两个关键要素密切相关。

（1）竞争战略与所有职能战略必须相互匹配，以构成一个协调一致的总战略。每一项职能战略必须支持其他职能战略并帮助公司实现竞争战略目标。

（2）公司的不同职能部门必须恰当组织其流程与资源，以便成功实施这些战略。公司失败的原因，或者是由于战略不匹配，或者是因为流程与资源的组合不能形成支持预期战略匹配的能力。首席执行官（CEO）的首要任务是，协调核心职能战略与总体竞争战略之间的关系，以获取战略匹配。如果不能在战略层取得协调一致，不同的职能战略的目标便会发生冲突，并导致不同职能战略以不同的顾客群为优先目标。

要获取供应链战略与竞争战略之间所有重要的战略匹配，公司需要做些什么？竞争战略或简要或精确地说明，公司希望满足的是一个或多个顾客群。为实现战略，公司必须确保其供应链能力能够支持其满足目标顾客群的能力。

获取战略匹配的三个基本步骤如下：

第 1 步，理解顾客。

公司必须理解每一个目标顾客群的顾客需要，它能帮助公司确定产品成本和服务要求。

通常，不同顾客群的顾客需要都在多个方面表现出不同的特性。例如：每个客户群中所需产品的数量；顾客愿意忍受的反馈时间；要求的服务水平；产品的价格；预期的产品创新周期；潜在需求不确定性，亦即潜在需求不确定性是指要求供应链满足的需求部分存在的不确定性，是获取供应链战略匹配的重点。比如说，都是买瓶洗发水，去家乐福超市买和去"7-11"买的顾客代表的含义就完全不一样。去"7-11"买洗发水的顾客，主要是为了方便，不一定是为了寻找最低价格。而去家乐福买洗发水的顾客，价格非常重要，品种少一点不要紧，如果单价便宜，大包装量多也没问题。所以，尽管购买的是同一种东西，但有些顾客需要的是快捷、方便，有些顾客需要的是低价格。通常，不同的顾客群体的需求在以下几个方面会呈现出不同的特点：

单位包装中所需要产品的数量。修理机器设备所需要的订货量就会很少，而组装生产新设备所需要的订货量就会比较大。

顾客愿意等待的反馈时间。紧急订单所能接受的反馈时间通常比较短，普通生产性订单能接受的等待时间就会比较长。

所需产品的种类。顾客愿意为了急需的产品而支付高比例的订金，但对于一般生产性需要的产品则不会如此。

要求的服务水平。有紧急订单的顾客所期望的服务水平会比较高，如果不能很方便地采购到订单所需要的产品，顾客就不会等待，会转向其他的供应商，但对于一般生产性的订单，往往能够接受有一个较长的等待期。

产品价格。采购紧急订单的顾客对于价格就不会很敏感，价格稍微高一点也不是很要紧，但一般性生产的订单对价格就会控制得比较严格。

新产品的创新速度。去高档商场购物的顾客往往希望产品能不断地推陈出新，经常有新的款式和品种推出，但在一般超市购物的顾客则对新产品的推出速度并不敏感。

第2步，理解供应链。

供应链有很多种类型，每一种都设计用来完成不同的任务。公司必须明确其供应链设计用来做什么。在理解了公司的顾客需求特点之后，下一个问题是：公司怎样才能满足上述需求。创建供应链战略，使之能最好地满足公司目标顾客群特定类型的需要，是建立战略匹配的全部内容，其实质就是在供应链反应能力与赢利水平之间进行权衡，找到最佳结合点。

供应链反应能力包括很多方面，如对大幅度变动的需求量的反应、满足较短供货期的要求、提供多品种的产品、生产具有高度创新性的产品、满足特别高的服务水平的要求等。

供应链拥有的上述能力越多，供应链的反应能力就越强。然而，反应能力是有代价的。例如，要提高对大幅度变动的需求量的反应能力，就必须提高生产能力，产品成本就会随之增加。成本的增加则将导致供应链的赢利水平降低。每一种提高反应能力的战略，都会付出增加的成本，从而降低赢利水平。

如图2-2所示，成本—反应能力赢利水平边界是一条曲线，它表示一定的反应能力所对应的最

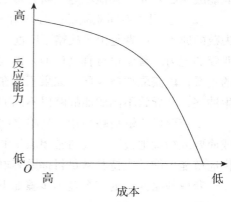

图2-2　成本—反应能力曲线

低可能成本。所以，在给定成本与反应能力达到平衡的情况下，确定供应链的反应能力水平，是任何一条供应链都必须做出的重大战略抉择。

在理解了顾客需求的特点后，下一个问题就是公司怎样才能满足上述需求，这就要对供应链的特点有理解。通常在说明供应链特点的时候，总是通过供应链反应能力与盈利能力来进行评价。供应链的反应能力就是指：对大幅度变动的需求量的反应；满足较短的供货期的要求；提供多品种的产品；生产具有高度创新性的产品；满足特别高的服务水平的要求。

供应链拥有上述这些能力越多，供应链的反应能力就越强，如图2-3所示。

图2-3 反应能力图谱

但要拥有反应能力是要有代价的，比如说，要提高生产具有高度创新性产品的能力，就必须提高生产技术，投入先进的生产设备，产品的成本就会增加。这就影响了供应链的盈利能力。每一种提高供应链反应能力的方法，都要付出成本，从而会降低供应链的盈利能力。戴尔公司可以让顾客根据喜好每天组合出数千种计算机，其反应能力极强，也有些公司通过降低其反应能力，来降低成本以提高盈利性，比如说沃尔玛的山姆会员店出售的基本都是大包装的产品，而且品种很少。

获取战略匹配，就是说使供应链的运营目标与顾客的需求协调一致，供应链反应能力的高低应该与需求的不确定性相吻合。需求不确定性越高，供应链的反应能力就应该越强，只有这样才能取得战略供应链反应能力的不断提高，可以弥补需求不确定性增大的风险。为了取得更好的业绩，公司应该协调竞争战略（导致需求不确定性增大）和供应链战略（导致供应链反应能力增大）之间的关系。

要实现全面的战略匹配，公司必须考虑价值链中所有的职能战略，确保价值链中的所有职能战略相互协调，并支持公司的战略目标。所有的职能战略必须支持公司的战略目标，而供应链战略中次级战略，如生产战略、库存战略、采购战略也必须支持供应链战略，与供应链战略的目标保持一致，保持同样水平的反应能力。因此，需要较强反应能力的公司，必须将其职能战略设计得用来提升反应能力，而盈利水平高的供应链，则要让所有的职能战略都为增加盈利性做贡献。表2-1是两种供应链的对比。

表2-1 盈利型供应链与反应型供应链的对比

项　　目	盈利型供应链	反应型供应链
主要目标	低成本满足需求	快速对需求做出响应
产品设计战略	以最低成本取得最大业绩	创建调节系统，允许产品差异化延迟发生
定价战略	边际收益较低，因为价格是吸引顾客的主要驱动因素	边际收益较高，因为价格不是吸引顾客的主要驱动因素

续表

项　　目	盈利型供应链	反应型供应链
生产战略	通过提高设备利用率降低成本	维持边际生产能力弹性，满足非预期需求
库存战略	实现最小库存，以降低成本	保持弹性库存，以满足非预期需求
供货期战略	在不增加成本前提下缩短供货期	大幅度缩短供货期，即使成本巨大
运输战略	更多地依赖低成本运输方式	更多地依赖快捷的运输方式

（资料来源：马歇尔·L·费舍尔. 什么是适合于你的产品的供应链？哈佛商业评论，1997（3-4）：83-93.）

第3步，获取战略匹配。

概言之，获取战略匹配，也就是确保供应链的运营与目标顾客的需要协调一致，并且供应链反应能力的高低应该与潜在需求不确定性吻合，潜在需求不确定性增加，则要求相应的反应能力增加，反之亦然。

要实现全面的战略匹配，公司必须考虑价值链中的所有职能价值链中的所有职能战略彼此相互协调，并支持公司的竞争战略目标，抛开竞争战略，就不存在正确的供应链战略。对于给定的竞争战略，存在正确的供应链战略。获取战略匹配的驱动力量应该源于最高级的组织机构。而实际上，在许多公司中，竞争战略和职能战略是由不同的部门制定的。在这种情况下，如果没有适当的沟通，诸如首席执行官这样的高层管理人之间如果缺乏协作，这些战略可能很难实现匹配。对于大多数公司来说，获取战略匹配的失败，是企业失败的主要原因。

2. 影响战略匹配的其他因素

（1）产品的生命周期。

由于新产品刚刚上市，会使得产品的生产销售与需求失衡，一旦失衡可导致产品脱销或产品积压，给企业造成损失，此时企业的竞争战略具有高风险性，当然高价值产品比低价值产品的风险还要更高；相反，老产品的风险性则较低。在图2-4中，风险性代表需求或企业竞争战略，供应链反应能力代表供应链战略。沿着纵轴向上移动，供应链的反应能力提高，赢利水平下降；沿着横轴向右移动则风险性增加。供应链反应能力的提高，可以消除需

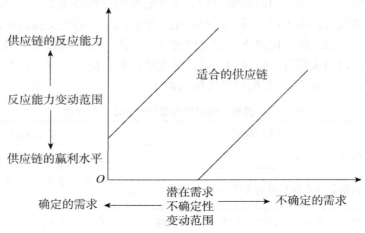

图2-4　战略匹配带

求不确定性以及产品类型导致的风险性的增加。因此，图2-4中构成了一块"战略匹配带"。"战略匹配带"上每一点皆代表了相匹配的竞争战略与供应链战略的组合。为了取得更佳的业绩，赢得竞争优势，企业应当尽可能地将竞争战略和供应链战略调整到战略匹配带上。

产品从进入市场到最后退出市场会经历不同的阶段，一般而言产品的生命周期可以分为四个阶段，即引入阶段、成长阶段、成熟阶段、衰退阶段。在产品生命周期的不同阶段，需要有不同营销战略和供应链战略。

（2）多种产品和顾客群。

前面讨论的情况，基本上都是公司只生产一类产品或只为一类顾客服务，但在实际中，大部分公司生产和销售多种产品，为很多不同的顾客群提供服务。服装店里面可能既出售需求不确定性高的冲锋衣，也可能出售需求不确定性低的衬衫。一个生产轴承的厂家，既可能向汽车制造商供货，也可能给小制造商供货。大公司可能更看中大批采购时候的价格折扣，小公司对公司的反应能力有更大的兴趣。

公司出售多种产品，为不同的顾客提供服务，不同的产品和顾客有不同的需求不确定性，为每个产品或顾客建立一条单独的供应链显然是不可行的，就算是这个产品的销量非常大，带来的利润能够支付供应链的运营成本，也会使公司损失掉不同产品之间的规模或范围经济性。所以，面临多种产品和多个顾客群的时候，尽可能将供应链设计成对每一种产品都保持一定的反应能力，使供应链在盈利水平和反应能力之间取得平衡。

2.2 供应链的决策

成功的供应链管理需要做出许多与信息流、产品流和资金流相关的决策。根据作出决策的频率和一个决策所起作用的持续实践，可以把这些决策分为三个阶段。

2.2.1 供应链战略或设计

在这个阶段，公司要决定如何构建供应链，即确定供应链的结构和每一个环节必经的流程，这一阶段的决策是供应链决策中的战略性决策，具体包括如下几个方面：

第一，客户需求与产品特征分析。

第二，满足客户需求与产品特征的供应链模式选择：效率型（成本控制型），反应型（快速响应型）。

（1）针对不同客户或产品品类应选择统一的还是不同供应链模式？

（2）如何平衡供应链总体成本与供应链响应速度？

第三，供应链系统的总体目标设定。

第四，供应商网络选择，如何供应我们的原材料。

（1）原料与供应商资源选择策略；

（2）供应商选择关键要素与权重设置；

（3）供应商数量控制原则与采购配额；

（4）原材料供应能力与需求比；

（5）供应商交付/质量可靠性衡量。

第五，成品生产与分销网络选择，如何供应我们的成品。
（1）成品/半成品自制与委外加工选择。
（2）成品生产来源与产能配置。
（3）直属成品工厂/外协工厂订单配置原则。
（4）满足客户需求的产能优先级配置原则。
（5）成品分销网络设计：自建成品物流配送体系。外包给第三方物流公司的选择，如何设置高效的成品仓储与配送网络，需要设置多少个 DC（分销仓库），在哪里布局。

第六，库存策略。
（1）响应不同客户订单需求是通过保持快速灵活的原料采购与生产来满足，还是通过存放一定库存来满足？
（2）库存存放的形态（存放一定的成品库存、半成品，还是存放一定的原料库存）。
（3）原料库存的目标控制库存水平如何？如何设置存放地点，分散存放还是集中存放？
（4）成品库存的目标控制库存水平如何？
（5）库存水平（金额或天数）分别保持多少？

2.2.2　推拉式供应链战略选择

1. 推动式和拉动式供应链的含义

（1）推动式供应链。推动式供应链是以制造商为核心企业，根据产品的生产和库存情况，有计划地把商品推销给客户，其驱动力源于供应链上游制造商的生产。在这种运作方式下，供应链上各节点比较松散，追求降低物理功能成本，属卖方市场下供应链的一种表现。由于不了解客户需求变化，这种运作方式的库存成本高，对市场变化反应迟钝。

（2）拉动式供应链。拉动式供应链是以客户为中心，比较关注客户需求的变化，并根据客户需求组织生产。在这种运作方式下，供应链各节点集成度较高，有时为了满足客户差异化需求，不惜追加供应链成本，属买方市场下供应链的一种表现。这种运作方式对供应链整体素质要求较高，从发展趋势来看，拉动方式是供应链运作方式发展的主流。

2. 推动与拉动战略的特点

（1）推动式供应链的特点及缺陷。

在一个推动式供应链中，生产和分销的决策都是根据长期预测的结果做出的。准确地说，制造商是利用从零售商处获得的订单进行需求预测。事实上企业从零售商和仓库那里获取订单的变动性要比顾客实际需求的变动大得多，这就是通常所说的"牛鞭效应"，这种现象会使得企业的计划和管理工作变得很困难。例如，制造商不清楚应当如何确定它的生产能力，如果根据最大需求确定，就意味着大多数时间里制造商必须承担高昂的资源闲置成本；如果根据平均需求确定生产能力，在需求高峰时期需要寻找昂贵的补充资源。同样，对运输能力的确定也面临这样的问题：是以最高需求还是以平均需求为准呢？因此在一个推动式供应链中，经常会发现由于紧急的生产转换引起的运输成本增加、库存水平变高或生产成本上升等情况。

推动式供应链对市场变化做出反应需要较长的时间，可能会导致一系列不良反应。比如在需求高峰时期，难以满足顾客需求，导致服务水平下降；当某些产品需求消失时，会使供应链产生大量的过时库存，甚至出现产品过时等现象。

（2）拉动式供应链的特点以及需要具备的条件。

在拉动式供应链中，生产和分销是由需求驱动的，这样生产和分销就能与真正的顾客需求而不是预测需求相协调。在一个真正的拉动式供应链中，企业不需要持有太多库存，只需要对订单做出反应。

拉动式供应链有以下优点：

①通过更好地预测零售商订单的到达情况，可以缩短提前期。

②由于提前期缩短，零售商的库存可以相应减少。

③由于提前期缩短，系统的变动性减小，尤其是制造商面临的变动性变小了。

④由于变动性减小，制造商的库存水平将降低。

⑤在一个拉动式供应链中，系统的库存水平有了很大的下降，从而提高了资源利用率。当然拉动式供应链也有缺陷。最突出的表现是由于拉动系统不可能提前较长一段时间做计划，因而生产和运输的规模优势也难以体现。

拉动式供应链虽然具有许多优势，但要获得成功并非易事，需要具备相关条件：

其一，必须有快速的信息传递机制，能够将顾客的需求信息（如销售点数据）及时传递给不同的供应链参与企业。

其二，能够通过各种途径缩短提前期。如果提前期不太可能随着需求信息缩短时，拉动式系统是很难实现的。

3. 推动与拉动供应链战略的选择

对一个特定的产品而言，应当采用什么样的供应链战略呢？企业是应该采用推动还是拉动战略，前面主要从市场需求变化的角度出发，考虑的是供应链如何处理需求不确定的运作问题。在实际的供应链管理过程中，不仅要考虑来自需求端的不确定性问题，而且还要考虑来自企业自身生产和分销规模经济的重要性。

在其他条件相同的情况下，需求不确定性越高，就越应当采用根据实际需求管理供应链的模式——拉动战略；相反，需求不确定性越低，就越应该采用根据长期预测管理供应链的模式——推动战略。

同样，在其他条件相同的情况下，规模效益对降低成本起着重要的作用，如果组合需求的价值越高，就越应当采用推动战略，根据长期需求预测管理供应链；如果规模经济不那么重要，组合需求也不能降低成本，就应当采用拉动战略。

4. 推—拉组合战略的选择

在推—拉组合战略中，供应链的某些层次，如最初的几层以推动的形式经营，其余的层次采用拉动战略。推动式与拉动式的接口处被称为推—拉边界。

虽然一个产品（计算机）需求具有较高的不确定性，规模效益也不十分突出，理论上应当采取拉动战略，但实际上计算机厂商并不完全采取拉动战略。以戴尔为例，戴尔计算机的组装，完全是根据最终顾客订单进行的，此时它执行的是典型的拉动战略。但戴尔计算机的零部件是按预测进行生产和分销决策的。此时它执行的却是推动战略。也就是说，供应链的推动部分是在装配之前，而供应链的拉动部分则从装配之后开始，并按实际的顾客需求进行，是种前推后拉的混合供应链战略，推—拉边界就是装配的起始点。

推—拉组合战略的另一种形式是采取前拉后推的供应链组合战略，适用于那些需求不确定性高，但生产和运输过程中规模效益十分明显的产品和行业。家具行业是这种情况的最典型例子。事实上，一般家具生产商提供的产品在材料上差不多，但在家具外形、颜色、构造等方面的差异却很大，因此它的需求不确定性相当高。另一方面，由于家具产品的体积大，所以运输成本也非常高。此时就有必要对生产、分销策略进行区分。从生产角度看，由于需求不确定性高，企业不可能根据长期的需求预测进行生产计划，所以生产要采用拉动战略。另一方面，这类产品体积大，运输成本高，所以，分销策略又必须充分考虑规模经济的特性，通过大规模运输来降低运输成本。事实上许多家具厂商正是采取这种战略，就是说家具制造商是在接到顾客订单后才开始生产，当产品生产完成后，将此类产品与其他所有需要运输到本地区的产品一起送到零售商的商店里，进而送到顾客手中。因此，家具厂商的供应链战略是这样的：采用拉动战略按照实际需求进行生产，采用推动式战略根据固定的时间表进行运输，是一种前拉后推的组合供应链战略。

2.3 供应链管理的方法

2.3.1 快速反应

快速反应（Quick Response，QR）是供应链管理的主要方法之一，它并不单纯是某种技术，而是一种全新的业务方式，是一种由技术支持的业务管理思想，即在供应链中为了实现共同的目标，至少在两个环节之间进行紧密合作。这种合作的实施会产生积极的效果，例如：增加销售、加速库存周转、降低企业经营成本、提高经济效益、提升企业的竞争力。

1. QR 的产生背景

美国的纤维纺织行业自 20 世纪 70 年代后半期，出现了大幅度萎缩的趋势。1984 年，美国 84 家大型企业结成了"爱国货运动协会"，该协会在积极宣传美国国产品的同时，委托克特·萨尔蒙公司调查、研究提升美国纤维产业竞争力的方法。最后，克特·萨尔蒙公司的研究报告表明，美国纤维产业的主要问题是：尽管在整个产业链的某些环节存在着生产效率比较高的现象，但是整个产业链或供应链的效率却非常低。鉴于这种状况，报告提出通过信息的共享以及生产商与零售商之间的合作，确立起能对消费者的需求做出迅速响应的 QR 体制。在克特·萨尔蒙公司的倡导下，从 1985 年开始美国纤维行业开始大规模开展 QR 运动，正式掀起了供应链构筑的高潮。

2. QR 的概念和优点

QR 是指在供应链中，为了实现共同的目标，零售商和制造商建立战略伙伴关系，利用 EDI 等信息技术，进行销售时点的信息交换以及订货补充等其他经营信息的交换，用多频度小数量配送方式连续补充商品，以实现缩短交货周期，减少库存，提高客户服务水平和企业竞争力的供应链管理方法。

（1）快速反应对制造商的优点。
①更好的顾客服务；
②降低了流通费用；
③降低了管理费用；
④更好的生产计划。
（2）快速反应对零售商的优点。

①提高了销售额；
②减少了削价的损失；
③降低了采购成本；
④降低了流通费用；
⑤加快了库存周转；
⑥降低了管理成本。

3. QR 的实施步骤

实施 QR 需要经过六个步骤，如图 2-5 所示。

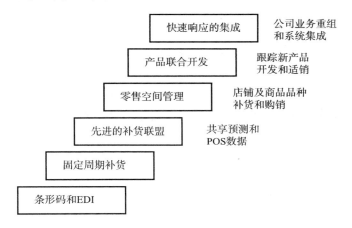

图 2-5 实施 QR 的六个步骤

4. QR 的战略实施效果

有关 QR 实施效果分析表明，实施该方法的企业，基本都实现了期望的生产经营目标，见表 2-2。

表 2-2 QR 战略实施效果

商品大类	供应链上节点企业	效果（从零售商衡量）
休闲裤	面料生产企业：Milliken 服装生产企业：Semiloe 服装零售商：Wal-Mart	销售额提升 31%； 商品周转率提升 30%
衬衫	面料生产企业：Burliton 服装生产企业：Oxford 服装零售商：J. C. Penny	衬衫销售额提升 59%； 商品周转率提升 90%； 需求预测误差降低 50%

2.3.2 有效客户反应

有效客户反应简称为 ECR（Efficient Consumer Response）。它是 1992 年从美国的食品杂货业发展起来的一种供应链管理战略。这是一种分销商与供应商为消除系统中不必要的成本和费用并给客户带来更大效益而进行密切合作的供应链管理战略。

1. ECR 产生的背景

20 世纪 90 年代初,食品生产和流通企业也遇到前所未有的经营危机,因此,日本食品加工和日用品加工开始模仿美国服装业的"快速反应",并形成自己的体系,称为"有效消费者反应"。目前,ECR 的推广对象主要以快速移转消费产品以及食品杂货为主,而其实施重点包括需求面的品类管理改善、供给面的物流配送方式的改进等。

2. ECR 系统的定义

ECR 欧洲执行董事会的定义是:"ECR 是一种通过制造商、批发商和零售商各自经济活动的整合,以最低的成本,最快、最好地实现消费者需求的流通模式。"ECR 强调供应商和零售商的合作,尤其在企业间竞争加剧和需求多样化发展的今天。由于 ECR 系统是通过生产厂商、批发商、零售商的联盟来提高商品供应效率,因而又可以称为连锁供应系统。

ECR 是一种观念,不是一种新技术。它重新检讨上、中、下游企业间生产、物流、销售的流程,其主要目的在于消除整个供应链运作流程中没有为消费者加值的成本,将供给推动的"push"(推)式系统,转变成更有效率的需求拉动的"pull"(拉)式系统,并将这些效率化的成果回馈给消费者,期望能以更快、更好、更经济的方式把商品送到消费者的手中,满足消费者的需求。

4. ECR 系统的特点

(1) ECR 系统重视采用新技术、新方法。

首先,ECR 系统采用了先进的信息技术,在生产企业与流通企业之间开发了一种利用计算机技术的自动订货系统。

其次,ECR 系统还采用了两种新的管理技术和方法,即种类管理和空间管理。

种类管理的基本思想是不从特定品种的商品出发,而是从某一种类的总体上考虑收益率最大化。就软饮料而言,不考虑其品牌,而是从软饮料这一大类上考虑库存、柜台面积等要素,按照投资收益率最大比原则去安排品种结构。其中有些品种能赢得购买力,另一些品种能保证商品收益,通过相互组合既满足了顾客需要,又提高了店铺的经营效益。

空间管理指促使商品布局,柜台设置最优化。过去许多零售商也注意此类问题,不同点在于 ECR 系统的空间管理是与种类管理相结合的,通过两者的结合实现单位销售面积的销售额和毛利额的提高,因而可以取得更大的效果。

(2) ECR 系统建立了稳定的伙伴关系。

ECR 系统在生产者、批发商、零售商之间建立了一个连续的、闭合式的供应体系,改变了相互敌视的心理,使他们结成了相对稳定的伙伴关系,实现了共存共荣。

(3) ECR 系统实现了非文书化。

ECR 系统充分利用了信息处理技术,使产购销各环节的信息传递实现了非文书化。由于全面采用了电子数据交换,可以根据出产明细自动地处理入库,从而使处理时间近似为 0,这对于迅速补充商品、提高预测精度、大幅度降低成本起了很大作用。

ECR 的四大要素是有效的新商品开发和市场投入、有效的店铺空间安排、有效补货和有效促销,见表 2-3。

表 2-3　ECR 四大要素的主要内容

要素名称	要素内容
有效的新商品开发和市场投入	最有效地开发新产品，进行产品的生产，以降低成本
有效的店铺空间安排	通过第二次包装等手段，提高货物的分销效率，使库存和商店空间的使用率最优化
有效补货	包括电子数据交换，以需求为导向的自动连续补充和计算机辅助订货，使补充系统的时间和成本最优化
有效促销	提高仓储、运输、管理和生产效率，减少预先购买、供应链库存及仓储费用，使贸易和促销的整个效率最高

4. QR 与 ECR 的异同点

相同点：

（1）贸易伙伴间商业信息的共享；

（2）商品供应方进一步涉足零售业，提供高质量的物流服务。

相异点：

（1）QR 对于零售企业有很重要的作用，因为企业需要对市场上所流行的产品有所了解，然后针对自身企业的需要，做出相应的反应。

ECR 对于第三方物流有很重要的作用，大多数的物流企业重视客户的反馈信息，针对客户的要求对自己的企业做相应的改变。

（2）QR 是美国纺织与服装行业发展起来的一项供应链管理策略，是美国零售商、服装制造商以及纺织品供应商共同推动的一种供应链管理方法，在供应商和零售商之间建立准时的供应补货系统。

ECR 是美国食品业和超市行业推出的类似快速反应的供应链管理策略，是由生产厂家、批发商和零售商等供应链节点组成各方面互相协调和合作，更好、更快并以更低的成本满足消费者需要为目的的供应链管理系统。

（3）QR 的目标是降低存货和零售店缺货率，提高商品周转速度；ECR 的目标是降低供应链环节不必要的成本和费用。

（4）QR 的目的是对消费者需求快速反应；ECR 的目的是以低成本向消费者提供高价值的服务。

（5）QR 的管理思想是用销售信息指导零售业的采购决策和制造业的生产决策，通过供应商与零售商之间的合作和信息共享，减少订货处理时间和仓库收货时间，以便对消费者的需求能更快地做出反应，从而提高供应链的客户服务水平，获得更高的经济收益。

ECR 的管理思想是以消费者需求为导向，以零售商、批发商和厂商的紧密合作为前提，降低和消除供应链上的浪费，提高客户服务水平。

ERP 是 Enterprise Resource Planning（企业资源计划）的简称，是 20 世纪 90 年代美国一家 IT 公司根据当时计算机信息、IT 技术发展及企业对供应链管理的需求，预测在今后信息时代企业管理信息系统的发展趋势和即将发生的变革，而提出了这个概念。ERP 是指建立在信息技术基础上，以系统化的管理思想，为企业决策层及员工提供决策运行手段的管理平台。

从管理思想、软件产品、管理系统三个层次给出 ERP 的定义:

(1) ERP 是由美国著名的计算机技术咨询和评估集团 Garter Group Inc. 提出的一整套企业管理系统体系标准,其实质是在 MRP Ⅱ(Manufacturing Resources Planning,制造资源计划)基础上进一步发展而成的面向供应链(Supply Chain)的管理思想。

(2) ERP 是综合应用了客户机/服务器体系、关系数据库结构、面向对象技术、图形用户界面、第四代语言(4GL)、网络通信等信息产业成果,以 ERP 管理思想为灵魂的软件产品。

(3) ERP 是整合了企业管理理念、业务流程、基础数据、人力物力、计算机硬件和软件于一体的企业资源管理系统。

ERP 的核心内容用三句话可以进行概括:一种先进的管理模式;一种网络化的信息系统;一款商品化的软件产品。

ERP 的核心管理思想就是实现对整个供应链的有效管理,主要体现在以下三个方面:

(1) 体现对整个供应链资源进行管理的思想;

(2) 体现精益生产、同步工程和敏捷制造思想;

(3) 体现事先计划与事中控制的思想,ERP 系统中的计划体系主要包括生产计划、物料需求计划、能力计划、采购计划、销售执行计划、利润计划、财务预算和人力资源计划等。

2.3.3 ERP

ERP 强调运用信息技术将企业内的物流、资金流和信息流集成,使其协调工作,从而实现整个系统工作绩效最优。ERP 作为一种面向供应链管理的现代企业管理思想和方法,有助于优化企业内部资源,提高管理绩效,有助于工作方式的自动化和管理效率的提高。

纵观 ERP 的由来与发展,从 OP→MRP→MRP Ⅱ→ERP→未来 ERP,每个阶段的完善与发展都是与当时的市场环境与合作及企业管理模式的变革紧密关联、相辅相成的。基于当今世界这种变革趋势,国际权威机构美国 APICS 认为未来 ERP 将是一个全面企业集成(TEI)的系统;美国 GG 公司则称未来 ERP 为 ERP Ⅱ,最近又提出实时企业(RTE)的概念。未来 ERP 的发展在整体思想体系上将支持以协同商务、相互信任、双赢机制和实时企业为特征的供应链管理模式,实现更大范围的资源优化配置,降低产品成本,提高企业竞争力。

1. ERP 的作用

(1) 解决企业缺乏有效管理问题:以往的人工处理方法在处理速度、准确性、完整性等方面均不能满足管理的要求;数据量增大使管理人员不堪重负,更难于有精力考虑如何改进管理工作;部门之间数据一致性差,给生产协调及进度控制带来障碍,影响企业的进一步发展。

(2) 解决准确快速的产品成本核算和成本分析问题:快速准确的成本核算(预算)是产品报价的基础,通过成本分析,可以得到产品成本因素的分布情况,找出降低成本的关键因素,通过采取适当的措施降低产品成本,有利于参加市场竞争。

(3) 解决工作程序和流程固化的问题:企业实施了 ISO 9001 质量保证体系以后,工作程序和流程是否执行,有没有得到固化,执行好坏很难控制和考核,人为因素较大。而计算机则不一样，它一不会偷懒，二不会感情用事，更不会弄虚作假。

（4）解决企业缺乏协同的供应链管理体系问题：随着企业规模的壮大，一些局部供应链做到优化，是远远不够的，要解决整体供应链的优化问题，而不是一个简单的上下工序和上下游的优化问题，才能实现更大范围的资源优化配置，降低产品成本，提高企业竞争力。

2. ERP 实施效果

经过了多年的企业实施，ERP 系统开始在应用中日益显现它的优势：

（1）将企业业务和财务有机地结合在一起；
（2）规范了总部物流管理；
（3）形成、规范了具有特色的业务运作；
（4）集团信息化的整体框架规划形成，企业的业务流程优化；
（5）帮助企业提高分析、预测与决策的能力。

2.3.4 配送资源计划

1. DRP 的概念

配送需求计划（Distribution Requirement Planning）简称 DRP，是一种既保证有效地满足市场需要，又使物流资源配置费用最少的计划方法，是 MRP 原理与方法在物品配送中的运用。它是流通领域中的一种物流技术，是 MRP 在流通领域应用的直接结果。它主要解决分销物资的供应计划和调度问题，达到保证有效地满足市场需要又使配置费用最省的目的。

DRP 主要应用于两类企业：一类是流通企业，如储运公司、配送中心、物流中心、流通中心等；另一类是具有流通部门承担分销业务的企业。这两类企业的共同之处是：

（1）以满足社会需求为自己的宗旨；
（2）依靠一定的物流能力（储、运、包装、搬运能力等）来满足社会的需求；
（3）从制造企业或物资资源市场组织物资资源。

2. 配送需求计划的优缺点

配送需求计划的优点可从以下两个方面进行阐述。

营销上的好处：

（1）改善了服务水准，保证了准时递送和减少了顾客的抱怨；
（2）更有效地改善了促销计划和新产品引入计划；
（3）提高了预计短缺的能力，使营销努力不花费在低储备的产品上；
（4）改善了与其他企业功能的协调，因为 DRP 有助于共用一套计划数字；
（5）提高了向顾客提供协调存货管理服务的能力。

物流上的好处：

（1）由于协调装运，降低了配送中心的运输费用；
（2）因为 DRP 能够准确地确定何时需要何种产品，降低了存货水平；
（3）因存货减少，使仓库的空间需求也减少了；
（4）由于延交订货现象的减少，降低了顾客的运输成本；
（5）改善了物流与制造之间的存货可视性和协调性；
（6）提高了预算能力，因为 DRP 能够在多计划远景下有效地模拟存货和运输需求。

配送需求计划有以下几个方面的缺点：

第一，存货计划系统需要每一个配送中心精确的、经过协调的预测数。该预测数对于指导货物在整个配送渠道的流动是必需的。在任何情况下，使用预测数去指导存货计划系统时，预测误差就有可能成为一个重大问题。

第二，存货计划要求配送设施之间的运输具有固定而又可靠的完成周期，而完成周期的不确定因素则会降低系统的效力。

第三，由于生产故障或递送延迟，综合计划常易遭受系统紧张的影响或频繁改动时间表的影响。

2.3.5　联合计划、预测和补货系统

CPFR（Collaborative Planning Forecasting and Replenishment）是在 CFAR 共同预测和补货的基础上，进一步推动共同计划的制订，不仅合作企业实行共同预测和补货，同时将原来属于各企业内部事务的计划工作（如生产计划、库存计划、配送计划、销售规划等）也由供应链各企业共同参与。

1. CPFR 的产生背景

近几年来随着经济环境的变迁、信息技术的进一步发展以及供应链管理逐渐为全球所认同和推广，供应链管理开始更进一步地向无缝连接转化，促使供应链的整合程度进一步提高。这种高度供应链整合的项目就是沃尔玛所推动的 CFAR 和 CPFR，这种新型的系统不仅是对企业本身或合作企业的经营管理情况给予指导和监控，更是通过信息共享实现联动的经营管理决策。

1995 年，由沃尔玛与其供应商 Warner – Lambert、管理信息系统供应商 SAP、供应链软件商 Manugistics、美国咨询公司 Benchmarking Partners 5 家公司联合成立了工作小组，进行 CPFR 的研究和探索。1998 年美国召开零售系统大会时又加以倡导，目前实验的零售企业有沃尔玛等全球知名零售企业，生产企业有 P8LG、金佰利、HP 等多家著名企业，CPFR 是目前供应链管理在信息共享方面的最新发展。

从 CPFR 实施后的绩效看，Warner – Lambert 公司零售商品满足率从 87% 提高到 98%，新增销售收入 800 万美元。在 CPFR 取得初步成功后，组成了由零售商、制造商和方案提供商等 30 多个实体参加的 CPFR 委员会，与 VICS 协会一起致力于 CPFR 的研究、标准制定、软件开发和推广应用工作。

2. CPFR 的特点

（1）协同。CPFR 这种新型的合作关系要求双方长期承诺公开沟通、信息分享，从而确立其协同性的经营战略，并要求在确立这种协同性目标时，不仅要建立起双方的效益目标，更要确立协同的盈利驱动性目标。

（2）规划。CFAR 包含合作规划（品类、品牌、分类、关键品种等）以及合作财务（销量、订单满足率、定价、库存、安全库存、毛利等）。此外，为了实现共同的目标还需要双方协同制订促销计划、库存政策变化计划、产品导入和中止计划以及仓储分类计划。

（3）预测。CPFR 强调买卖双方必须做出最终的协同预测，像季节因素和趋势管理信息等无论是对服装或相关品类的供应方还是销售方的信息预测。这样做能够大大减少整个价值链体系的低效率、死库存，促进更好的产品销售，节约使用整个供应链的资源。与此同时，

最终实现协同促销计划是实现预测精度提高的关键。CPFR 所推动的协同预测还有一个特点是它不仅关注供应链双方共同做出最终预测，同时也强调双方都应参与预测反馈信息的处理和预测模型的制定和修正，特别是如何处理预测数据的波动等问题。

（4）补货。销售预测必须利用时间序列预测和需求规划系统转化为订单预测，并且供应方约束条件，如订单处理周期、前置时间、订单最小量、商品单元以及零售方长期形成的购买习惯等都需要供应链双方加以协商解决。根据 VICS 的 CPFR 指导原则，协同运输计划也被认为补货的主要因素。此外，例外状况出现的比率、转化为存货的百分比、预测精度、安全库存水准、订单实现的比例、前置时间以及订单批准的比例，所有这些都需要在双方公认的计分卡基础上定期协同审核。潜在的分歧，如基本供应量、过度承诺等，双方事先应及时加以解决。

2.4　学习目标小结

1. 策略、战略及供应链策略的完整理解

策略：是指一组目标或者用以达到目标的基本政策及计划，是创造持久的竞争优势，是提供指导思想和行动的框架。

战略：指对全局性、高层次的重大问题的筹划和指导。

供应链策略：是包括传统上所谓的供应战略、经营战略和物流战略。供应链战略确定原材料的获取和运输，产品的制造或服务的提供，以及产品配送和售后服务的方式与特点。供应链战略包括了采购、生产、销售、仓储和运输等一系列活动。

2. 理解为什么获取战略匹配对公司获取整体成功至关重要

竞争战略与供应链战略不匹配，会使供应链采取一些与顾客需求不相一致的行动，导致企业经济效益下滑或者无利可图，战略匹配使供应链所有节点必须设计统一的目标，这个目标与顾客需求必须一致。

企业选择合适的供应链战略需要一个前提，即只有对于既定的竞争战略，才存在正确的供应链战略。这便是企业如何获取战略匹配的问题。

战略匹配，是指供应链战略旨在构建的供应链能力目标与竞争战略用来满足的顾客群体需求目标之间的相互一致。

获取战略匹配，是供应链的战略或设计阶段的一项重要内容。

3. 供应链战略与竞争战略匹配的三个重要环节

理解顾客；

理解供应链；

获取战略匹配。

4. 推拉式供应链的特点及如何运用

5. QR、ECR、CPFR、ERP 的有效方法、基本概念

6. 现实供应链管理方法的选择与应用能力分析

讨论题：

（1）丰田公司已经在竞争战略与供应链战略之间取得了很好的匹配，该公司取得成功的关键是什么？

(2) 阐述反应型供应链与赢利型供应链的主要表现。
(3) 什么是策略？为什么要有策略？
(4) 试分析 QR、ECR、CPFR、ERP 之间的起源，并比较它们适应行业的异同点。
(5) 试分析 QR、ECR 的异同点。
(6) 如何实施 CPFR？

案例分析

案例1　夏普公司的供应链策略

夏普公司是一家总部位于日本大阪、年销售收入887亿美元的全球化电子消费品公司，公司共有66 000名员工服务于分布在全球30个国家的生产工厂、销售公司、技术研发机构和信贷公司。夏普公司作为推出电子计算器和液晶显示器等电子产品的创始者，始终勇于开创新领域，运用领先世界的液晶、光学、半导体等技术，在家电、移动通信、办公自动化等领域实现丰富多彩的"新信息社会"。

但是，面对着竞争日益复杂的电子消费品市场，该公司越来越感觉到电子消费品市场的快速变化，特别是电子消费品的生命周期越来越短，电子消费品的市场普及率越来越接近饱和状态，企业的经营风险加大，与此同时，客户对电子消费品个性化的需求越来越高。因此，如何在竞争激烈和快速变化的市场中寻求一套实时的决策系统就显得尤为重要。特别是通过提高对商品的预测准确率来降低企业的库存，减少交货期的延误，从而保住大量有价值的客户。

我们帮助夏普对其整个供应链进行了全面诊断，提出了对包括订单管理、生产制造、仓库管理、运输和开票等全流程在内的整体无缝连接，并结合信息系统的实施，使夏普公司建立起供应和需求一体化的结构，尤其是通过对系统数据的分析、定时的连接和灵活的处理，使决策者能够比过去更加方便和有效地协调人员、设备资源和流程配置，以更加准确地满足市场的需求。夏普公司通过对供应链的一体化管理，不仅降低了库存的水平，加快了库存的周转率，降低了物料管理的成本，而且大大提升了供应链上的价值。

供应链管理另外一个目标是提高客户的满意度。通过对供应链的整合，使夏普公司对客户的交货承诺性得到很大程度的提高，货物的交付比过去更加及时和准确。同时，供应链计划体系可以充分考虑各方面因素，如运输成本、订单执行等，从而制定出资源平衡和优化的需求预测。

（资料来源：http://wenku.baidu.com）

思考题：
(1) 夏普公司比传统企业有哪些优势？存在哪些劣势？
(2) 简述夏普公司构建合适供应链战略的原因。
(3) 夏普公司收集什么样的数据信息？如何构建信息系统？

案例2　中国石化借力ERP优化管理

中国石油化工股份有限公司（以下简称"中国石化"）是一家上中下游一体化、石油石化主业突出、拥有比较完备的销售网络、境内外上市的股份制企业。中国石化是中国最大的一体化能源化工公司之一，主要从事石油与天然气勘探开发、开采、销售；石油炼制、石油化工的生产与产品销售、储运；石油、天然气管道运输；石油、石化产品进出口业务等。

进展

中国石化上市之后，提出了"以 ERP 为主线"的信息化建设道路。中国石化作为大的集团公司，为提高管理能力、提升竞争能力，首先从人、财、物的信息化管理开始，以此为基点，中国石化几年来在信息化建设方面取得了很大进展。

效果

信息化建设有力地推动了企业改革的深化和经营管理水平的提高。ERP 带来了管理的规范、管理水平的提高，最大的收获是在规划 ERP 的过程中企业的改革和管理的深化。过去一些想做但比较难做的事情，通过信息化的建设得到解决。过去中国石化的下属企业财务核算大多是两级或两级以上，实施 ERP 后财务核算改为一级，财务账和实物账达到一致，这个变化是很大的。

在物资方面过去是多头采购，现在 ERP 和网上配合之后，实现"阳光工程"，带来很大的变化，同时利用了网上采购、销售等很好的经营管理手段。工作方式发生了深刻的变化，效率得到明显提高。

通过信息化的应用和取得的成果，企业领导和员工对信息化的认识加强，信息化建设的积极性、主动性、自觉性不断增强。信息化建设得好，领导重视，员工也参与，进一步促进信息化的推进。

体会

通过信息化建设带来了观念的转变、理念的更新，实现了共享和协同。实施 ERP 系统后，业务链更加集成，信息更加透明和共享。

通过信息化建设，促进了企业体制机制的改革，进一步优化了流程，使管理扁平化、专业化和科学化。无论是通过 ERP、电子商务系统还是物流配送系统，管理都更加集中、规范和科学。

思考题：

(1) 中国石化是如何进行 ERP 优化管理的？

(2) 中国石化的成功经验是什么？结合案例谈谈 ERP 能为企业做什么？

第三章

供应链的驱动要素与障碍因素

学习目标

阅读完本章节后,你将能够:
※ 理解供应链运营的驱动要素
※ 识别和理解供应链中必须克服的障碍要素
※ 讨论供应链中每个驱动因素对供应链的支持
※ 探讨这些要素如何在供应链设计、规划、运营中发挥作用

章前导读

7-11:一家便利连锁店

"7-11"(Seven-Eleven)公司在200多个国家设有17 000多个分店,是世界上最大的便利连锁店。它在日本有7 000多家分店,在美国有近5 000多家分店。1974年,第一家7-11便利店在日本开张,它在日本的发展非常出色。7-11公司是东京仓储购物中心列出的最赢利的公司之一。它的销售额持续大规模增长,同时与销售相关的库存水平不断降低。7-11公司在日本的成功,主要归功于其供应链的设计与管理。该公司成功的主要原因是,它努力寻求竞争战略与供应链区位、运输、库存和信息战略之间的契合。

7-11公司的经营目的是,在顾客需要的时候向他们提供所需要的产品。从战略的角度看,公司的主要目标之一是,通过区位、季节和每天的时间安排,寻求供给与需求之间的微观平衡。7-11公司利用区位、库存、运输和信息的设计与管理来支持这一目标。

7-11公司遵循的一项主要区位战略是,在目标区域开设新的分店,以便形成或提高其分布密度。例如在日本,1个郡(大体相当于美国的一个县)就有2家以上7-11连锁店。7-11连锁店的分布密度很高,在每个目标区域内集中开设好几家分店。7-11连锁店在美国的分布,1994年以前并不集中,1994—1997年,公司关闭了几家分布相对孤立的分店。现在,公司主要在连锁店已经拥有较高分布密度的地区建立新店。这一战略与其在日本国内的区位战略一脉相承。这一重要区位战略使公司在仓储和运输的整合中受益匪浅。

在日本，新鲜食品在 7-11 公司的销售额中占很大比例。绝大多数新鲜食品是在其他地点加工后再运到商店的。在日本，如果食品需要在晚饭时送达顾客，商店就要在同一天上午的 10 点发出订单。所有分店都通过电子信息与总店、配送中心和供应商保持联系。所有分店的订单都传给供应商，由他们包装印有储存条件说明的批量产品并运到配送中心。在配送中心，将所有来自不同供应商的产品（按保存温度进行分类）进行重组并运到各连锁店。每一辆送货卡车都为一家以上的分店送货，并尽可能在非高峰时间抵达商店。日本的 7-11 公司努力避免由卖方直接供货给商店。相反，所有进货都通过 7-11 公司的配送中心并在此集中，然后再运到商店。而它的区域布局战略有助于推进这种供应战略。

在美国，7-11 公司也采用一种类似的方法。它们将新鲜食品引入连锁店。7-11 公司曾经决定避免现场加工制作，而是让供应商为其加工新鲜食品，然后在当日内送到商店。在美国，7-11 公司仍然复制日本模式，由配送中心接收供应商的产品并运送到商店。这种经营方式同样取得了成功。无论在日本还是在美国，7-11 公司都对零售信息系统投入大量资金和人力，收集和分析扫描数据，得出分析结果，作为商店订货、分类和销售的依据。7-11 公司采用该信息系统找出周转慢的商品，分析新产品的业绩。信息系统在 7-11 公司实现微观供需平衡中发挥了重要作用。7-11 公司在供应链设计中做出了明确的选择。

（资料来源：Sunil Chopra. 供应链管理——战略、规划与运营（第二版）[M]. 北京：社会科学文献出版社，2003）

3.1 供应链的主要驱动要素

任何一条供应链运营的主要驱动要素都是：库存、运输、设施和信息。每个驱动要素对供应链都有非常重要的作用。

3.1.1 库存

库存有时被译为"存储"或"储备"，是为了满足未来需要而暂时闲置的资源，人、财、物、信息各方面的资源都有库存问题。库存是仓库中实际储存的货物，可以分为两类：一类是生产库存，即直接消耗物资的基层企业、事业单位的库存物资，它是为了保证企业、事业单位所消耗的物资能够不间断地供应而储存的；一类是流通库存，即生产企业的原材料或成品库存、生产主管部门的库存和各级物资主管部门的库存。此外，还有特殊形式的战略储备物资，它们主要是为了保证及时、齐备地将物资供应或销售给基层企业、事业单位的供销库存。

供应链中的库存是指供应链中所有的原材料、流程中的半成品和制成品。通过保有库存，企业可以实现以下目标：

（1）规模经济，例如长期生产可以明显减少制造成本。

（2）提供平衡供给和需求的途径，例如当库存接近客户需求时，可保证一定的市场可得率；为不确定提供保障，由于人们无法完全预知需求的变动，也无法预知一些突发事件，故持有库存可消除不确定性。

库存是一个重要的供应链驱动要素，库存的改变会在很大程度上提高该供应链的赢利水平和反应能力。例如，一个零售商可以通过提高库存水平，来增强反应能力。由于库存量大，零售商依靠自身能力及时满足顾客的需求的可能性大大增加。然而，库存量大将增加零售商的成本，从而降低其赢利水平。减少库存会提高零售商的赢利水平，却降低了其反应能力。

3.1.2 运输

运输就是为了使物品从生产者手中转移到消费者手中而发生的物品的空间转移。产品很少能在同一地点进行生产和消费，故运输在每一条供应链中都发挥着极为重要的作用。运输费用是供应链成本的重要组成部分。高效的运输系统使产品的成本下降，从而加强了产品在异地的竞争力，高效的运输系统也给企业带来了规模经济，从而使产品的价格下降，加强了市场争夺力。

供应链的成功与运输方式的合理选择都有莫大的关联。

3.1.3 设施

设施是供应链网络中物资存储、装配或制造的地方。通常来说，设施可以分为两类：一类是生产场所；另一类是存储场所。无论是哪一个设施，有关设施选址、功效和弹性的决策对供应链运营都有重要的影响。

3.1.4 信息

信息包括整条供应链中有关库存、运输、设施及顾客的资料和分析。信息很有可能是供应链运营中最大的驱动要素，因为它直接影响其余每个要素。信息为管理者提供机遇，从而使供应链更具反应能力和赢利水平。这些需求信息还可以提高供应链的赢利水平，因为企业能够更好地预测需求从而只生产所需要的数量。信息还可以通过为管理者提供配送方案，来提高供应链赢利水平。例如，提供信息以便管理者选择成本较低的替代方案，同时仍满足必需的服务要求。

3.2 供应链运营的结构框架

供应链战略的目标是在反应能力与赢利水平之间努力实现平衡，以便和竞争战略取得战略匹配。为了达到这个目标，厂商通常使用四个供应链驱动要素：库存、运输、设施和信息。对于每个独立的驱动要素，供应链管理者都必须在赢利水平与反应能力之间进行权衡，于是，这四个要素的共同作用决定了整条供应链的反应能力和赢利水平。

供应链决策的框架结构如图 3-1 所示。绝大多数厂商都是从制定竞争战略开始，然后确定他们的供应链战略。供应链所要确定的是供应链如何在赢利水平和反应能力方面进行运作。接着供应链要利用驱动要素来达到由供应链战略所设定的业绩水平。尽管这个框架结构通常是自上而下考察的，但在许多例子中，对四个驱动要素的研究可以表明，有必要改变供应链，甚至改变更高层次的竞争战略。

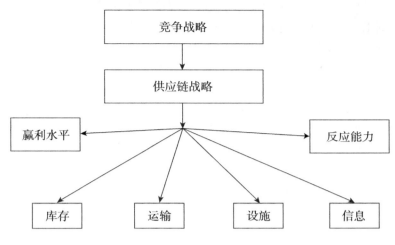

图 3-1 供应链决策的框架结构

3.3 库 存

3.3.1 库存在供应链中的作用

库存之所以在供应链中存在是因为供求不匹配。生产厂家会刻意制造这种供求不匹配现象，大量生产产品，为将来的销售做准备，这对生产行业来说是经济的。零售商店也刻意追求供求不匹配，它们根据对未来需求的预期储备货物。库存在供应链中发挥的重要作用是增加需求量。由于有现成的产品，这种需求能够在顾客需要时得到满足。库存的另一个显著作用是，利用生产和销售中存在的规模效益来降低成本。

库存遍布于供应链，从原材料到生产流程中的半成品、再到制成品，它们分别由供应商、制造商、批发商和零售商所拥有。库存是供应链的主要成本来源，对企业的反应能力有巨大影响。一个高库存水平的供应链就有高水平的市场反应能力，顾客走进一家商店，可以手里拿着物色到的商品走出商店。相反地，一个库存少的供应链就会非常缺乏市场反应能力。想要某种商品的顾客需要事先订购，并等上几个月才能生产出来，以上差别都取决于供应链中库存量的大小。

库存对供应链中的物流周转时间也有显著影响。物流周转时间是指从物资流入供应链到物资流出供应链所需要的那段时间。此外，库存还会显著影响销售速度，即向最终消费者销售产品的速度。

3.3.2 库存决策的组成要素

现在，我们来鉴别一下几个与库存有关的主要决策。供应链管理者必须做出这些决策，以便有效地创造更具反应能力和赢利水平的供应链。

（1）循环库存。循环库存是指用于满足在供应商两次送货之间所发生的需求的平均库存量。循环库存的规模取决于大批量生产或采购原材料的规模。厂商大批量生产或采购原材料，以便在生产、运输或采购中实现规模经济效益。然而，随着规模扩大，运输费用也相应增加。我们以一个网上书店零售商为例,来谈谈循环库存的决策问题。这个零售商每月平均销售10卡车的图书。该零售商要做的循环库存决策内容包括:图书库存补给需多少钱和多久需要补给库存一次。这个网络零售商可以每个月订购10卡车图书或每3天订购1卡车图书。供应链管理者面临的基本权衡是,大量库存的成本(循环库存大)和频繁订货的成本(循环库存少)之间的权衡。

(2) 安全库存。安全库存是指应对需求量超过预期数时的库存,它是为了应对不确定性而存在的。如果这个世界是完全可以预测的,仅仅有循环库存就足够了。然而,由于需求是不确定的,可能会超过预期,所以厂商要备有安全库存,以满足不可预测的高需求。确定安全库存量是管理者面临的一项关键性决策。

例如,一个皮鞋零售商必须为假日购买旺季计算其安全库存量。如果它的安全库存量太大,皮鞋卖不掉,不得不在假日过后打折甩卖。相反地,如果皮鞋零售商的安全库存量太小,该公司将损失销售量及其带来的利润。因此,选择安全库存量是一种在库存积压所带来的成本和库存缺货所损失的销售量之间的权衡。

供应链成功的关键是,在不损害产品供给水平的情况下,找到降低安全库存水平的有效途径。

(3) 季节库存。季节库存是用来应对可预料的需求变化库存。厂商利用季节库存,在淡季建立库存,为无法生产全部需求的旺季做储备。管理者面临的几个关键性决策如下:是否建立季节库存?如果建立季节库存,需要多少库存?如果一个厂商能够以很低的成本快速改变其生产系统的产量,那么它可能不需要季节库存,因为它的生产系统可以调整到适合旺季需求的状态,并且这样做又不会增加太多的成本。然而,如果产量调整代价昂贵(如必须雇佣或解雇工人),那么厂商的明智做法就是,保持平稳的产量水平并在淡季时建立库存。因此,供应链管理者在决定季节库存量所面临的基本权衡是:保有额外的季节库存的成本与产量调整所带来的成本之间的权衡。

管理者在库存决策中面临的基本权衡是反应能力与赢利水平之间的权衡。增加库存通常会使供应链对顾客更具应变能力。然而,这种做法会遇到成本问题,因为增加库存会减少利润。因此,供应链管理者可利用库存作为一个驱动要素,来实现竞争战略目标要求的反应能力与赢利水平。

3.4 运 输

3.4.1 运输在供应链中的作用

与其他供应链驱动要素一样,运输对反应能力和赢利水平均有很大的影响。无论运输方式或运输量如何变化,快速运输都能提高供应链的反应能力,并降低供应链的赢利水平。厂商所采用的运输方式还影响到供应链中的库存水平和设施布局。例如,耐克公司从亚洲空运运动服到美国,因为这能降低公司的库存水平。显然,这种做法提高了反应能力,但却降低了运输效益,因为这比海运要昂贵得多。

当供应商考虑目标顾客的需求时,运输在公司竞争战略中的作用就显得非常重要。如果厂商竞争战略的目标是那些要求高水平反应能力并愿意为此付费的顾客,那么它可以利用运输作为提高供应链反应能力的一个驱动要素；如果厂商的竞争战略目标是那些将价格作为主要决策依据的顾客，那么它可以利用运输手段降低产品成本而牺牲高水平反应能力。由于厂商可以同时利用库存和运输来提高反应能力或赢利水平，厂商最理想的决策通常是在两者之间寻求恰当的平衡。

运输在供应链管理中要解决的主要问题是：
(1) 运输方式的选择如何？
(2) 路径和网络选择如何？
(3) 自营与外包？
(4) 反应能力和赢利水平的权衡？

3.4.2　运输决策的组成要素

现在，我们来鉴别一下运输决策的几个关键组成要素，这是厂商在设计和运营供应链时所必须分析的。

(1) 运输方式。运输方式是指将产品从供应链网络的一个位置移动到另一个位置所采取的方式。

航空运输：最昂贵、最快捷的运输方式。

公路运输：较快速、较廉价、高度灵活的运输方式。

铁路运输：适用于大宗货物的廉价运输方式。

水陆运输：最慢的运输方式，通常是大宗海外货运唯一的经济选择。

管道运输：主要用于输送石油和天然气。

每一种运输方式都在速度、货运规模（从单个包裹到货物输送台、整车或整船）、货运成本和灵活性方面有不同特点，这些决定了厂商对某种特定运输方式的选择。

(2) 路径和网络选择。管理者必须做出的另一个主要决策是产品运输的路径和网络。路径是指产品运输的路线；网络是指产品运输的地点与路径的总和。例如，厂商需要决定的是直接将产品送到顾客手中，还是利用一系列的配送者，厂商在供应链设计阶段便要做出运输路径决策，它们还要做出日常或短期决策。

(3) 内部化还是依靠外部资源。传统上，大部分运输职能是在公司内部完成的。而如今，许多运输（甚至整个物流体系）职能却是依靠外部提供的。当厂商决策运输体系时，它们不得不在部分运输内部或依靠外部资源之间做出选择，这又引发了另一方面的决策难题。

关于运输的最根本的权衡，就是某一给定产品的运输费用（赢利水平）与运输速度（反应能力）之间的权衡。

3.5　设　　施

3.5.1　设施在供应链中的作用

如果我们将库存视为在供应链和运输方式上运送的商品，或者看做商品运输的方式，那么，设施就是供应链所在的地方。它们是库存商品运输的目的地或来源地。在产销体系中，库存商品或者转换成另一种形式（制造），或者在运往另一个阶段（仓储）前就被存放起来。

设施及其相应的能力，是供应链运营的一个关键驱动要素，它影响供应链的反应能力和赢利水平。例如，当产品只在同一个地方生产或储存时，公司可以取得规模经济效益，这种集中布局提高了赢利水平。然而，在成本减少的同时，反应能力也随之降低，因为公司的客户可能住在远离生产设施的地方。反之，将设施布局在接近客户的地方，增加所需设施的数量，结果会降低赢利水平。

设施在供应链管理中主要解决的问题是：
（1）工厂、配送中心如何布局？
（2）设施能力（灵活性和赢利性）大小？
（3）如何选择生产方式？是按订单生产，还是按库存生产？
（4）如何选择仓储方式？
（5）反应能力和赢利水平的权衡？

3.5.2 设施决策的组成要素

与设施相关的决策是供应链设计中的关键部分。厂商必须分析的设施决策的组成要素有以下几点：

（1）布局区位。设施布局决策是公司供应链设计的重要组成部分。基本的权衡是：集中布局以获取规模效益，还是分散布局、靠近消费者以提高反应能力。公司还必须考虑与设施所在地的各种特征相关的一大堆问题。这些问题包括宏观经济因素、战略性因素、劳动力质量、劳动力成本、设施成本、基础设施状况、是否接近消费者和供应链网络的其他部分、税收影响等。

（2）设施能力（灵活性和赢利性）。公司必须确定设施发挥功能或预定功能的能力。设施的大量超额能力，会增加设施的灵活性，并对大幅度的需求变化反应敏捷。但是，超额的能力需要花费成本，从而降低公司收益。拥有较少超额能力的设施每生产单位产品的利润较之拥有许多无用能力的设施更高。然而，利用率高的设施对需求波动的反应能力较低。因此，公司必须仔细权衡以确定各种设施的能力水平。

（3）生产方式。公司必须做出关于设施所使用的生产方式决策。它们必须确定设施布局是以产品为中心，还是以职能为中心。以产品为中心的工厂，为了生产某一类产品而具备不同的职能（如制造或装配）；以职能部门为中心的工厂，为了生产不同类型的产品而具备极少职能部门（如仅有制造或装配职能）。以产品为中心的厂商，对特定类型产品的专门技术很熟悉，但缺乏从职能化生产方式中才能得到的职能性专门技术。厂商必须明确哪类技术能最大限度地帮助它们满足顾客需求。厂商需要在提高应变水平和关注专业能力之间权衡。应变能力使厂商能够生产许多类型产品却常常效益较低，而专业技能仅在有限的产品生产中起作用，效益却较好。和前面的例子一样，这同样是赢利水平与反应能力之间的权衡。

（4）仓储方式。与生产环节一样，厂商也可选择仓储设施设计的各种不同方式，主要包括以下几种方式：

①存货单元式仓储。这是一种将所有同类产品储存在一起的传统式仓库。它是储存产品较为有效的形式。

②劳动密集式仓储。这种仓储方式将用于某种特定用途或满足特定类型顾客需求的各种不同类型的产品储存在一起。它通常需要较大的仓储空间，但可创造更高效的分选和包装环境。

③对接仓储（由沃尔玛公司开创）。在这种仓储方式中，货物实际并未存储于某个设施中，相反，从供应商那儿过来的货车分别运载不同类型的产品，并将这些产品送到配送中心。在那儿，货品被重新分装成较小的包装并迅速装载到开往各个连锁店的货车上。这些货车上装着从供应商处运来的各种各样的产品。

管理者做出设施决策时面临的权衡是：由设施数目、区位和类型所决定的成本（赢利水平）与这些设施为消费者所提供的良好市场反应能力之间的权衡。

3.6 信　　息

3.6.1　信息在供应链中的作用

信息作为一个主要的供应链驱动要素可能会被忽略，因为它并非实物形态。然而，信息的许多方式深刻地影响着供应链的每个部分，这包括以下两个方面：

（1）信息联系着供应链的不同阶段，使各个阶段相互协调，并对整条供应链利润最大化起重要作用。

（2）信息对供应链中各个阶段的日常运营来说也很重要。例如，生产日程安排利用需求信息制定生产计划，使工厂能够用高效率的方式生产出满足需求的产品。仓储管理体系利用信息明确标出库存量大小，这是厂商决定是否需要发出新订单以补充库存的依据。

由于厂商可以利用信息来同时提高赢利水平和反应能力，信息作为一个驱动要素的作用日渐增大。信息在促进公司发展方面的作用可以从信息技术的重要性迅速提升中得到证实。但是，和其他驱动要素一样，即使有了信息，公司同样需要在赢利水平与反应能力之间权衡。

另一个关键性决策是：什么信息对降低供应链成本、提高反应能力最有价值。这项决策将随供应链的结构和所瞄准的细分市场不同而变化。例如，一些厂商的目标顾客是那些以顾客为中心的、具有附加价格的产品的消费者，这公司可能会发现，投资于信息要素能提高市场反应能力。

信息在供应链管理中要解决的问题主要是：

（1）推动型或拉动型？

（2）如何进行供应链协调与信息共享？

（3）需求预测与整合计划的准确性如何提高？

（4）技术工具如何选择？

（5）反应能力和赢利水平的权衡？

（6）在产品种类增多、产品生命周期缩短、顾客要求增加、供应链所有权分裂、全球化的情况下，如何保持供应链战略的变动灵活性？

（7）如何才能保证供应链战略和竞争战略相匹配？

3.6.2 信息决策的组成要素

现在我们来讨论供应链内信息决策的主要组成要素，这是厂商为提高供应链的赢利水平和反应能力所必须分析的内容。

（1）推动型与拉动型。在设计供应链流程时，管理者必须确定它们是属于推动型流程还是属于拉动型流程，因为不同类型的流程要求不同类型的信息。推动型流程通常要求信息以详尽的原材料需求计划体系的形式出现，以便形成主要生产计划并将信息反馈给供应商，为供应商制定零部件类型、数量和交货日期计划提供依据。拉动型流程要求有关实际需求的信息应以极快的速度传递到整条供应链，从而使生产及零部件和产成品的销售能够切实反映现实需求。

（2）供应链协调与信息共享。当供应链中的所有不同阶段的运营目标是为了使整条供应链而不是某一个阶段的利润最大化时，就出现了供应链协调。缺乏协调会导致供应链利润的重大损失。管理者必须决定，如何在供应链中创造这种协调，什么信息需要共享以便实现协调目标。供应链不同阶段之间的协调要求各阶段与其他阶段适当地共享信息。例如，在一个拉动型流程中，假设一个供应商要为某个制造商以适时供货的方式生产相应的零部件，则这个制造商就必须和供应商共享需求和生产信息。这时，信息共享就是供应链成功运营的关键。

3.6.3 预测与总体规划

预测是一门艺术和科学，它用于制定关于未来需求和环境的工作方案。获取预测信息常常需要使用复杂的技术和方法，以便估计未来的需求或市场条件。管理者必须确定，他们如何进行预测，可以在多大程度上利用预测来做出决策。公司经常在战术和战略两个层面上利用预测信息：在战术水平上，它可用于制定规划；在战略水平上，它却用来决定是否增建新厂，甚至决定是否进入一个新市场。一旦公司做出一项预测，它就需要按照这个预测制定规划。总体规划将预测转换为行动计划以满足预测需求，管理者面临的一个关键性决策是：如何在供应链的管理者阶段及从头至尾的整条供应链中都贯彻总体规划。总体规划成为在供应链内部分享的一个极为重要的信息。通过影响供应商和顾客，公司的总体规划对需求产生显著影响。

3.6.4 可利用的技术方法

在供应链内部分享和分析信息有许多技术方法。管理者必须确定使用何种技术方法，以及如何将这些技术方法与他们的厂商及合作伙伴有机地结合起来。随着这些技术方法的功能增强，以上这些决策结果变得越来越重要了。一些技术方法如下：

（1）电子资料交换。厂商可以使用这种方法向供应商提供及时的无纸化订单。EDI 不但高效，而且缩短了将产品送达顾客所需要的时间，因为这种交易比纸上合同交易发生得更快、更精确。

（2）互联网。与电子资料交换相比，互联网在信息共享方面有着非常重要的优点。所有人都可进入互联网，互联网可以传递更多信息，因而比电子资料交换更具可观察性。较好的可观察性使供应链各个阶段能够做出更好的决策。由于标准的基础设施系统（全球网络已经建成，供应链各个阶段通过互联网进行交流更为便捷。由于有了互联网，电子商务已成为供应链中的一种主要动力。

（3）企业资源规划系统。它提供从厂商及其供应链的各个部分可以获得的交易追踪调查和全球范围的可观察性信息，正确决策离不开这些信息。这些即时信息有助于提高供应链运营决策的质量。企业资源规划系统可以追踪信息，而互联网则提供了观察这些信息的方法。SAP、甲骨文、艾德华和百纳是几个主要的企业资源规划系统软件供应商。由于这个系统功能强大，这些厂商的经营业务有了很大发展。

（4）供应链管理软件。某些公司为企业资源规划系统增加了一个更高级的软件。除了可观察信息外，该软件还提供了分析法使用的决策支持。企业资源规划系统告诉厂商进展如何，而供应链管理软件系统帮助厂商做出决策。

对于整条供应链来说，关于信息驱动要素最基本的权衡是反应能力与赢利水平之间的权衡。许多信息系统可同时提高反应能力和赢利水平。但是，管理者也要在信息成本（降低利润）与能提高供应链反应能力的信息之间权衡。

3.7 供应链运营的障碍因素

3.7.1 产品种类的增多

今天，产品的种类增加得十分迅猛。由于消费者对个性化和时尚产品的需求越来越多，厂商便以批量生产的个性化产品，甚至个性化服务（厂商将每个顾客视为一个独立的细分市场）来应付。对原先普遍雷同的产品，现在需要为每个顾客量身定做。由于顾客要求产品适应个人需求，市场细分不断深化，而且越分越细致，产品种类增多，大大增加了市场预测和满足需求的难度，从而使供应链复杂化。电子商务的兴起方便了供应链为消费者提供多样化产品，加强了产品个性化的趋势。商品种类的增加也带来了需求的不确定性，这通常会导致供应链成本上涨，利润下降。

3.7.2 产品生命周期缩短

在产品种类增加的同时，产品生命周期在缩短。产品的生命周期过去用年计算，今天却用月来计算。产品生命周期的缩短增加了战略匹配的难度，因为供应商除了要应付产品需求的不确定性，还必须及时进行调整以适应制造商制造出新产品。

3.7.3 顾客要求不断增加

看看配送次数、成本及产品性能，厂商可以清晰地看到顾客大的需求不断增加，许多厂商过去周期性标准化地提高价格，并非由于需求增加或其他原因，仅仅因为提高价格是一种"生意经"。现在的顾客为商品支付与几年前相同的价格，却要求更快的服务、更好的质量和性能更好的产品。顾客要求更高（不一定是需求量）意味着供应链必须提供更好的产品和服务，以维持运营。

3.7.4 供应链所有权分裂

在过去的几十年里，绝大多数公司的垂直隶属关系被不断削弱。厂商将一些非核心职能放弃，它们能够利用供应商和顾客所具备的能力，而这些能力它们自身没有。然而这种新的所有权结构使供应链管理变得更加困难。供应链归属于许多不同的所有者，每个所有者都有自己的利益和方针，这使整条供应链的赢利水平下降。

3.7.5 经济全球化问题

在过去几十年里，世界各国的政府都放宽了贸易限制，导致全球贸易巨幅增长，但是贸易全球化水平的提高对供应链有两个主要影响：一是现在的供应链比过去任何时候都趋向于全球化。一个世界性的供应链有许多好处，例如，可以从全球范围的供应商处获取原材料。这些供应商能比本土供应商提供更好更廉价的产品，但是全球化也给供应链增加了压力，供应链设施相去甚远，增加了相互协调的难度。二是竞争加剧。过去受保护的民族企业现在必须和来自世界各地的厂商竞争，过去满足消费者需求的厂商不太多，因而每个厂商对消费者的反应很慢，今天在绝大多数产业中，有越来越多的厂商正积极追随、超越其竞争对手，这种竞争形式使供应链运营成为维持和增加销量的关键，同时也给供应链增加了压力，迫使其更加精确地在反应能力与赢利水平之间取得平衡。

3.7.6 执行新战略的困难

制定一项新的供应链战略并不容易，然而，一旦好的战略形成，实际执行起来可能会更难。例如，众所周知，耐克公司的经营战略其实就是一个供应链战略，这项战略在多年来一直维持着较大的竞争优势。难道耐克公司拥有一项其他人无法想象出来的无比卓越的战略吗？他们的战略固然是卓越的，但许多人也都曾想到过，只是其他公司在执行该项战略时遇到了困难。公司组织中的所有层次上都拥有众多高素质的雇员，是供应链成功实施所必备的条件。虽然在书本中我们主要讨论战略的构建，但是我们仍需牢记，富有技巧的执行战略与战略本身同样重要。

上面讨论的几个障碍因素，使厂商在供应链反应能力与赢利水平之间进行恰当权衡，从而使获得战略匹配变得更加困难，这些障碍因素也为供应链无穷无尽的改善提供了巨大的机遇。这些障碍因素的影响不断加大，使供应链管理日益成为公司成败的主要因素。

3.8 学习目标小结

1. 明确供应链运营的主要驱动要素

任何一条供应链运营的主要驱动要素都是：库存、运输、设施和信息。

2. 理解并讨论每个驱动要素在供应链中的作用

3. 明确供应链运营的主要障碍因素

因为存在障碍要素，如产品品种增加、产品生命周期缩短、顾客需求增加、全球化竞争，都使供应链战略变得更加困难。

讨论题：

（1）一个工业品批发商如何利用信息要素提高反应能力？

（2）一个户外登山用品经销商如何利用设施要素提高反应能力？

（3）一个日用百货经销商如何利用库存要素来提高供应链的反应能力？

(4) 一个汽车制造商如何利用运输要素提高供应链的反应能力？
(5) 举例说明如何合理利用供应链运营的主要驱动要素。

案例分析

比斯（Bis）公司的供应链策略

比斯公司是一家生产和销售软饮料的公司。目前，坐落在亚特兰大和丹佛的两家制造工厂向全美约 120 000 家销售店或商店供货。目前的销售系统要求在货物发送到零售店之前先运往坐落在芝加哥、达拉斯、萨克拉门托的三个仓库。公司成立于 1964 年，当初只是一个家庭企业，但在 20 世纪 70 年代和 80 年代得到了相当稳定的发展。现在，比斯公司有 12 个股东，由一位新上任的首席执行官掌管。

软饮料业的边际收益大约为 20%，所有产品的每库存单位的价格为 1 000 美元。尽管存在很高的利润，但新上任的首席执行官认为目前的销售系统并不是最有效率的。在最近的一次股东大会上，他指出目前比斯公司采用的销售战略大约是 15 年前制定的，而且从未修改过。其销售战略包括以下步骤：

(1) 在制造工厂生产并储存；
(2) 挑选、装载，然后运往仓库/配送中心；
(3) 卸载并储存在仓库；
(4) 拣选、装载，然后配送到商店。

于是，股东决定求助于外部力量来修改他们的物流网络。经过营销部门 6 个月的连续工作，公司才获取了这份协议。在接受该项协议时做出的承诺是提高有效性，但不能使服务成本损害零售商的利润。在最初的提议中，提到"可以通过再造销售和配送功能来实现"。似乎是再造整个销售网络这个主意，以及承诺不仅设计新的销售战略，而且帮助实施该战略，才使提议对于比斯公司的股东具有吸引力。

因为这是一个巨大的工程，公司认识到自己可以在一些事情上做得很快，特别是在刚刚完成的第一阶段的工作中，找出应该直接从制造工厂进货的约 10 000 家零售店。这是根据：

(1) 装卸月台的接货能力；
(2) 储存能力；
(3) 接收货物的方法；
(4) 推销需求；
(5) 订单生成能力；
(6) 交货时间的约束；
(7) 目前的定价；
(8) 促销活动方式。

现在，该对销售网络进行重新设计了。为此，公司把零售商店划分成 250 个区，把不同产品划成五类。

收集的数据包括以下内容：

(1) 1997 年每个顾客区对于每一类产品的库存单位的需求量；
(2) 每个制造工厂的年生产能力（以库存单位计算）；
(3) 每个仓库的最大容量（以库存单位计算），包括新仓库和现有仓库（35 000 个）；

(4) 每类产品从制造工厂到仓库之间的每英里运输成本；
(5) 建立一个仓库的准备成本。

顾客服务是比斯公司特别关心的事，因为市场中存在许多竞争性的产品。虽然特定的服务水平并不对应于特定的销售额，但首席执行官坚持认为为了保持竞争力，交货时间不应超过 48 小时。这意味着仓库与顾客区之间的距离不应该超过 900 英里。

比斯公司刚完成一份综合性的市场研究报告，该报告表明市场有明显增大的趋势。预计不同区域市场的成长速度是一致的，但不同产品的市场成长速度是有差别的。1998 年和 1999 年，产品的预计市场增长率由表 3-1 给出。

表 3-1 预计的年增长率

产品类别	增长系数
1	1.07
2	1.03
3	1.06
4	1.05
5	1.06

两个制造工厂的可变生产成本随产品而不同，并且在这两个制造工厂之间也是不同的。首席执行官和公司股东反对建新的制造工厂，因为建新厂将涉及成本和风险。但是，他们愿意根据需要在现有工厂的基础上扩大生产能力。他们估计每类产品每扩大 100 库存单位的生产能力需花费 2 000 美元。

思考并回答比斯公司提出的以下问题：

(1) 构建的模型是否真正体现比斯公司的物流网络？比斯公司如何证实这一模型？对顾客和产品进行归类对模型的准确度有什么影响？
(2) 应建立多少个配送中心？
(3) 这些配送中心应设在何处？
(4) 工厂生产的每一种产品的产量如何在各仓库之间进行分配？
(5) 是否应扩大生产能力？何时？何地？

第四章

供应链的需求与供给管理

学习目标

阅读完本章节后，你将能够：
※ 理解供应链需求预测考虑的因素
※ 掌握预测方法与流程
※ 阐述供应链需求的重要性和必要性
※ 掌握供应链供给的相关内容及其要点

章前导读

预测与产品预订

日本的7-11公司为连锁店经理们进行需求预测提供了一套"艺术状态"决策支持系统。由这个系统做出一项预测并提供一个建议性的订单，商品经理只是负责做出最后的预测并下订单，这是因为只有他才知道那些通过历史需求数据也得不到的市场条件信息。对市场条件的了解将有助于改进预测的精度。下面我们以冰激凌的需求为例，说明人为因素对需求预测的重要性。如果商店经理知道明天可能会下雨或者变得很冷，那么他或她就能利用这个信息，来削减冰激凌订购数量，即使前几天天气很热，需求量很大。在这个例子中，市场条件（天气）的变化是不能通过历史数据得到的，这个例子说明定性分析对改进需求预测的好处。因而，在供应链管理中适当的人为干预对好的预测十分重要。

4.1 供应链管理中的需求预测

供应链管理中，预测可以对供应链信息进行计划和协调。供应链中的如运输、库存、供应商管理的业务活动都是可以以预测的资料为基础进行制定生产经营策略的。

对未来需求的预测构成了供应链中所有战略性和规划性决策的基础。推式供应链和拉式供应链中，推式供应链是根据对客户需求的预测来运行的，而拉式供应链又都是根据对市场需求的反应来运行的。对于推式供应链来说，供应链管理者必须规划产品的生产能力；对于拉式供应链而言，供应链管理者必须提高产品供给需要的水平。在上述两种情况下，供应链管理者采取的第一步骤，就是预测顾客未来的需求量。

我们以上海大众汽车公司为例来分析。改革后的上海大众汽车公司既根据客户订单生产汽车，同时又根据对客户需求的预测来订购零部件并安排生产线。生产经理必须保证公司根据对客户需求的预测来订购适当数量的零部件，他还必须保证生产线具备能力满足装配需要的生产能力。要做出上述两种决策，供应链管理者都需要对未来需求进行预测。

供应链管理者对所有供应链活动的规划都是以预测顾客最终购买行为发生的时间为基础。在大众汽车公司的案例中，供应商为上海大众公司的宝来车提供发动机，德国大众汽车公司需要几周的时间来生产这些发动机。但是，上海大众不能等那么久，因为顾客已经下了订单。顾客需要在几天内（而不是几周内）拿到宝来车。因而，德国大众汽车公司必须在顾客订货之前就生产出发动机——这就需要上海大众和德国大众预测未来对发动机的需求，并以此制订生产计划。德国大众的生产时间对应其供应商的需求，他的供应商也必须预测未来的需求并根据此安排生产，来满足德国大众汽车公司生产计划的需求。

除了生产和分销决策外，供应链"推动阶段"的其他决策也要以对未来需求的预测为基础。我们在这里列出了一些以需求预测为基础的重要决策：

（1）生产：生产计划、库存管理、仓库的租赁与购买；
（2）营销：销售资源配置、促销、新产品开发；
（3）财务：生产线（设备）的投资和预算规划；
（4）人力资源管理：雇员计划、雇佣、解雇。

理想状态下，供应链中的这些决策不应把各个领域分割开来，因为它们是相互影响的，最好结合起来考虑。例如，可口可乐公司正在考虑下一个季度的需求预测和何时进行各种促销活动。促销的信息可以用来更新需求预测，在预测的基础上，可口可乐公司将为下一个季度制订生产计划。该计划需要额外的投资、雇佣新劳动力或者将生产转包出去。可口可乐公司必须以生产计划和现有生产能力为基础，在实际生产开始之前做出这些决策。从这个例子中我们可以看到，所有的决策都是互相联系的。拥有稳定需求的"成熟"产品最容易预测，超市的日常用品，例如牛奶、纸巾等属于这一类。当原料的供给与最终产品的需求变化幅度较大时，预测和制定与之相伴随的管理决策就变得十分困难了。具有季节性需求变化的产品的一个例子就是巧克力——情人节期间巧克力销售量会大幅增加。另一些例子包括滑雪设备、游泳衣和除雪设备。对于这些产品而言，好的预测十分重要，原因在于其销售季节非常短，如果公司生产过剩或者不足，恢复的机会就会非常小，供给也很难满足需求。相反，对于有稳定需求的产品来说，预测误差的影响就变得不那么重要了。

企业管理层可以使用预测和预测产生的计划在成本最低的前提下对资源进行合理分配。精确的预测可以做到有效安排资源需求，以期最大限度地减少生产能力与库存能力波动造成的费用支出。预测主要是通过信息的交换和协调来提高供应链效率的，这不同于以增加库存来提高效率的做法。先进的通信技术已经使得供应链管理有更多的机会和顾客、企业内部各个部门分享预测成果。根据战略预测目标，供应链管理可以计划现金流和商业活动；根据能力预测，则可以在限制条件下安排生产需求和设施能力需求。此外，通过供应链需求预测可以确定产品是如何向配送中心和仓库进行分配的，更进一步的支持是，还可以确定如何向零售商分配。制造需求预测会影响生产计划，进而影响采购需求。显然，要实现供应链一体化，就需要通过共同预测来推动供应链中的活动。例如，供应链需求应该考虑大规模的营销活动和促销活动，以便使供应链能够在生产能力约束之内进行作业。过去，各项活动通常只是对自身进行预测，所以彼此之间很难进行交流以建立共同预测。然而，降低库存的要求和信息技术的进步，都在努力超越厂商之间的障碍，进而促进预测向遍及整个供应链的一体化方向发展。

4.2 预测需要考虑的要素

供应链预测是为供应链管理与供应链作业计划而对需求的地点、品种、时间、市场等因素进行的预计。供应链管理在预测进行前，先要理解需求的性质，并对预测对象的组成要有较完整把握。

4.2.1 需求的性质

预测的需求可以分成相关需求和独立需求。

相关需求，是直接与其他项目或者最终产品的物料清单结构有关的需求。这个需求是计算得来的，不是预测值。一个库存项目可以包括相关需求和独立需求。例如，一个部件既可以是一个组装件也可以是一个交付件。相关需求是指与其他需求有内在相关性的需求，根据这种相关性，企业可以精确地计算出它的需求量和需求时间，它是一种确定型需求。例如，用户对企业完成品的需求一旦确定，与该产品有关的零部件、原材料的需求就随之确定，对这些零部件、原材料的需求就是相关需求。

独立需求，指外界或消费者对制成品或最终产品的市场需求，亦即企业所承接市场的订单需求，因为它的需求量是由市场所决定的，企业本身只可根据以往的经验法则予以预测，而无法加以控制或决定，故称为独立需求。例如，对冰箱的需求有可能与对牛奶的需求无关，所以，对牛奶进行的预测对预测冰箱不起任何作用。独立需求可以用于预测大多数产成品、消费品和工业物资。

预测既强调时间，也强调数据。然而，当存在从属需求时，预测就应该利用这种情况，仅预测基本物资的需求。只要有可能，应该尽量利用相关性。

影响需求的因素：

（1）市场对产品的需求以及产品的价格；

（2）生产技术状况；

（3）生产要素的价格；

（4）边际生产力。指在其他条件不变的情况下，每增加一个单位生产要素的投入所增加的产量。边际生产力递减规律：一个要素投入量不断增加，而其他要素不变，可变要素的边际产量在一个时期内可以增加或保持不变，但最终还是会递减。

有关边际生产力的概念：

（1）边际物质产品（Marginal Physical Product，MPP，有时简称为 MP）：在其他条件不变的情况下，增加一单位生产要素的投入所增加的产量。

（2）边际收益产品（Marginal Revenue Product，MRP）：在其他条件不变的情况下，增加一单位生产要素的投入带来的产量所增加的收益，即

$$MRP = MPP \times MR$$

显然，MRP 的变化取决于 MPP 和 MR 的变化。

（3）边际产品价值（Value of the Marginal Product，VMP）：指的是增加一单位要素所增加的产量的销售值，即

$$VMP = MPP \times P$$

在完全竞争市场中，VMP = MRP。

4.2.2 预测的内容

预测的内容主要是对市场的供给状况和需求情况进行预测。

1. 供给预测

供给是指一定的价格水平下，商品生产者或供应者愿意并能够提供出售商品的数量。

在进行供给预测时，既要分析国内市场和国际市场供给情况，又要预测分析产品的现有供应能力，还要预测分析现有生产企业潜在的增长趋势。

在综合分析该产品在国际市场的销售状况、国内的短缺程度以及国家的外贸政策等多种因素后，才能得出比较正确、合理的预测结果。

资源预测是供给预测的组成部分，资源的稀缺性是市场预测的重要原因之一。对工业项目来说，在确定生产规模时，首先要考虑原材料如铁矿石、燃料动力如天然气、煤、焦炭或电力等是否能满足需要。资源预测一般包括农副产品资源预测、日用工业品的资源预测、能源预测等。

2. 需求预测

需求是指在一定价格水平下，在一定时间和空间范围内，消费者愿意并能够购买的某种（类）商品的数量，即对该商品的有购买力的市场需要。

需求预测一般分为近期市场需求预测和远期市场需求预测，其内容包括产品需求预测、生产资料需求预测和消费资料需求预测。

购买力预测是需求预测的核心组成部分。社会购买力，广义上是指一定时期内全社会通过市场购买消费资料和生产资料的货币支付能力，狭义上是指一定时期内全社会零售市场上购买消费品和农业生产资料的货币支付能力。

要测算市场潜量，就必须研究工农业生产的发展趋势、人民生活水平的提高程度、历年结余的购买力及购买力的投向等。影响市场潜量的因素很多，如经济水平、文化水平、人口变化等因素，但最主要的是社会购买力的变化。

供应链需要用预测数量进行计划和协调。这种预测一般是每一个库存单位和配送地点的月度数字或每周数字。虽然这种预测数量一般是一个单一数字，但是该数值实际上由六个部分组成，包括：基本需求；季节因素；趋势因素；周期因素；促销因素；不确定因素。

假定基本需求是平均销售水平，而其他部分则是乘以基本水平，并进行了正负调整的指数或因素，由此产生的预测模型为

$$F_t = (B_t + S_t + T + C_t + P_t) + I$$

式中，F_t——时期 t 的预测数量；

B_t——时期 t 的需求水平；

S_t——时期 t 的季节因素；

T——趋势因素，每一时期的增减数量；

C_t——时期 t 的周期因素；

P_t——时期 t 的促销因素；

I——不确定因素或随机数量。

基本需求是不考虑其他所有因素时的数值。它预测的是没有季节因素、趋势因素、周期因素、促销因素等成分的数量。基本需求以整个时期内的平均值表示。

季节因素通常以年度为基础。例如，在圣诞节前玩具需求量较大，而在一年的前三个季度中需求量则相对较低。因此，可以说玩具的需求类型是在前三季度中季节因素较低，最后一个季度呈现季节因素的峰值。当然，上述讨论的季节因素是指在零售层次。批发层次的季节因素先于消费需求大约一个季度。对于整个时期季节因素的平均值为1.0，但是，单个的月度季节因素的范围可以为1~12。如果季节因素值的平均值为1.0，则表明预计销售高于平均值20%。

趋势因素定义为在一个时期内，销售的长期总趋势。这种趋势值可以是正的，也可以是正负不定的。正的趋势意味着销售量随时间增加，负的则表示销售量随时间的推移而减少。例如，个人电脑的销售趋势是增长的；出生率的下降，意味着随之而来的一次性尿布的需求量将减少；由于人们的饮用习惯的变化，啤酒消费从增长趋势变化到一种不确定趋势。不像其他的预测成分，趋势值会在以后各期影响到基本续期区。这种特殊的关系表现如下：

$$B_{t+1} = B_t \times T$$

式中，B_{t+1}——在 $t+1$ 时期内的基本需求；

B_t——在 t 时期内的基本需求；

T——趋势指数。

趋势指数值大于1.0，意味着定期需求是增长的；趋势指数值小于1.0，则意味着下降趋势。

周期因素的特点是其需求模式中的波动超过一年。这种周期因素可以是上升的，也可以是下降的。例如，经济周期，一般每隔3~5年有一次经济从衰退到扩张的波动。住房需求通常就与经济周期以及由此产生的电器产品的需求联系在一起。

促销因素的特点是需求波动，是厂商的市场营销活动引起的，如广告、促销等。这种波动的特点是促销期间销售量增加，此后随着促销售出库存后销售量下跌。促销可以是有规则的，如在每一年的同一时间发生。从预测的角度来看，有规则的促销因素成分，它类似于季节因素成分。不规则的促销因素成分是在不同的时期内发生促销，所以必须对它进行分别跟踪。促销因素成分对于跟踪消费品行业来说特别重要，因为它对销售量具有很多的影响。在某些行业中，促销销售量甚至会占年度销售量的50%~80%。促销因素成分不同于其他预测成分，在很大程度上厂商在时间和规模上可以控制促销因素。

不确定因素成分包括随机的或无法预计的、不适合归在其他类别的成分中的数量。由于它的随机性质，这种成分不可能事先预计。在展开一项预测过程时，其目标是要通过跟踪和预计其他成分，使随机成分的数量减少到最低程度。

4.3　预测技术

预测方法可以分为定量以及定性两类。定量预测方法用于下列三个条件成立的时候：手头掌握含有待预测变量的过去的信息；信息可以进行定量化；过去的变动形式将持续到未来，是一个合理的假设。这种情况下，便可以通过时间序列方法进行预测。历史的销售数据形成了一个时间序列，一个时间序列是一组对于某一变量连续时点或连续时段上的观测值。

下面将介绍一些需求预测的定量和定性方法。

4.3.1 预测技术分类

（1）定性预测技术，就是依靠熟悉业务知识、具有丰富经验和综合分析能力的人员或专家，根据已经掌握的历史资料和直观材料，运用人的知识、经验和分析判断能力，对事物的未来发展趋势做出性质和程度上的判断；然后再通过一定的形式综合各方面的判断，得出统一的预测结论。值得注意的是，定性预测技术一定要与定量预测技术配合使用。定性预测方法又称为主观预测方法，不需要数学公式，依据是来源不同的各种主观意见。

具体5种方法分别是：经销人员意见法；专家小组意见法；德尔菲法；类推法；用户调查法。

（2）定量预测技术，是使用一定历史数据或因素变量来预测需求的数学模型，是根据已掌握的比较完备的历史统计数据，运用一定的数学方法进行科学的加工整理，借以揭示有关变量之间的规律性联系，用于预测和推测未来发展变化情况的一类预测方法。定量预测方法也称统计预测法，其主要特点是利用统计资料和数学模型来进行预测。

目前常用的预测方法有以下几种：

①加权算术平均法：用各种权数算得的平均数称为加权算术平均数，它可以自然数作权数，也可以项目出现的次数作权数，所求平均数值即为测定值。

②趋势平均预测法：趋势平均预测法是以过去发生的实际数为依据，在算术平均数的基础上，假定未来时期的数值是它近期数值直接继续，而同较远时期的数值关系较小的一种预测方法。

③指数平滑法：指数平滑法是以一个指标本身过去变化的趋势作为预测未来的依据的一种方法。对未来预测时，考虑近期资料的影响应比远期大，因而对不同时期的资料赋予不同的权数，越是近期资料权数越大，反之权数越小。

④平均发展速度法：平均发展速度反映现象逐期发展速度的平均程度，是各个时期环比发展速度的几何平均数，说明社会经济现象在较长时期内速度变化的平均程度。

平均发展速度是一个十分重要并得到广泛运用的动态分析指标，经常用来对比不同发展阶段的不同发展速度，还用来对比不同国家或地区经济发展的不同情况。

平均发展速度的计算有两种方法：几何平均法（水平法）和代数平均法（累计法或方程式法）。这两种方法计算结果经常不一致，有时甚至会得出相反的结论。

设各个时期的发展水平为

$$a_0, a_1, a_2, a_3, \cdots, a_n$$

平均发展速度的计算公式为

$$\bar{v} = \sqrt[n]{\frac{a_1}{a_0} \times \frac{a_2}{a_1} \times \cdots \times \frac{a_n}{a_{n1}}}$$

或

$$\bar{v} = \sqrt[n]{v_1 \times v_2 \times \cdots \times v_n}$$

⑤一元线性回归预测法：设变动直线方程为：$y = a + bx$。根据 x、y 现有数据，寻求合理的 a、b 回归系数，得出一条变动直线，并使线上各点至实际资料上的对应点之间的距离最小。

⑥高低点法：高低点法是利用代数式 $y = a + bx$，选用一定历史资料中的最高业务量与最低业务量的总成本（或总费用）之差 Δy，与两者业务量之差 Δx 进行对比，求出 b，然后再求出 a 的方法。

⑦时间序列预测法：时间序列预测法是把一系列的时间作为自变量来确定直线方程 $y = a + bx$，进而求出 a、b 的值，这是回归预测的特殊式。

定性预测的优点在于注重于事物发展在性质方面的预测，具有较大的灵活性，易于充分发挥人的主观能动作用，且简单、迅速，省时省费用；定性预测的缺点是易受主观因素的影响，比较注重于人的经验和主观判断能力，从而易受人的知识、经验和能力的束缚和限制，尤其是缺乏对事物发展作数量上的精确描述。定量预测的优点在于注重于事物发展在数量方面的分析，重视对事物发展变化的程度作数量上的描述，更多地依据历史统计资料，较少受主观因素的影响；定量预测的缺点在于比较机械，不易处理有较大波动的资料，更难于应对事物预测的变化。

定性预测和定量预测并不是相互排斥的，而是可以相互补充的，在实际预测过程中应该把两者正确地结合起来使用。

4.3.2 预测的种类与流程

1. 预测的种类

根据预测时间的长短，预测分为：

①短期预测。一般指三个月及三个月以内。

②中期预测。一般指三个月到二年。

③长期预测。一般指二年及二年以上。

根据预测涉及的范围，预测又有宏观、中观、微观之别；根据方法分类及预测对象分类，如图 4-1 所示。

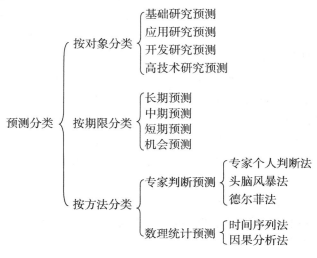

图 4-1　预测的分类

2. 预测的流程
（1）确定业务问题，预测什么，目的；
（2）收集合适数据，包括内部、外部；
（3）数据整合；
（4）选择合适的分析模型；
（5）结果解析；
（6）业务应用。

4.4 供应链的供给管理

公司可以通过生产能力和库存两个因素的组合来改变产品的供给，实现的目标是利润最大化，这里利润是指销售收入减去生产能力成本和库存总成本的差值。通常来说，公司在进行供给管理时，可以采取不同的生产能力和库存的组合。下面列出生产能力和库存（供给的一部分）管理的具体方法，当然，这些方法的目的是要实现利润最大化。

4.4.1 生产能力管理

当公司控制生产能力以满足可预测的需求变动时，公司可以将下面的方法结合起来运用。

（1）弹性工作制。公司可以在员工中实行弹性工作制，以此来更好地按照需求进行生产。在很多情况下，工厂并不是连续运转的，在一天或一周的有些时候，生产线是闲置的。当工厂闲置的时候，过剩的生产能力是以工作小时数的形式存在的。例如，许多工厂并不是实行三班制，因而在需求高峰期，现有员工可以利用加班时间生产出更多的产品来满足需求。这里，加班时间的长短也随需求的变化而调整。这种系统可以使工厂的生产与顾客的需求更加匹配。如果需求在一周内几天或一个月内的几周出现波动，同时员工也愿意实行弹性工作制，那么公司就可以合理地安排工作日，使公司在需求高峰期内有更多的员工在工作。商品交易中心和银行可以广泛地利用兼职员工，实现需求和供给的匹配。

（2）使用季节性员工。公司可以在旺季雇用临时工，来增加生产能力，满足需求。旅游行业经常采用这种方法，以全职员工为基础，其余员工在旺季才雇用。农业也会在收割和加工的时节雇用季节性临时工。当然，如果劳动力市场供给短缺，这种方法很难实行。

（3）利用转包合同。使用这种方法，公司在旺季将一部分生产转包出去，使工厂内部的生产仍然保持恒定水平，这种做法成本也比较低。有了转包商来进行旺季的生产，公司可以建设一个相对有弹性而且成本较低的生产商，这样，生产可以保持在一个相对稳定的水平上，变动的只有加班时间。公司在旺季可以将生产转包给弹性更大的工厂。一个关键因素是转包商生产能力的相对弹性大小。转包商可以通过将需求的波动转给若干生产者，以较低的成本获得生产的弹性。因而，富有弹性的转包生产能力要同时保证满足来自一个生产者的需求变化和来自若干生产者的需求变化。例如，大多数电力公司不能在用电高峰期为所有的客户供电，而是从有过剩电力的供应商和转包商那里购买电力来满足需求，这可以使电力公司保持一个稳定的供给水平。

（4）利用双重设施。利用双重设施是指公司同时建设专用设施和弹性设施。专用设施可以高效率地以稳定的产量进行生产，弹性设施可以以弹性生产能力生产出多种产品，但是，它的成本也比较高。例如，一家个人计算机零部件生产商可以利用专业设施生产出不同型号的电路板，也可以利用弹性设备生产出各种型号的电路板。每个专用设施可以以一个稳定的生产率生产，而弹性设施可以应付需求波动。

（5）把产品弹性融入生产过程的设计中。这种方法使公司拥有可以随意改变生产率的弹性生产线，生产可以随需求的变动而变动。日本的日野（Hino）卡车制造公司拥有各种生产不同产品的生产线。生产线是这样设计的：产品需求是互补的，也就是说，当其中一个上升时另一个下降，那么可以通过在生产线之间调配工人，来改变各条生产线之间的生产能力。当然，这要求工人掌握多种技术，同时适应在各条生产线之间的工作变动。我们也可以灵活地使用生产机器，使它可以比较容易地从一种产品的生产转到另一种产品的生产上，由此获得生产的灵活性。只有当所有产品的需求都稳定的时候，这种方法才有效。当然，也可以在几家生产季节性需求产品的公司，通过构建一个旺季有大量需求的产品组合，来运用这种方法。生产草坪整理机和除雪机的生产商就是一个典型的例子。许多战略咨询公司也采用这种产品组合。在经济繁荣时期主要实施增长型战略，在经济萧条时期主要实施缩减成本型战略。

4.4.2 库存管理

为了库存管理可以适应可预测的需求变动，公司可以采用下面几种方法的组合。

（1）利用多种产品的通用零部件。利用这种方法，公司为许多不同的产品设计共同的零部件，每种产品都有可以预测的需求变动，但总体需求保持稳定。这些产品中共同的零部件会形成一个比较稳定的需求。例如，如果割草机和除雪机使用同一种发动机，那么这种发动机的需求是比较稳定的（尽管除草机和除雪机各自的需求是有变动的）。因而，生产零部件的供应链可以很好地将需求和供给协调起来，这样零部件的库存量就可以减少。

（2）对高需求产品或可预测需求的产品建立库存。当一家公司的大多数产品的需求旺季相同时，前面的方法就不适用了。于是，公司必须决定在淡季为哪种产品建立库存。答案是在淡季为可预测需求的产品建立库存，这是因为顾客等待的时候，对他们的需求信息了解就更少。当人们对临时销售季节的需求信息了解更多的时候，才会对需求不确定的产品进行生产。例如，一家皮大衣制造商，既生产零售皮衣，又生产部队和警卫人员的制服。部队和警卫人员的制服需求是可预测的，这些制服应该在淡季生产出来，然后储存到冬季。但是，由于潮流变化很快，零售皮大衣的需求要临近销售季节时才能知道，这样可以使生产者了解尽可能多的需求信息。这种方法使供应链的供给和需求更好地实现匹配。

4.4.3 供给计划、供给调度

1. 供给计划

供给计划用于决定何时、何地为何种需求提供供给，如物料、部件、设备、车辆、人工和设施，以实现供与需的平衡，满足客户的订单与需求。供给计划首先要确定供给的优先级别，为需求做合理和精确的资源分配。然后，它参照需求计划对资源分配做出详细的安排，它所要做的工作主要有：如何分派有限的物料和能力并满足客户交货期限和优先权？如何在不改变现有交货期限下支持对新订单做出交货承诺？如何安排生产平衡工厂资源？如何使供应商的交货安排与工厂调度同步？等等。配置方案能够使计划人员在解答这些问题的同时，生成供给计划，来解决供应与需求的匹配。

接着，要对生成的供给计划进行判断和优化，判断它是否可行。如果它存在问题，则需要对它进行优化和解决这些问题。需求计划组件为计划人员提供了 What if 分析和其他优化模型与工具，同时还需要与其他相关业务环节进行协同，借助于高级计划与排程系统制订出原材料的采购计划、生产计划和排产排程，来改进供给调度配合，高效地配置处理资源的供给，确保各项资源的优化使用。图 4-2 描述了供给计划的制订过程。

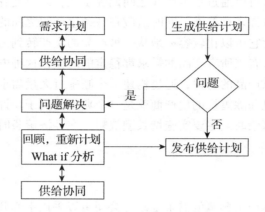

图 4-2　供给计划的制订过程

制订供给计划任务复杂，它需要在战略、战术和运作三个层次做出计划。尽管这些计划层次是依靠时间（年、季、月、日）来划分的，但又是相互关联的，这种关联性对制订一个有效计划增加了难度。而且，由于供给计划需要从供应链的许多不同环节来收集信息，反过来，这些计划又会影响供应链中的许多不同环节。按照计划层次的不同，供给计划会有不同的形式，例如在战略层，决策支持系统利用长期预测来做产量的扩张决策；而在运作层，联机分析可以帮助销售人员估算出来潜在客户交货的时间和产品的制造地点。

2. 供给调度

供给调度主要是配合供给计划实现对瓶颈资源的合理利用。在批量和重复性生产环境中，常常存在多种生产流程及资源利用的选择，如何从中选择最优方案是供给调度的首要任务。它常被用于供应链中的"瓶颈"分析，例如对生产能力和资源需要同时在多个产品上进行分配时出现的平衡问题等，进行分析和处理。它与供给计划结合使用，能够更好地调度和管理资源的分配，解决好"瓶颈"问题，减少资金占用。

由于需求和供给的多样性，供应链中的"瓶颈"位置、"瓶颈"形式也各不相同，解决"瓶颈"的处理方法也就不同，在供给管理组件中，都设有一些可供选择的模型和工具，调度人员可以很容易地利用它们来完成对资源的分配，以使供给充分地满足需求。此外，跟踪供给任务执行的过程，对整个供给分配和满足需求的过程进行监控，供给管理也具有供给出现严重不足和例外事件的预警能力，实时检测订单的例外情况。一旦意外事件发生，它将与其他系统协同工作，共同排除这些事故。图 4-3 描述了供给计划与供给调度，以及它们与需求计划、生成计划及过程、需求满足之间的关系。

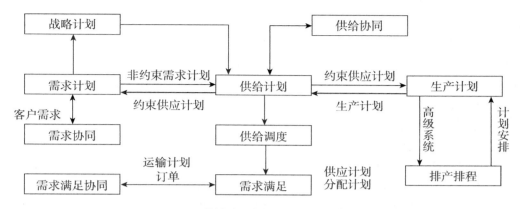

图 4-3 供给计划与供给调度之间的关系

电子产品生产商 Thomson Consumer Electronics 经营的产品有电视机、摄录机和数字卫星天线等，另外还有音频设备和相关产品。它需要在价格驱动、竞争激烈的零售环境中改善它的商品与服务，提高对消费者需求的前向洞察能力，以更快的速度响应消费者的需求变化。为此，它引入了供应链管理系统，通过实施需求管理、供应管理和库存管理等模块后，获得了可观的效益：将计划周期从 4～5 个星期缩短到 1 个星期，将预测周期从 10 天缩短到 2 天，在头 12 个月内将库存减少了 33%，对重要客户实现了"无缺货"记录。

4.5 供应量的需求满足

4.5.1 需求满足的重要性和目的

1. 需求满足的重要性

电子商务在 1999 年风靡一时，网上商店像雨后春笋般遍布全球，丰富了消费者的购买行为，也为企业的营销模式注入了新鲜血液。但不久之后，人们就发现，许多网上达成的订单常常不能履约，无法按时交货，给客户带来了大量的麻烦和损失，同时也损坏了许多企业的信誉。这为企业的经营运作敲响了一个警钟，强调了及时履约的重要性。特别是在当今市场竞争节奏加快，客户需求千变万化，消费者更强调其个性化消费的时代，是否能够向客户及时履约关系到企业的赢利命脉，是维护和扩大其客户群的关键。许多网上商店也因此丢失大量客户，无法维持而纷纷倒闭。在网上商店盛行的美国，据统计当时每年实际上平均损失了 50% 的客户，特别是那些经营生活消费品的网上商店，在为他们创造 80% 高额利润的那 20% 的客户群落中，竟有 80% 的流失率，而这 20% 的客户是企业生存的基础，是必须不惜任何代价去维护的。

由此可见，向客户做出准确和可靠的需求承诺，然后，迅速履行承诺，按时向客户交付产品或服务，以确保客户满意已成为决定当今企业成败与否的关键问题。同时，它也是供应链管理的关键环节之一，因为我们知道，一条供应链应该是连续的，不能发生断裂。如果无法满足客户的需求，或不能及时满足需求，就会使供应链出现断裂。目前，许多企业的经营运作在以下两方面存在不足：一是只将客户视为被动的产品"接受者"而不是产品主动的

"驱动者";二是对客户承诺的兑现。尽管有一些企业已经在前端实施了客户关系管理,或在企业内部实施了一些其他后端管理系统如 ERP 等,但是,将管理系统变成前后端业务真正集成的解决方案来维系整个供应链的连续和完整却往往没有实现。因此,常常是对产品和服务做出过度的承诺,然后又损失财力去努力履行这个承诺,其结果只能说降低客户满意度和损失利润。因此,需求满足是维系供应链不至于断裂的一个重要环节,它的绩效优劣与否直接影响客户的满意度,影响了企业的赢利水平。

2. 需求满足的目的

从总体来说,需求满足有双重目的:一是从最终客户的角度来看,它提供了准确的可供性和实时承诺,这种承诺基于可用库存和远期/计划供应,这是基于事实的承诺,它与基于提前期的承诺不同,后者可能并不切实可行;二是从企业的角度来说,它致力于努力执行供给与需求的匹配来满足需求,同时降低履约成本,力争使每次事务处理过程都能获利,而要实现这一目的,需要完成一系列的任务。

需求满足的过程是由多个环节,甚至由多个企业共同实现的。例如,供应商提供原材料和元件;生产商根据订单需求对其分配资源、制订计划、组织生产;物流服务商依照交货合同进行运输、配送等。因此,生产商通过协同企业本身的各部门,或是需要供应链上多家企业的协作来共同完成对客户作出的承诺。首先由供给环节根据供应计划为需求分配资源(可能需要补充资源),然后由生产环节(例如工厂)在生产计划的安排下进行生产,再由物流环节将产品运送到配送中心,按订单需求配货,最后,将配好的货物交送到零售店或客户。这里,虽然需求满足并不真正涉及生产、运输、配送和销售的实际运行,但它需要对需求的交付期作出承诺。因此,当有了一个需求,例如,接到一项具体的订单时,需求满足就必须清楚地了解上述整个履行过程需要多少时间才能完成,何时能够交付。这种承诺对客户是非常重要的,因为他们也需要知道准确的送货日期来安排生产和实现降低库存成本。由此可见,如果供应链上每一个企业都能为下游提供这种准确可靠的承诺,就会使整个供应链的响应速度加快、产出率(单位时间流出供应链的产品数)提高、总库存减少和客户服务水平提高。

4.5.2 需求满足的功能

由于传统的企业管理系统中缺少智能地满足需求这一功能,长期以来,企业一直苦于难以实现对需求满足过程的有效控制,这些问题主要表现在:

(1) 只考虑到当前的可供性,忽略供应分配和远期的供应能力以及生产力、仓储和运送的约束条件;

(2) 无法主动监控、协调并智能管理来自多个供应地点的交货过程;

(3) 无法准确可靠地对订单做出实时的承诺;

(4) 不能直接解决软件容错方面的问题等。

这些问题直接影响了供应链的运行绩效,也制约了企业的竞争能力和赢利能力。

然而,需求满足组件能够较好地解决上述问题。由于需求满足具有多种智能的、可配置的供应分配搜索与重建算法和供需匹配算法,能够根据用户层次结构、产品层次结构、时间、替代品、替换项、价格点及获利能力等多种维度对物料、生产能力、可供产品、设备与设施等资源在约束的条件下进行智能分配,实现跨订单所有的要素对订单进行传达与分发,对客户的需求做出正确的承诺，并对履行过程进行跟踪和监测，对例外事件进行预警和处理，完成对需求的履行和履约过程的计划与执行，使企业能够实现客户的需求目标与其赢利目标之间的平衡。

需求满足的主要功能有以下几种。

（1）检查资源可用性。首先需求满足在基于资源约束的基础上制订需求履行和履约计划，然后在这个计划的指导下，借助可供货能力承诺、可用生产能力承诺、可发货能力承诺、多层供应链的有效性和全球化的订货承诺等多种协同的承诺工具，企业能够在与客户签订单时就知道自己是否能够按照客户要求的品种规格、交货时间和交货数量等交货，从而清晰明确，减少由于己方原因所做出的变更，获得客户的信赖，提高客户的满意度。

（2）扩展需求满足能力。基于因特网的需求满足组件能够得到整个供应链上的供应和需求信息，当自己无法完成客户需求时，有三种可供选择方案。第一，能通过整个供应链查询和搜索所需要的资源，快速补充这些资源来弥补自己的能力以满足客户的需求；第二，快速寻找合适的外包服务商，将部分订单或部分工序外包出去，来完成订单；第三，为客户提供替代方案，选择相近似的、也能满足客户需求的替代品，防止丢失订单。

（3）管理计划履行方面积压的订单。履行计划允许企业在供应和生产能力中包含不确定因素，并且根据半成品项目生产能力组件的计划可供性情况对订单计划做出调整。一旦对订单作出承诺，需求满足系统提供对成批订单进行计划的功能，并随后与仓储和运输管理系统等下游履行工序进行集成，决定运送方式，通过合并在途装运过程，将多个订单合并进行交货，降低订单履行成本。

（4）其他功能。其他功能还有：对订单做出智能的实时承诺，协调来自分布式货源交货，智能地发现例外情况并加以解决。需求满足提供了供应链上需求不能得到满足的可预见性，它可以实时地发现并解决各个地域的供应地点中出现的短期或长期例外情况。由于履行订单的复杂性，需要监控履行过程中出现的错误和可能的例外事件发生，通过与多个企业和多个渠道的协同，确保按承诺交货。它具有可靠的容错能力和可以随负载伸缩的高速、高效的连通功能，能够灵活地利用不同消息传输系统的独立于硬件的功能，同时可以与其他系统实现集成。

此外，需要满足的订单承诺是根据自动的业务规则进行的，并根据供应和需求的预见性产生正确的配置价格和可用性检查的订单。然而，需求满足履行和履约的过程不是由需求满足的组件自己完成的，它必须与其他系统，如客户关系管理、供应商关系管理、物流管理、高级计划与排程系统、电子商务系统和供应链计划系统中的计划组件等系统紧密地集成，实现企业前、后台业务，供应商企业间业务的无缝连接，相互支持。最典型的例子是客户关系管理与集成，利用它对需求承诺的功能来实现订单的履行和交货，维护与客户的关系，提升客户的满意度等。

4.6 学习目标小结

需求是指在一定价格水平下，在一定时间和空间范围内，消费者愿意并能够购买的某种（类）商品的数量，即对该商品的有购买力的市场需要。

需求预测一般分为近期市场需求预测和远期市场需求预测，其内容包括产品需求预测、生产资料需求预测和消费资料需求预测。

预测的需求可以分成相关需求和独立需求。相关需求，它是直接与其他项目或者最终产品的物料清单结构有关的需求；独立需求指外界或消费者对制成品或最终产品的市场需求，亦即企业所承接市场的订单需求，因为它的需求量是由市场所决定，企业本身只可根据以往的经验法则予以预测，而无法加以控制或决定，故称为独立需求。

定性预测就是依靠熟悉业务知识、具有丰富经验和综合分析能力的人员或专家，根据已经掌握的历史资料和直观材料，运用人的知识、经验和分析判断能力，对事物的未来发展趋势做出性质和程度上的判断。

定性预测技术具体5种方法：经销人员意见法；专家小组意见法；德尔菲法；类推法；用户调查法。

定量预测就是使用历史数据或因素变量来预测需求的数学模型。是根据已掌握的比较完备的历史统计数据，运用一定的数学方法进行科学的加工整理，借以揭示有关变量之间的规律性联系，用于预测和推测未来发展变化情况的预测方法。

定量预测方法也称统计预测法，其主要特点是利用统计资料和数学模型来进行预测。

供给计划用于决定何时、何地为何种需求提供供给，如物料、部件、设备、车辆、人工和设施，以实现供与需的平衡，满足客户的订单与需求。

需求满足的主要功能有以下几种。
（1）检查资源可用性；
（2）扩展需求满足能力；
（3）管理计划履行方面积压的订单；
（4）其他功能。

讨论题：
（1）如何提升需求与预测管理水平？
（2）企业的需求预测管理与计划管理之间的关联关系是什么？
（3）需求满足的主要功能有哪些？
（4）什么是供给计划？简述供给计划的基本原理。
（5）需求管理的目的是什么？为什么需求管理很重要？

案例分析

苹果供应链的改革

苹果电脑是怎样翻身的？——供应链改革的核心是降低企业的存货成本。

1. 苹果电脑存货危机

20世纪90年代中期，世界著名的苹果电脑公司陷入了其历史上的危难时期。仅1996年公司的销售收入就下降了17亿美元，而库存成品的价值高达7亿美元。一方面，公司的新产品脱销，使得电脑的分销商感到十分被动，大量的客户转向了竞争对手；另一方面，公司的其他产品却严重过剩，大量的成品存货不得不大幅度降价出售，公司处于一种无利润销售的状况之中。苹果电脑的股票价格当时已经跌至13美元一股，一些行业分析家甚至认为，苹果电脑是即将被行业竞争所淘汰的公司之一。

显然，苹果电脑濒临死亡有两大主要原因：第一，落后的产品市场定位。1996年之前，苹果电脑的市场集中在商用电脑上，低估或轻视了家用电脑市场的发展潜力。第二，巨大的产品存货。1996年，苹果电脑的产品库存周转率还不到13次，而同年其竞争对手戴尔公司的产品年库存周转率高达41次。

事实上，与电脑行业的新起之秀戴尔公司相比，苹果电脑在产品的设计与制造方面具有无可置疑的技术优势，而在市场营销的战略与供应链管理方面却存在着相当大的问题。典型的问题之一是对市场需求预测出现连续的失误，造成一方面是某些产品的供不应求，另一方面却出现大量的产品供过于求的情况。

1997年，苹果电脑公司请回了公司当初的创始人Steve Jobs作为公司新的领导。Steve Jobs把挽救苹果电脑的赌注押在了高速成长的家用电脑终端市场上。他上任不久，苹果电脑就在市场上投放了叫做iMac的家用产品，并获得了相当的成功。这个核心战略成功的后勤保障体系就是围绕降低存货成本而进行的供应链系统的再造。为此，Steve Jobs从康柏公司把其核心领导成员之一的Jim Cook挖到了苹果电脑，并由他负责整个公司的供应链系统的改革。

2. 苹果电脑的供应链革命

苹果电脑在以下几方面展开了一系列深度的供应链关系改革。

第一，降低公司的存货成本。这是整个改革的最基础的环节。主要的措施是简化了产品计划，把原先的15种以上的产品样式削减到4种基本的产品样式。这样一来，就大大减少了产品生产的零部件的备用数量以及半成品的数量。

第二，通过对客户直销，准确预测市场需求，降低公司的成品库存。在市场营销方面，苹果电脑并没有进行标新立异的改革，而是向戴尔电脑看齐，直接模仿戴尔电脑的销售策略。公司实施了互联网的销售战略，开始在公司的专卖店直接接收客户的订单，并为他们进行产品的配置。为此，公司还进行了ERP系统的改造，从而强化了公司在客户资源管理上的能力。

第三，重组公司的供应商关系，形成一个更紧密的产品生产合作的价值链条，从而降低公司的材料研发与供应的成本。苹果电脑采取的最重要的手段首先是将原先庞大的供应商的数量减少至一个较小的核心群体。同时，向这些零部件的供应商经常地传递市场预测的信息，并要求他们及时地从离公司最近的配送中心向生产线供货，这样便形成了一个非常有效的供应商网络。

第四，降低产成品仓储及运输的成本。改革开始后，公司在美国国内的许多仓库及产品配送中心被关掉了。因为只要是仓库，总是或多或少地倾向于多储存货物。苹果电脑效仿戴尔电脑，开始了从生产到客户进行直接交货的革命。这样一来，使得公司总体的仓储与运输的成本得到了相当大的节省。

第五，将公司非核心竞争力部分的业务外包出去，既提高了生产制造的效率，又相应地节省了不必要的制造成本。譬如，苹果电脑过去一直生产PC机的主板，在1998年的调查中发现，一些生产厂家生产的主板已经好于苹果电脑自己生产的主板，于是当年公司决定将这部分业务卖掉，并将以后的业务外包给供应商完成。

随着上述改革措施的深化，苹果电脑的经营效益情况也有了明显的好转：到1998年9月，苹果电脑的总体库存已比1996年年底的水平下降了82%，从1996年的平均库存27天下降至只有6天，比当时的戴尔公司的平均库存水平还少一天的时间。到1999年9

月，公司连续两年盈利，利润从1997年的亏损一亿八千万美元，变成了盈利一亿一千多万美元，到1999年9月，苹果电脑的股票从1997年的每股13美元上升至每股超过100美元。

思考并回答下列问题：

（1）苹果电脑为什么要进行供应链管理？

（2）供应链管理的目标有哪些？

（3）苹果公司实施供应链管理后的效益体现在哪里？具体实施的措施和策略是什么？对中国企业有哪些启示？

第五章

供应链中的库存策略

学习目标

阅读完本章节后,你将能够:

※ 理解供应链环境下库存的问题,掌握供应链库存的几种策略如供应商管理库存、联合库存管理等

※ 计算经济订购量,最适合库存成本

※ 理解数量折扣对批量规模和循环库存的影响

※ 了解安全库存在供应链中的作用

※ 重点掌握供应链库存管理中的主要问题及供应链中的需求变异放大和库存波动现象

章前导读

Nuance 公司不断优化库存以更好地服务当前客户

Nuance 公司是全球顶级的机场零售商之一,其业务范围遍及五大洲。在 Nuance 公司的商业航线中,可能只有一次进行销售的机会,保持适当的库存至关重要。

然而不幸的是,公司位于澳大利亚的免税商店常常某些货品不够,而其他商品的库存却很多。为了更好地为客户提供服务,并实现更大的增长,Nuance 公司决定将其手工库存跟踪和订购系统更换为更加智能的预测和库存优化系统。该解决方案可以分析实际销售数据以及销售趋势、客户购买偏好、促销计划和预计的航线客运量,从而计算和提交补货订单。

早在 2007 年 10 月,Nuance 公司在悉尼机场设立了最大的免税商店,如今,该公司在澳大利亚的其他商店也装上了这个新系统。除了从根本上缩减补充库存所需的时间外,该解决方案还支持更准确的需求预测、可以使库存降低 10%~15%,并增加销售量。

总结:大多数供应链都能做到超越客户需求。

普通供应链主要与客户互动,进而提供及时、准确的交付品,而智慧的供应链则在整个产品生命周期(从产品研发、日常使用到产品寿命结束)都与客户紧密联系。通过大量的使用,智慧的供应链可以从源头获取需求信息,例如,从货架上抬起的货物、从仓库里运出的产品或显露磨损迹象的关键部件。实际上,每次互动都是轻松与客户合作的机会。

智慧的供应链还使用其智能来洞察与众不同之处。经过深入分析，可以进行详细的客户分类，并为他们量身定做产品。

5.1　供应链管理环境下的库存

库存以原材料、在制品、半成品、成品的形式存在于供应链的各个环节。由于库存费用占库存物品价值的20%~40%，因此供应链中的库存控制是十分重要的。

绝大多数制造业供应链是由制造和分销网络组织的，通过原材料的输入转化为中间和最终产品，并把它分销给用户。最简单的供应链网络只有一个节点（单一企业），同时担负制造和分销功能。在复杂的供应链网络中，不同的管理者担负不同的管理任务。不同的供应链节点企业的库存，包括输入的原材料和最终的产品，都有复杂的关系。供应链的库存管理不是简单的需求预测与补给，而是要通过库存管理获得用户服务与利润的优化。

供应链环境下的库存问题和传统的企业库存问题有许多不同之处，这些不同点体现出供应链管理思想对库存的影响。传统的企业库存管理侧重于优化单一的库存成本，从存储成本和订货成本出发确定经济订货量和订货点。从单一的库存角度看，这种库存管理方法有一定的适用性，但是从供应链整体的角度看，单一企业库存管理的方法显然是不够的。

目前供应链管理环境下的库存控制存在的主要问题有三大类：信息类问题；供应链的运作问题；供应链的战略与规划问题。这些问题可综合成以下几个方面的内容：

1. 没有供应链的整体观念

比如，美国北加利福尼亚的计算机制造商电路板组装作业采用每笔订货费作为其压倒一切的绩效评价指标，该企业集中精力放在减少订货成本上。但是它没有考虑这样做对整体供应链的其他制造商和分销商的影响，结果该企业维持过高的库存以保证大批量订货生产。而印第安纳的一家汽车制造配件厂却在大量压缩库存，因为它的绩效评价是由库存决定的。结果，它到组装厂与零配件分销中心的响应时间变得更长和波动不定。组装厂与分销中心为了满足顾客的服务要求不得不维持较高的库存。这两个例子说明，供应链库存的决定是各自为政的，没有考虑整体的效能。

2. 对用户服务的理解与定义不恰当

比如一家计算机工作站的制造商要满足一份包含多产品的订单要求，产品来自各供应商，用户要求一次性交货，制造商要把各个供应商的产品都到齐后才一次性装运给用户，这时，用总的用户满足率来评价制造商的用户服务水平是恰当的，但是，这种评价指标并不能帮助制造商发现是哪家供应商的交货迟了或早了。

传统的订货满足率评价指标也不能评价订货的延迟水平。两家同样具有90%的订货满足率的供应链，在如何迅速补给余下的10%订货要求方面差别是很大的。其他的服务指标也常常被忽视了，如总订货周转时间、平均回头订货、平均延迟时间、提前或延迟交货时间等。

3. 不准确的交货状态数据

当顾客下订单时，他们总是想知道什么时候能交货。在等待交货过程中，也可能会对订单交货状态进行修改，特别是当交货被延迟以后。我们并不否定一次性交货的重要性，但我们必须看到，许多企业并没有及时而准确地把推迟的订单交货的修改数据提供给用户，其结果当然是用户的不满和良好愿望的损失。如一家计算机公司花了一周的时间通知用户交货日期，有一家公司 30% 的订单是在承诺交货日期之后交货的，40% 的实际交货日期比承诺交货日期偏差 10 天之久，而且交货日期修改过几次。

4. 低效率的信息传递系统

目前许多企业的信息系统并没有很好地集成起来，当供应商需要了解用户的需求信息时，常常得到的是延迟的信息和不准确的信息。由于延迟引起误差和影响库存量的精确度，短期生产计划的实施也会遇到困难。例如，企业为了制订一个生产计划，需要获得关于需求预测、当前库存状态、订货的运输能力、生产能力等信息，这些信息需要从供应链的不同节点企业数据库存获得，数据调用的工作量很大。数据整理完后制订主生产计划，然后运用相关管理软件制订物料需求计划，这样一个过程一般需要很长时间。时间越长，预测误差越大，制造商对最新订货信息的有效反应能力也就越小，生产出过时的产品和造成过高的库存也就不奇怪了。

5. 忽视不确定性对库存的影响

供应链运作中存在诸多的不确定因素，如订货提前期、货物运输状况、原材料的质量、生产过程的时间、运输时间、需求的变化等。为减少不确定性对供应链的影响，首先应了解不确定性的来源和影响程度。很多公司并没有认真研究和跟踪其不确定性的来源和影响，错误估计供应链中物料的流动时间（提前期），造成有的物品库存增加、有的物品库存不足的现象。

6. 库存控制策略简单化

许多公司对所有的物品采用统一的库存控制策略，物品的分类没有反映供应与需求中的不确定性。

7. 缺乏合作与协调性

例如，当用户的订货由多种产品组成，而各产品又是不同的供应商提供时，如用户要求所有的商品都一次性交货，这时企业必须对来自不同供应商的交货期进行协调。如果组织间缺乏协调与合作，会导致交货期延迟和服务水平下降，同时库存水平也由此而增加。

组织之间存在的障碍有可能使库存控制变得更为困难，因为各自都有不同的目标、绩效评价尺度、不同的仓库，也不愿意去帮助其他部门共享资源。在分布式的组织体系中，组织之间的障碍对库存集中控制的阻力更大。

信任风险的存在更加深了问题的严重性，相互之间缺乏有效的监督机制和激励机制是供应链企业之间合作性不稳固的原因。

8. 产品的过程设计没有考虑供应链上库存的影响

如美国的一家计算机外围设备制造商，为世界各国分销商生产打印机，打印机有一些具有销售所在国特色的配件，如电源、说明书等。美国工厂按需求预测生产，但是随着时间的推移，当打印机到达各地区分销中心时，需求已经发生了改变。因为打印机是为特定国家而生产的，分销商没有办法来应付需求的变化，也就是说，这样的供应链缺乏柔性，其结果是造成产品积压，产生了高库存。

另一方面，在供应链的结构设计中，同样需要考虑库存的影响。例如，美国一家 IC 芯片制造商的供应链结构是这样的：在美国加工晶片后运到新加坡检验，再运回美国生产地作最后的测试，包装后运到用户手中。供应链之所以这样设计是因为考虑了新加坡的检验技术先进、劳动力素质高和税收低等因素。但是这样显然对库存和周转时间的考虑是欠缺的，因为从美国到新加坡的来回至少要两周，而且还有海关手续时间，这就延长了制造周期，增加了库存成本。

5.2 供应链中的不确定性与库存

5.2.1 供应链中的不确定性

从需求放大现象中我们看到，供应链的库存与供应链的不确定性有很密切的关系。从供应链整体的角度看，供应链上的库存无非有两种：一种是生产制造过程中的库存；一种是物流过程中的库存。

供应链上的不确定性表现形式有两种：

（1）衔接不确定性。企业之间（或部门之间）不确定性，可以说是供应链的衔接不确定性，这种衔接的不确定性主要表现在合作性上，为了消除衔接不确定性，需要增加企业之间或部门之间的合作性。

（2）运作不确定性。系统运行不稳定是组织内部缺乏有效的控制机制所致，控制失效是组织管理不稳定和不确定性的根源。

供应链的不确定性的来源主要有三个方面：供应商不确定性、生产者不确定性、顾客不确定性。

供应商不确定性表现在提前期的不确定性、订货量的不确定性等。供应商不确定的原因是多方面的，有供应商的生产系统发生故障延迟生产、供应商的供应的延迟、意外的交通事故导致的运输延迟等。

生产者不确定性主要源于制造商本身的生产系统的可靠性、机器的故障、计划执行的偏差等。造成生产者生产过程中在制品的库存的原因也表现在其对需求的处理方式上。

顾客不确定性原因主要有需求预测的偏差、购买力的波动、从众心理和个性特征等。在供应链中，不同的节点企业相互之间的需求预测的偏差进一步加剧了供应链的放大效应及信息的扭曲。

供应链上的不确定性，是由三个方面原因造成的：

（1）需求预测水平造成的不确定性。预测水平与预测时间的长度有关，预测时间长，预测精度则差，另外还有预测的方法对预测的影响。

（2）决策信息的可获得性、透明性、可靠性。信息的准确性对预测同样造成影响，下游企业与顾客接触的机会多，可获得的有用信息多；远离顾客需求，信息可获性和准确性差，因而预测的可靠性差。

（3）决策过程的影响，特别是决策人心理的影响。需求计划的取舍与修订，对信息的要求与共享，无不反映个人的心理偏好。

5.2.2 供应链的不确定性与库存的关系

我们来分析供应链运行中的两种不确定性对供应链库存的影响：衔接不确定性与运作不确定性对库存的影响。

1. 衔接不确定性对库存的影响

传统的供应链中信息是逐级传递的，即上游供应链企业依据下游供应链企业的需求信息做生产或供应的决策。在集成的供应链系统中，每个供应链企业都能够共享顾客的需求信息，信息不再是线性的传递过程而是网络的传递过程和多信息源的反馈过程。

建立合作伙伴关系的新型的企业合作模式，以及跨组织的信息系统为供应链的各个合作企业提供了共同的需求信息，有利于推动企业之间的信息交流与沟通。

2. 运作不确定性对库存的影响

供应链企业之间的衔接不确定性通过建立战略伙伴关系的供应链联盟或供应链协作体而得以消减，同样，这种合作关系可以消除运作不确定性对库存的影响。因为企业之间的衔接不确定性因素减少时，企业的生产控制系统就能摆脱这种不确定性因素的影响，使生产系统的控制达到实时、准确，也只有在供应链的条件下，企业才能获得对生产系统有效控制的有利条件，消除生产过程中不必要的库存现象。

在不确定性较大的情形下，为了维护一定的用户服务水平，企业也常常维持一定的库存。在不确定性存在的情况下，高服务水平必然带来高库存水平。

5.3 供应链管理环境下的库存管理策略

5.3.1 库存管理的基本原理

"库存"，在英语里面有两种表达方式：Inventory 和 Stock，它表示用于将来目的的资源暂时处于闲置状态。一般情况下，人们设置库存的目的是防止短缺，就像水库里储存的水一样。另外，它还具有保持生产过程连续性、分摊订货费用、快速满足用户订货需求的作用。在企业生产中，尽管库存是出于种种经济考虑而存在，但是库存也是一种无奈的结果。它是由于人们无法预测未来的需求变化，才不得已采用的应付外界变化的手段，也是因为人们无法使所有的工作都做得尽善尽美，才产生一些人们并不想要的冗余与囤积、不和谐的工作沉淀。

在库存理论中，人们一般根据物品需求的重复程度分为单周期库存和多周期库存。单周期需求也叫一次性订货，这种需求的特征是偶发性和物品生命周期短，因而很少重复订货，如报纸，没有人会订过期的报纸来看，人们也不会在农历八月十六预订中秋月饼，这些都是单周期需求。多周期需求是在长时间内需求反复发生，库存需要不断补充，在实际生活中，这种需求现象较为多见。

多周期需求又分为独立需求库存与相关需求库存两种属性。

不管是独立需求库存控制还是相关需求库存控制，都要回答这些问题：

（1）如何优化库存成本？

（2）怎样平衡生产与销售计划，来满足一定的交货要求？

（3）怎样避免浪费？怎样避免不必要的库存？

（4）怎样避免需求损失和利润损失？

因此，库存控制要解决三个主要问题：

（1）确定库存检查周期；

(2) 确定订货量；
(3) 确定订货点（何时订货）。

5.3.2 供应商管理库存

供应商管理库存（Vendor Managed Inventory，VMI）是一种在用户和供应商之间的合作性策略，以对双方来说都是最低的成本优化产品的可能性，在一个相互统一的目标框架下由供应商管理库存，这样的目标框架被经常性监督和修正，以产生一种连续改进的环境。

VMI 是以实际或预测的消费需求和库存量，作为市场需求预测和库存补货的解决方法，即由销售资料得到消费需求信息，供货商可以更有效地计划、更快速地反映市场变化和消费需求，如图 5-1 所示。

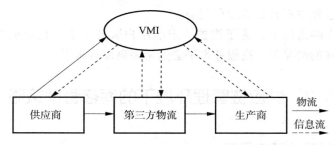

图 5-1 第三方物流参与的供应商管理库存

VMI 的原则：
(1) 合作精神（合作性原则）。
(2) 使双方成本最小（互惠原则）。
(3) 框架协议（目标一致性原则）。
(4) 连续改进原则。

VMI 的实施：
(1) 建立顾客情报信息系统。
(2) 建立销售网络管理系统。
(3) 建立供应商与分销商（批发商）的合作框架协议。
(4) 组织机构的变革。

VMI 主要的好处：

供应商受益表现在：
(1) 通过销售点数据透明化，简化了配送预测工作。
(2) 结合当前存货情况，使促销工作易于实施。
(3) 减少分销商的订货偏差，减少退货。
(4) 需求拉动透明化、提高配送效率——以有效补货避免缺货。
(5) 有效的预测使生产商能更好地安排生产计划。

分销商和消费者受益表现在：
(1) 提高了供货速度。
(2) 减少了缺货。

(3) 降低了库存。
(4) 将计划和订货工作转移给供应商，降低了运营费用。
(5) 在恰当的时间，适量补货——提升了总体物流绩效。
(6) 供应商更专注地提升物流服务水平。

共同的利益表现在：
(1) 通过计算机互联通信，减少了数据差错。
(2) 提高了整体供应链处理速度。
(3) 从各自角度，各方更专注于提供更优质的用户服务。避免缺货，使所有供应链成员受益，真正意义上的供应链合作伙伴关系得以确立。
(4) 长期利益包括：更有效的促销运作、更有效的新品导入和增加终端销售量等。

5.3.3 联合库存管理

联合库存管理（Jointly Managed Inventory，JMI）是一种新的有代表性的库存管理思想。JMI 是解决供应链系统中各节点企业的相互独立库存运作模式导致的需求放大现象，是提高供应链的同步化程度的有效方法。简单地说，JMI 是一种在 VMI 的基础上发展起来的上游企业和下游企业权利责任平衡和风险共担的库存管理模式。JMI 体现了战略供应商联盟的新型企业合作关系，强调了供应链企业之间双方的互利合作关系，如图 5-2 所示。

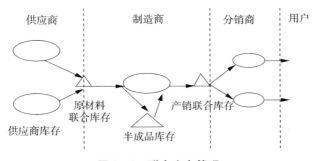

图 5-2 联合库存管理

联合库存管理强调供应链中各个节点同时参与，共同制订库存计划，使供应链过程中的每个库存管理者都从相互之间的协调性考虑，保持供应链各个节点之间的库存管理者对需求的预期保持一致，从而消除了需求变异放大现象。任何相邻节点需求的确定都是供需双方协调的结果，库存管理不再是各自为政的独立运作过程，而是供需连接的纽带和协调中心。

实施联合库存控制策略，供应商和用户应该做到：
(1) 库存连接的供需双方以供应链整体的观念出发，同时参与，共同制订库存计划，以解决供应链系统中由于各节点企业的相互独立库存运作而导致的需求放大现象。
(2) 建立有效的信息沟通渠道，提高信息的透明度、共享范围和使用价值。供应链库存管理要充分利用诸如条形码技术、EDI 系统、EOS 系统和 POS 系统等现代物流技术来加强信息交流的有效性和实时性。
(3) 在供需双方之间实施合理的风险、成本与效益平衡机制。一是要建立合理的库存管理风险的预防和分担机制；二是要建立合理的库存成本与运输成本分担机制；三是要建立与风险、成本相对应的利益分配机制，在进行有效激励的同时，避免供需双方的短视行为及供应链局部最优现象的出现。

供应链联合库存管理有两种模式：

（1）各个供应商的零部件都直接存入核心企业的原材料库中，就是变各个供应商的分散库存为核心企业的集中库存。集中库存要求供应商的运作方式是：按核心企业的订单或订货看板组织生产，产品完成时，立即实行小批量多频次的配送方式直接送到核心企业的仓库中补充库存。在这种模式下，库存管理的重点在于核心企业根据生产的需要，保持合理的库存量，既能满足需要，又要使库存总成本最小。

（2）无库存模式。供应商和核心企业都不设立库存，核心企业实行无库存的生产方式。此时供应商直接向核心企业的生产线上进行连续小批量多频次的补充货物，并与之实行同步生产、同步供货，从而实现"在需要的时候把所需要品种和数量的原材料送到需要的地点"的操作模式。这种准时化供货模式，由于完全取消了库存，所以效率最高、成本最低。但是对供应商和核心企业的运作标准化、配合程度、协作精神要求也高，操作过程要求也严格，而且二者的空间距离不能太远。

基于协调中心联合库存管理的供应链系统模型，有如下几个方面的优点。
（1）为实现供应链的同步化运作提供了条件和保证。
（2）减少了供应链中的需求扭曲现象，降低了库存的不确定性，提高了供应链的稳定性。
（3）库存作为供需双方的信息交流和协调的纽带，可以暴露供应链管理中的缺陷，为改进供应链管理水平提供依据。
（4）为实现零库存管理、准时采购以及精细供应链管理创造了条件。
（5）进一步体现了供应链管理的资源共享和风险分担的原则。

5.3.4 JIT 库存管理

1. JIT 的原理

JIT（Just in Time）意为及时或准时，也有译为精练管理。它是 20 世纪 70 年代日本创造的一种库存管理和控制的现代管理思想。

JIT 是一种倒拉式管理，即逆着生产工序，由顾客需求开始，订单→产成品→组件→配件→零件或原材料，最后到供应商。

具备的条件：
（1）完善的市场经济环境，信息技术发达。
（2）可靠的供应商，按时、按质、按量地供应，通过电话、传真、网络即可完成采购。
（3）生产区域的合理组织，制定符合逻辑、易于产品流动的生产线。
（4）生产系统要有很强的灵活性。
（5）要求平时注重设备维修、检修和保养，使设备失灵为零。
（6）完善的质量保证体系，无返工，次品、不合格品为零。
（7）人员生产高度集中，各类事故发生率为零。

2. JIT 的特点

（1）它把物流、商流、信息流合理组织到一起，成为一个高度统一、高度集中的整体。

（2）体现了以市场为中心，以销定产，牢牢抓住市场的营销观念，而不是产品先生产出来再设法向外推销的销售观念。

（3）生产活动组织严密，平滑顺畅，没有多余的库存，也没有多余的人员。

（4）实现库存成本大幅度下降。

5.3.5　MRP 库存控制

1. 物料需求计划的原理

MRP 是物料需求计划（Material Requirement Planning）的简称，这种方法是由美国著名生产管理和计算机应用专家欧·威特和乔·伯劳士在对多家企业进行研究后提出来的。MRP 系统被看做是以计算机为基础的生产计划与库存控制系统。

2. MRP 系统的运行步骤

（1）根据市场预测和客户订单，正确编制可靠的生产计划和生产作业计划，在计划中规定生产的品种、规格、数量和交货日期，同时，生产计划必须是同现有生产能力相适应的计划。

（2）正确编制产品结构图和各种物料、零件的用料明细表。

（3）正确掌握各种物料和零件的实际库存量。

（4）正确规定各种物料和零件的采购交货日期，以及订货周期和订购批量。

（5）通过 MRP 逻辑运算确定各种物料和零件的总需要量以及实际需要量。

（6）向采购部门发出采购通知单或向本企业生产车间发出生产指令。

5.4　供应链库存的常用策略及计算模型

5.4.1　获取供应链规模经济的手段：循环库存

循环库存是指供应链中建立的平均库存量，其产生的原因是，供应链某一阶段生产或采购的批量大于客户需求量。

批量规模是指供应链的某一个阶段在既定时间内所要生产或采购的产品数量。例如，一家销售打印机的零售店，平均每天售出 4 台打印机。然而，商店经理每次从制造商处订购 80 台打印机，此情况下的批量规模是 80 台，但 80 台打印机送到后并非立即全部售出。假定日均销售量是 4 台，商店将这批打印机全部售出并补充货源，平均需要 20 天。由于该店的订购批量大于日销售量，因此商店要保有打印机库存。

在本小节的讨论中，我们将使用下面两个概念。

Q：订购批量

R：单位时间需求量

因为需求变动对批量规模和循环库存的影响很小，因此可以忽略不计，那么在以下章节里假定需求量不变。

我们以蓝天购物中心的童装销售情况为例进行分析。童装需求量相对稳定，每天为100套，我们可以画出蓝天购物中心的童装的库存剖面图，如图5-3所示，它可以描绘出库存量随时间的变化。

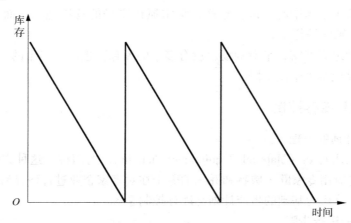

图5-3 蓝天购物中心的童装库存剖面图

由于订购批量是1 000单位，每天需求量仅为100单位，此批货物售完需花费10天。蓝天购物中心的童装库存在10天中从1 000（货物运到时）平稳地下降到0（最后一套童装售出）。货物到达、需求使库存减少、另一批货物到达依次发生，并以10天为周期循环重复，如图5-3所示。

当需求稳定时，循环库存和批量规模的关系如下：

$$循环库存 = 批量规模/2 = Q/2$$

如果蓝天购物中心的批量规模为1 000套，则循环库存为$Q/2 = 500$套。我们由上式得出，循环库存与批量规模成比例。在供应链的不同阶段，大批量生产或采购的阶段较之小批量生产或采购的阶段保有更大的库存。例如，假设一个极具竞争力的百货公司商店的采购批量为200套童装，则它只需保有100套童装作为循环库存。

批量规模和循环库存也影响着供应链中的原料周转时间：

$$平均周转时间 = 平均库存/平均周转速度$$

对于任何供应链而言，平均周转速度等于需求量，因此得出下面的公式：

$$循环库存的平均周转时间 = 循环库存/需求量 = Q/2R$$

对于蓝天购物中心来说，批量规模为1 000套，日需求量为100套，可得出如下结果：

$$循环库存的平均周期 = Q/2R = 1000/200 = 5 天$$

因此，蓝天购物中心的循环库存使商品在供应链中花费的时间又多出5天。循环库存越大，产品生产和销售之间的时间间隔越长。由于较大的时间间隔使公司更易受市场波动的影响，因此公司的理想循环库存量常常较小，它还能减少公司所需的流动资本。例如，采用JIT模式的丰田公司只保有几小时的循环库存量，其产品从工厂生产出来到提供给大多数供应商也只有数小时的间隔。因此，丰田公司从不保留它不需要的那部分产品，而是在工厂中给库存分配很小的空间。

为什么供应链的各阶段会大批量生产和采购？批量规模的减少如何影响供应链的运营？最基本的原因有：每次发出订单或生产订购产品时，都会发生固定成本；视每批的订购数量多少，供应商给予价格折扣；供应商提供短期折扣或进行商业促销。

循环库存主要利用规模经济降低供应链成本。增加批量规模或循环库存量经常会降低供应链不同阶段的成本。为了理解供应链如何获取规模经济，必须首先确定受批量规模影响的供应链成本。

单位订购量的平均支付价格是确定批量规模的关键因素。如果大批量采购可以降低单位订购量的平均支付价格，则买方可能会加大批量规模。例如，若订购量少于500套，童装的制造定价是每套50元，而多于500套时的定价为每套18元。蓝天购物中心的经理很可能为得到较低的价格而至少订购500套童装。原材料成本是按单位支付的价格，用C表示，以单位价格计量。在许多实际情况中，规模经济通过原材料成本体现出来，即扩大批量规模，会降低原材料成本。

固定订购成本包括所有不随订购规模变化，但伴随每次订购产生的成本。例如，发出一张订单就会产生固定管理成本，运送产品就会产生卡车运输成本，接收订货就会产生劳动力成本。以蓝天购物中心为例，从制造商处运回童装的运费为400元。假设一卡车可装2 000套童装，400元成本的支付与卡车上装载的童装数量无关，100套的批量规模所造成的运输成本是每套4元，而1 000套规模的运输成本是每套0.4元。假设每批的运输成本固定不变，商店经理倾向于增加批量规模，来减少每套童装的运输成本。每批货的固定订购成本用S表示，以元计。订购成本也可显示出规模经济，即增加批量规模，可以降低每单位采购量的固定订购成本。

存储成本是指一定时期内（通常为一年）保有一个单位产品的库存所支付的费用，它包括资本成本、实际库存存储成本和报废产品引起的成本。存储成本用H表示，以元单位年记。设定系数为h，表示1元的库存产品有一年的成本。假定单位成本为C，则存储成本H可由下式求出：

$$H = h \times C$$

存储总成本随着批量运输规模和循环库存量的增加而增加。

下面让我们做一个总结。在任何批量决策中都必须考虑以下成本：

每单位采购量的平均价格，以C元单位计。

每批货的固定订购成本，以S元批量计。

为了便于讨论，我们假定这些成本已知。

循环库存的主要作用是使供应链的不同阶段以适宜的批量采购产品，从而使原材料成本、订购成本和存储成本最小化。

供应链的任何阶段都想获取规模经济，因而管理者在以下几种典型情况下采取补给订货策略。

（1）利用固定成本获取规模经济。

订货固定成本包括采购员所用的时间、运输费用、接受成本等。在做出决策时，我们应进行适当的成本权衡。

①单一产品的批量规模决定。对于此种类型，利用经典的经济订购量模型，即EOQ（Economic Order Quantity），该模型提供了需求和交付周期明确的条件下使库存总成本（包括持有成本和订货成本）最小的订货数量。

②多种产品或多个客户的批量规模。在此种订购活动中，要充分利用聚集效益，就是把订购中发生的固定成本分摊到多种产品、多个零售商或多个供应商头上。因而，采取的策略

是，产品经理们联合发出订单，但并非每一批订单都包括全部类型的产品，或者说，每批货物只有可供选择的所有产品的一部分。

其基本程序如下：

首先，确定订购最频繁的产品；

其次，确定其他产品与订购最频繁产品在一起订购的频率，利用得到的订购频率，重新计算最频繁订购产品的订购频率；

最后，再对每一种产品估算订购频率，计算出这种订购策略的总成本。

这种集聚产生了明显的作用，它大大节约了成本，降低了供应链循环库存水平。利用的是每种产品的需求不一样，因而订购的频率不一样，从而应分担相应比例的固定成本（包括自身订购的固定成本和联合订购所产生的固定成本）。对产品集中订货，对客户集中送货，或帮助多个供应商运输货物，都可减少固定成本。

（2）利用数量折扣获取规模经济。

在许多情况下，价格制订方案会产生规模经济，价格会随着订购规模增加而下降。如果定价时视一次订货数量多少提供折扣，这种折扣称为批量折扣；如果定价时视一定时期采购总量多少提供折扣而不管此时期的采购批次，这种折扣称为总量折扣。

①批量折扣下的规模经济。常用的批量折扣方案有如下两种：全部单位数量折扣和边际单位产品数量折扣。

无论是全部单位数量折扣，还是边际单位产品数量折扣，订购方都增加了供应链的平均库存和周转时间，在许多供应链中，数量折扣比固定成本对循环库存的影响更大，从而可以引出，关于供应链协调问题的一个方面。

对于价格为市场决定的最终消费品，如牛奶等，由于市场的竞争性，价格等于边际成本，公司的目标是追求最小成本。因此，在一个公司中，各个部门之间的协调就显得重要，如生产部门采取措施降低建设成本和订购成本与市场营销部门制定的数量折扣策略之间就需要协调。供应链节点之间的协调也显得重要，在制造商与零售商之间，往往一项成本的转移配合数量折扣是可以增加供应链的整体利润的。我们需要判断的是，此时利润的增加与供应链中由于数量折扣而循环库存的增加导致的其他成本的增加孰大孰小的问题。

②总量折扣下的规模经济。经过实证的研究，可以得出，在对有市场控制权的产品的公司来说，以总量折扣为基础的方案要比以批量折扣为基础的方案更好，能够使供应链达到协调。在库存成本存在的前提下，若需求量随着价格提高而下降，则以总量为基础的折扣方案中，制造商会将一部分固定成本转给零售商，从而使供应链达到最优协调度，并实现利润最大化。

以总量折扣为基础，另一路径是，"价格歧视"策略，就是按照顾客个人对产品价值判断，零售商对不同的顾客采取不同的要价。如乘坐同一班飞机的乘客，商务舱的票价要高于去度假的乘客所支付的价格。随着订购数量增加，顾客每单位支付的费用减少。差价能使制造商的利润最大化，但循环库存却没有增加。

循环库存的主要作用是使供应链的不同阶段以适宜的批量采购产品，从而使原料成本、订购成本和存储成本最小化。假如管理者仅考虑存储成本，他可能降低批量规模和循环库存。然而，采购和订购的经济又促使管理者增大批量规模和循环库存。因此，管理者必须在确定批量规模时进行权衡，以使总成本最小。

理论上讲，循环库存的决定应从供应链全过程的总成本考虑。然而，实际中，每一阶段的循环库存都是分别确定的。这种实际操作会增加供应链的循环成本，包括原材料成本、固定成本和存储成本、循环库存量和总成本。

5.4.2 解决供应链中不确定性问题的手段：安全库存

安全库存是指在给定时期，为了满足顾客需求而保有的超过预测数量的库存。采用安全库存有两个原因：一是需求量预测不确定；二是如果产品的实际需求量超过预测值，就会导致产品短缺。

例如，福州东方百货的欧莱雅化妆品专柜出售爽肤水，这种产品是进口的。产地到福州的运输成本很高，因此专柜经理每批订购 120 瓶爽肤水，而专柜每周出售 20 瓶，每次从订货到货物到达商场的时间是 3 周。如果市场需求确定，那么经理在爽肤水剩下 60 瓶时发出订单，这种策略就可以保证新的一批货在上一批货卖完时刚好到达。

但是，产品的市场需求预测不可能完全准确。在产品需求预测存在误差的条件下，用于进货的这 3 周时间的实际需求量可比预测需求多一些或少一些，如果遇到过年过节，东方百货进行促销，需求量就会比预测超出一些。如果实际需求量大，那么就会导致一部分顾客买不到爽肤水，会降低专柜的信誉。因此，经理决定在存货还剩下 70 瓶时就发出订单，这样只有这 3 周的实际需求超过 30 瓶时，该专柜才会出现缺货现象。这样，该专柜爽肤水的安全库存就是 10 瓶，每批订货 120 瓶，那么周期库存就是 60 瓶，如图 5-4 所示。

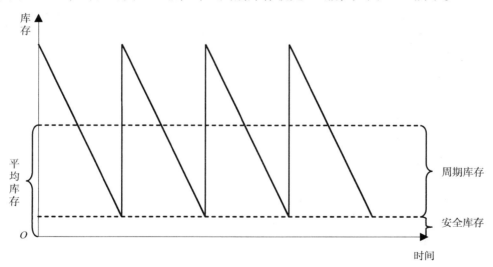

图 5-4　安全库存剖面图

这个例子说明，供应链管理者在制定安全库存计划时必须权衡利弊。一方面，提高安全库存水平会增加产品供给能力，使公司从顾客购买中获利；另一方面，提高安全库存水平会增加供应链的库存成本。后者在高科技产业中的影响尤为显著，因为高科技产业的产品生命周期短，市场需求极其不稳定。库存过多可以抵御需求狂潮，但如果新产品投放市场，那么库存的旧产品的市场需求就会萎缩，公司的利益就会受到损害。在这种情况下，现有库存就毫无价值了。

在当今的经营环境中,像互联网这样的创新,使顾客在各商家中寻找可提供商品变得更加容易。当顾客上网购书时,如果他购买的书在亚马逊网络销售公司脱销,那么他可以很容易地查看博德斯(Borders)网上书店,看后者是否有他所需要的书。顾客查找其所需商品的方便程度不断提高,这加大了公司提高产品供应能力的压力。与此同时,随着消费个性化产品的市场需求极其不稳定且难以预测。产品品种增多,产品供给能力提高,迫使公司提高其安全库存水平。假定大多数高新技术产品供应链中,产品具有多样性,且市场需求非常不稳定,那么,库存中最重要一部分就是安全库存。

然而,随着产品多样性增加,产品生命周期不断缩短。因此,在今天很"畅销"的产品很可能到明天就过时了,这使得库存过多的公司成本大增。所以,供应链成功的关键是,在不损害产品供给的情况下,找到降低安全库存水平的有效途径。

安全库存的建立实际上是建立一种客户服务和库存供应量的政策。安全库存可以计算,还可以通过适当策略获得最佳效益。

5.4.3 经济订货批量模型

经济订货批量(Economic Order Quantity, EOQ)是固定订货批量模型的一种,可以用来确定企业一次订货(外购或自制)的数量。当企业按照经济订货批量来订货时,可实现订货成本和储存成本之和最小化。

经济订货批量模型,又称整批间隔进货模型,是目前大多数企业最常采用的货物订购方式。该模型适用于整批间隔进货、不允许缺货的存储问题,即某种物资单位时间的需求量为常数 D,存储量以单位时间消耗数量 D 的速度逐渐下降,经过时间 T 后,存储量下降到零,此时开始订货并随即到货,库存量由零上升为最高库存量 Q,然后开始下一个存储周期,形成多周期存储模型。

经济订货批量模型最早由 F. W. Harris 于 1915 年提出,该模型有如下假设:

(1) 需求率已知,为常量。年需求量以 D 表示,单位时间需求率以 d 表示。
(2) 一次订货量无最大最小限制。
(3) 采购,运输均无价格折扣。
(4) 订货提前期已知,为常量。
(5) 订货费与订货批量无关。
(6) 维持库存费是库存量的线性函数。
(7) 补充率为无限大,全部订货一次交付。
(8) 不允许缺货。
(9) 采用固定量系统。

经济订货批量模型的计算公式:

$$Q^* = \sqrt{\frac{2DC_o}{C_h}}$$

式中,Q^*——经济订货批量;
D ——商品年需求量;
C_o ——每次订货成本;
C_h ——单位商品年保管费用。

5.5　学习目标小结

1. 供应链管理环境下的库存问题

没有供应链的整体观念；对用户服务的理解与定义不恰当；不准确的交货状态数据；低效率的信息传递系统；库存控制策略简单化；缺乏合作与协调性；产品的过程设计没有考虑供应链上库存的影响。

2. 供应链上的不确定性及其表现形式

供应链的不确定性的来源主要有三个方面：供应商不确定性、生产者不确定性、顾客不确定性。

供应商不确定性表现在提前期的不确定性、订货量的不确定性等。

表现形式：衔接不确定性和运作不确定性。

3. 循环库存和安全库存

4. 供应链管理库存的模式

5. 经济订货模型

计算题：

（1）A 公司是一个家用电器零售商，现经营约 500 种家用电器产品。该公司正在考虑经销一种新的家电产品。据预计该产品年销售量为 1 080 台，一年按 360 天计算，平均日销售量为 3 台；固定的储存成本 2 000 元/年，变动的储存成本为 100 元/台（一年）；固定的订货成本为 1 000 元/年，变动的订货成本为 74.08 元/次；公司的进货价格为每台 500 元，售价为每台 580 元；如果供应中断，单位缺货成本为 80 元。订货至到货的时间为 4 天，在此期间销售需求的概率分布如下：

需求量/台	9	10	11	12	13	14	15
概率	0.04	0.08	0.18	0.4	0.18	0.08	0.04

要求在假设可以忽略各种税金影响的情况下计算：①该商品的进货经济批量；②该商品按照经济批量进货时存货所占用的资金（不含保险储备资金）；③该商品按照经济批量进货的全年存货取得成本和储存成本（不含保险储备成本）；④该商品含有保险储备量的再订货点。

（2）假设某公司预计全年需耗用甲零件 5 000 件。该零件的单位采购成本为 20 元，单位年储存成本为单位采购成本的 10%，平均每次订货成本为 50 元。假设该零件不存在缺货的情况。要求：①计算甲零件的经济订货量；②计算经济订货量下的相关总成本和全部总成本；③计算经济订货量的平均占用资金；④计算年度最佳订购次数；⑤如果订货批量为 400 件，请计算全年订货成本和储存成本之和。

（3）某商业企业年需用甲商品 250 000 千克，进货单价 10 元/千克。要求计算：①若单位商品的年储存成本为 0.1 元/千克，若企业存货管理相关最低总成本控制目标为 4 000 元，则企业每次订货成本限额为多少？②若企业通过测算可达第一问的限额，其他条件不变，则该企业的订货批量为多少？此时存货占用资金为多少？③交货期为 10 天，该商品单位缺货成本为 40 元，交货期内延迟天数及其概率分布如下：

延迟天数	0	1	2	3	4
概率/%	60	20	10	5	5

结合②计算最佳保险储备量及其此时的再订货点。
（4）安全库量在供应链中的作用是什么？
（5）什么时候供应链中的数量折扣是合理的？

案例分析

案例 1 宝洁公司不同的 VMI 工具和持续补给计划

宝洁公司为提升供应链运作效率，采取由供应链管理销售点的库存来将供应链流程缩短的方法，即将所有销售与库存资料直接纳入供应商的系统中，供应商可在第一时间内作出补货决定，并立即将货品送到各销售点或零售商发货仓库。

由于宝洁公司的客户有各种不同的类型，而这些客户的运作形态、补货周期、品项数量等都不尽相同，因此，宝洁公司开发出不同的 VMI 工具。不管是和哪一类型的伙伴合作推动 VMI，宝洁公司始终坚持几点：

（1）挑选全球有能力的伙伴合作；
（2）运用相同的工具，针对客户的不同需求提供客户化的管理方案；
（3）将成功经验加以学习应用，并复制到其他客户关系上。

宝洁公司的持续补给计划（CRP）始于顾客分销中心的商店，通过电子数据交换转来的订单，加上公司现有的库存和已收到的订单，以电子直通传递需求的形式传到公司的各顾客总部所在地，使公司能够确立最佳的再订货数量；然后对举行的促销和特价活动进行总体分析和调整；各顾客服务总部把实际订单返回各分销中心，最后送到公司总部。

宝洁公司把具体到厂的订单下达给各加工点生产，待生产完所需货品后，公司即指定专门的承运商，按预定的安排将补充货品送抵各顾客分销中心。在此系统中，宝洁公司把各分销中心的库存保持在非常低的水平，依靠公司各工厂灵活的生产系统，满足商店的大部分需求，从而把库存降至最低限度。

这种做法形成了一个系统，使顾客和宝洁公司都能受益于成本更低、更快捷的流程，让最终消费者得到更低的价格和更多的产品选择。其受益处包括：库存流转率从 19% 增至 60%，库存占用的流动资金减少，使现金流一次性增加了近 20 万美元。由于拥有适当的补充库存量和产品种类，改进了商店服务，各种具体产品的供给率由原来的 96.4% 增至 99.2%。

同时宝洁公司提高了顾客服务质量和顾客满意度，订单量增长 30%，市场份额增幅超过 4%，降低了分销成本，运输工具利用率提高了 4%~12%，退货率和拒收率降低了 60%，货损率降低了 20%~40%。

采用持续补给计划后，即使顾客还没有生成订单，宝洁公司从收集到的销售点交易数据中就已知道该给顾客运什么货。在持续补给计划中，由于新系统开支的节省、脱销现象的减少、新货上架速度的提高和包装破损率的降低，使宝洁公司和参与持续补给流程的经销商为顾客提供更低价格的商店成为可能。

一直以来，多数人认为要推动类似 VMI 的库存管理系统存在许多先天的限制，如业者本身的信息环境与能力不足，销售业者难以打破经营心态，总认为应该要自己管理库存、下订单,才能掌握企业经营的命脉。然而宝洁公司的成功,让业者看到 VMI 的可行性与成效。总体来说,其 VMI 推动成功的因素主要有:慎选绩效衡量指标;建立有效沟通环境;双方组织对目标的承诺。

(资料来源:张良卫. 供应链管理教程 [M]. 北京:中国商务出版社,2005)

思考题:
(1) 结合案例阐述企业成功推行 VMI 的条件是什么?
(2) 宝洁公司的市场竞争优势在哪里?为什么?

案例 2　IBM 高效供应链管理成功解决库存问题

精细供应链,是通过设立企业目标、部门目标和操作目标,认定现有绩效与目标值的差别,制定达到预期目标的时间框架和所采取的应对策略。它成为减少浪费、降低成本、缩短操作周期、提供强化的客户价值从而增强企业的竞争优势的"撒手锏"。

整合

2002 年,IBM 开始对 30 条供应链进行整合。IBM 公司的资深执行官 Moffat 被任命为供应链整合副总裁。Moffat 的职责是:"终端对终端供应链运作,包括采购、生产系统、物流和客户服务过程。"在减少成本、降低库存、加速资金回收的同时,提高产品的竞争力,改善利润空间。

2003 年,IBM 完成终端对终端的连接项目,把它所有的业务流程和支持系统纳入一个整合的供应链里。IBM 的供应链整合已经持续开展了 3 年。Moffat 认为,最大的问题就是文化。

在实际的工作中,供应链的整合使得部门之间再没有推脱责任的理由,由于设定了相应的目标,包括订单履行时间、应收账款、库存周转等,负责处理订单的部门、采购部门、生产部门、物流部门都各自有自己的目标,不能相互推卸责任。

跨部门的融合对于整合供应链起到相当重要的作用,真正能否在市场中获得胜利的原因,其实最终取决于是否能够使得整条供应链融为一体,没有疏通的障碍。

成功

现在,IBM 的一个订单系统出现问题,很快会启动其他国家的产能来帮助我们疏通它所造成的供应链阻塞。比如为了消化积压产品,IBM 在苏格兰的基地缩减了半数的服务器生产,但缩减产量,意味着可能交货延迟、收入减少以及失去客户。为了克服这种潜在的危机,整合后的供应链管理部门将积压的服务器订单调往在中国深圳和墨西哥的工厂。

Moffat 认为,看到问题并且能够找到合适的解决方案意味着 IBM 在供应链整合上已经有所建树。

IBM 的供应链成本大约 400 亿美元,占总成本的 50%,整合后第一年下降 70 亿美元。2004 年,IBM 的高效供应链管理将其库存降到 30 年来的历史最低水平,增加了 2.85 亿美元的现金收入。

(资料来源:慧聪网)

思考题:
(1) 为什么 IBM 公司要实施供应链库存控制策略?
(2) 预测销售量、客户需求变化、销售折扣对 IBM 公司整体经济效益有何影响?
(3) IBM 公司的成功经验有哪些值得中国企业借鉴和学习?

第六章

供应链中的运输

学习目标

阅读完本章节后,你将能够:
※ 理解运输在供应链中的作用
※ 评价各种运输方式的优缺点
※ 了解不同的运输网络设计方案,并阐述其各自的优缺点
※ 理解影响运输决策的因素

章前导读

实施协同运输管理的成功案例

北美最大的汽车零配件零售商 AutoZone 在 1995 年认识到,要想进行企业的快速扩张,必须保证有效的物流系统。由于 AutoZone 的供应商控制其 95% 的水运和 85% 的卡车货物运输,结果导致运输货物的循环周期很长,货物缺少可视性,并且无法预测交货期,易在分销中心产生瓶颈、运输成本很高,最终限制其扩张计划的实施。由于 AutoZone 一共有 7 个分销中心,1 000 多个零售点,500 多个供应商,物流管理复杂,因此要提高运输环节的效率,进行运输管理改革势在必行。最终 AutoZone 选择著名的第三方物流公司 Transplace 帮助其进行供应链重组工程,Transplace 选择了协同运输管理方案。

AutoZone 主要要求是:
(1) 改变对供应商提前支付货款的方式,采用货到付款,并对货物进行控制和进行可视化管理;
(2) 集成发货和回程的管理;
(3) 提高运输的效率;
(4) 提高整个供应链,包括整个系统、过程、人员的效率。

目前,尽管协同运输管理已经有了一些成功的案例,但其应用还处于起步阶段,并且这一管理方式更多地被应用于国内运输,而非国际范围内。由于其运作需要一定的客观条件,而且只有在保证供应链成员密切协作的基础上才能运作成功,因此成功率还不是很高,还在

不断探索和发展阶段。但不可否认，协同运输管理的应用前景和市场潜力巨大，未来的发展将对供应链管理起到非常重要的作用。

（资料来源：亿博物流咨询研究数据库）

6.1 运输的作用与原理

6.1.1 运输在供应链中的作用

运输就是为了将产品从生产地运向消费者手中而发生的物品的空间转移。因为产品很少能在同一地点进行生产和消费，所以运输在每一条供应链中都发挥着极为重要的作用。运输费用是供应链成本的重要组成部分。随着电子商务和送货上门业务的发展，运输成本在零售业中的地位越来越突出了。从网上书店到网上百货店，在线企业不再采用整车装运为零售店送货的办法，而是将商品装在小包裹中送货上门。也正因为如此，运费在电子商务的送货成本中占很大比例。举个例子说：往博德斯零售点送一卡车书，每本书的运费是几美分，而博德斯在线公司将书送货上门的运费几乎是每本书1美元。

任何供应链的成功与运输方式的合理选择都有莫大关联。沃尔玛公司就采用了一种非常高效的快速反应运输系统来降低成本。为了使其产品在合理价位上能保持较高的供应水平，沃尔玛公司只保有很低的库存量，每当商品售出，它就立刻补充库存。为了降低频繁补充库存的运输成本，沃尔玛公司采用了以下方法：在一个供应商处，给每辆卡车集中装配配送不同零售店的产品。在配送中心，沃尔玛公司采用了"对接仓储"配送体系，在产品配送过程中，调剂不同卡车上的货品，使驶抵一家零售店的卡车上装载有来自不同供应商的产品。沃尔玛公司还利用这一运输系统，使不同的商店在商品出现缺货时或过剩时，互相调剂余缺。快速反应的运输系统和对接配送体系，使公司降低了成本，增加了利润。因此，合理运输方式的选择，是该公司既提高供给与需求的匹配性、又保持低成本的关键。

日本的7-11公司为自己订立了以下目标：无论何时何地，只要客户有需求，就要将商品送达。为了实现这一目标，该公司采用了一种反应敏捷的运输系统，它每天都要为商店补充几次新货品，以使产品的供给能满足消费者的需求。根据温度要求，将不同供应商的产品一起装在卡车上，这有助于以合理的成本实现非常频繁的运货需求。7-11公司运用快速反应的运输系统和汇总商品运输的方式，既降低了运输成本，又确保了产品供给与顾客需求的最佳匹配。

供应链使用快速反应的运输系统，把较少的固定设施集中布局和运营。例如：亚马逊公司使用包裹快递及邮政系统，由中心仓库向顾客递送货物。戴尔公司在美国的很多州都有生产基地，它采用了物流公司提供快速反应的运输方式，在合理价位上提高高度个性化的产品。

运输在全球供应链的不同阶段中充当重要的纽带。正是全球化的运输使沃尔玛公司可以把在美国生产的产品销往世界各地。

6.1.2 运输的基本原理

运输管理中要用到的基本原理是规模经济和距离经济。

1. 规模经济

规模经济的特点是随着装运规模的增长,使每单位重量的运输成本下降。例如,整车装运用(车辆满载装运)的成本低于零担装运(即利用部分车辆能力装运)。铁路或水路之类运输能力较大的运输工具,其每单位重量的费用要低于诸如汽车或飞机之类运输能力较小的运输工具。运输规模经济之所以存在,是因为有关的固定费用可以按整批货物的重量分摊。有关的固定费用包括运输订单的行政管理费用、运输工具投资以及装卸费用、管理以及设备费用等。规模经济使得货物的批量显得合理。

2. 距离经济

距离经济的特点是每单位距离的运输成本随运输距离的增加而减少。距离经济的合理性类似于规模经济,尤其体现在运输装卸费用上的分摊。距离越长,可使固定费用分摊后的值越小,导致每单位距离支付的总费用很小。

6.1.3 供应链运输的不确定性

在供应链中运输是一个由多方共同参与的过程,它具有很强的不确定性。运输过程中出现的问题不仅会影响运输活动自身的正常进行,而且会降低供应链绩效,甚至可能使供应链停止运作。如何避免运输不确定性带来的副作用是个值得关注的问题,只要有预见性和周密的规划,供应链中出现的运输问题大多可以成功解决。以下策略可供参考:

(1)制定备选规划和具体可选方案,使其成为偶然突发事件的基础,一旦运输出现问题,立即启动备选方案。

(2)注意收集、更新有关数据,如燃料价格、承运商的经营状况等,通过对这些数据的分析,提高对运输问题的预见性。

(3)选择承运商时,应进行全面严格的考核分析,不能仅仅基于价格进行选择。

6.2 运输决策的内容及运输决策的影响因素

6.2.1 运输决策的内容

1. 运输方式

运输方式是指将产品从供应链网络的一个位置移动到另一个位置所采取的方式。

2. 路径和网络选择

路径是指产品运输的路线;网络是指产品运输的地点与路径的总和。

3. 选择内部化还是依靠外部资源

当企业决策运输体系时,不得不在部分运输内部化或依靠外部资源之间做出选择。

4. 反应能力与赢利水平的全面权衡

关于运输的最根本的权衡,就是某一给定产品的运输费用(赢利水平)与运输速度(反应能力)之间的权衡。

6.2.2 运输决策的影响因素

1. 影响承运人决策的因素

(1)与运输工具相关的成本。这是指承运人购买或者租赁运输工具所发生的成本。承运人在短期运营决策中把它当做固定成本，但当制订长期战略或中期计划时，这些成本是可变的。与运输工具相关的成本是与购买和租赁运输工具的数量成比例的。

（2）固定运输成本。这项成本包括运输枢纽建设成本、机场建设成本及与运输是否发生无关的劳动力成本。对于运营决策来说，这项成本是固定的，对涉及设施选址、设施规模的规划和战略决策而言，这项成本是可变的。此外，固定运营成本通常与运输设施的规模成正比。

（3）与运距有关的成本。一旦运输工具投入运行，此项成本就发生了，它包括劳动力报酬和燃料费用。顾名思义，与运距相关的成本与运输路途长短、运输持续时间是相关的，但它与运输产品的数量无关。在进行战略或规划决策时，此项成本被视为变动的，在做出影响运距和运输持续时间的经营决策时，此成本也是可变的。

（4）与运量有关的成本。此项成本包括货物装卸费用以及与运量有关的燃料费用。在运输决策的过程中，这些费用通常是变动的，除非装卸货物的劳动力成本是固定的。

（5）运营成本。这项成本包括设计、安排运输网络的费用以及任何有关的信息技术投资。

2. 影响托运人决策的因素

（1）运输成本。这包括为将货物运送到消费者手中而向不同承运人支付的总费用。这项成本主要取决于不同的承运人的报价，以及托运人选择的运输方式，即选择廉价但较慢的运输方式，还是选择高价但较快的运输方式。当承运人独立于托运人时，运输成本就是可变的。

（2）库存成本。这是指在托运人的供应链网络中保管库存货物所耗费的成本。库存成本在短期运输决策中是不变的，而在设计运输网络或制定运营策略时，这项成本则是变化的。

（3）设施成本。这是指托运人的供应链网络中的各种设施的成本。设施成本只有供应链管理者在做出战略规划决策时才是可变的，而在进行其他运输决策时均被视为固定的。

（4）作业成本。这是进行货物装卸及其他与运输相关的作业所带来的成本。在所有的运输决策中，此项成本都被视为可变的。

（5）服务水平成本。这是在没有完成货物运送义务时所承担的费用。在某些情况下，这项费用可能在合同中详细列明，而在其他情况中，则表现为客户的满意程度，在进行战略、规划和运营决策时都应当考虑此项成本。

6.3 各种运输方式的特征及其运营特点

6.3.1 运输方式

运输的工具主要是车、船、飞机、管道等，相应的运输方式是公路、铁路、水路、航空和管道运输等形式。根据使用的运输工具的不同，可以分成如图 6-1 所示的几种运输方式。

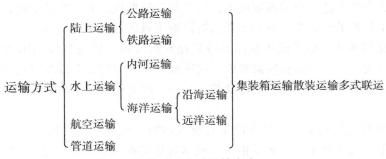

图 6-1 几种运输方式

6.3.2 各种运输方式的技术经济特征

各种运输方式的技术经济特征见表 6-1。

表 6-1 各种运输方式的技术经济特征

运输方式	技术经济特点	适运对象
公路	固定成本低、变动成本相对高，占用土地多，机动灵活、适应性强，短途运输速度快，空气污染严重	短途、零担运输，其他运输方式的集散运输
铁路	初始投资大、运输容量大，成本低廉，占用土地多，连续性强，可靠性好	大宗货物、散件杂货等的中长途运输
水路	运输能力大，成本低廉，速度慢，连续性差，能源消耗及土地占用较少，灵活性不强	中长途大宗货物运输，国际海上货物运输
航空	速度快，成本高，空气和噪声污染重	中长途、贵重货物、保鲜货物运输
管道	占用土地少，运输能力大，成本低廉，能不间断连续输送，灵活性差	长期稳定的流体、气体、固体浆化物的运输

6.3.3 运输需求与供给

1. 运输需求的概念和特点

概念：运输需求是指在一定的时期和价格水平下，社会经济生活在货物与旅客空间位移方面所提供的具有支付能力的需要。

特点：

（1）运输需求的派生性；

（2）个别需求的异质性；

（3）总体需求的规律性。

2. 运输供给的概念和特点

概念：运输供给是指在一定时期和价格水平下，运输生产者愿意而且能够提供的运输服务的数量。

特点：

（1）产品的非储存性；

(2) 供给的不平衡性；
(3) 部分可替代性。

6.3.4 运输市场及特征

概念：运输需求和运输供给构成了运输市场。狭义的运输市场是指运输劳务交换的场所，该场所为旅客、货主、运输业者、运输代理者提供交易的空间。广义的运输市场则包括运输参与各方在交易中所产生的经济活动和经济关系的总和，即运输市场不仅是运输劳务交换的场所，而且还包括运输活动的参与者之间、运输部门与其他部门之间的经济关系。

特点：
(1) 运输商品生产、消费的同步性；
(2) 运输市场的非固定性；
(3) 运输需求的多样性及波动性；
(4) 运输市场容易形成垄断。

6.4 供应链中运输网络的设计

1. 直接运输网络

在直接运输网络中，零售供应链的运输网络是这样构造的，它使所有货物直接从供应商处运达零售店，每一次运输的线路都是指定的，供应链管理者只需决定运输的数量并选择运输方式。要做出这一选择，供应链管理者必须在运输费用和库存费用之间进行权衡。

直接运输网络的主要优势在于无须中介仓库（见图6-2），而且在操作和协调上简单易行。运输决策完全是地方性的，一次运输决策不影响别的货物运输。同时，由于每次运输都是直接的，从供应商到零售商的运输时间较短。

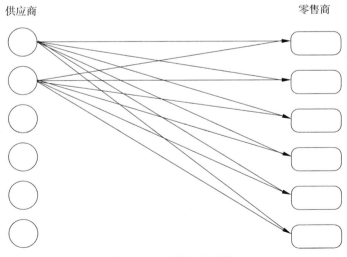

图6-2 直接运输网络

2. 利用"送奶线路"的直接运送

"送奶线路"是指一辆卡车将从一个供应商那里提取的货物送到多个零售店时所经历的线路，或者从多个供应商那里提取货物送至一个零售店时所经过的线路。在这种运输体系中，供应商通过一辆卡车直接向多个零售店供货，或者由一辆卡车从多个供应商那里装载要运送到一家零售店去的货物。一旦选择这种运输体系，供应链管理者就必须对每条送奶线路进行规划（见图6-3）。

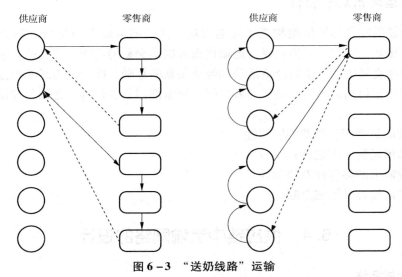

图6-3 "送奶线路"运输

直接运送具有无须中介仓库的好处，而"送奶线路"通过多家零售店在一辆卡车上的联合运输降低了运输成本。

3. 所有货物通过配送中心的运输网络

在这种运输系统中，供应商并不直接将货物运送到零售店，而是先运到配送中心，再运到零售店。零售供应链依据空间位置将零售店划分区域，并在每个区域建立一个配送中心。供应商将货物送至配送中心，然后由中心选择合适的运输方式，再将货物送至零售店（见图6-4）。

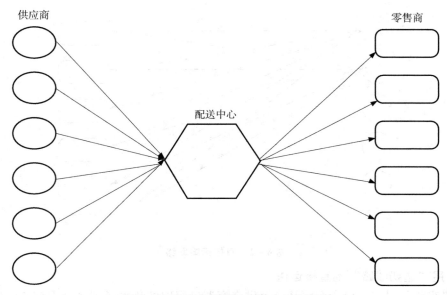

图6-4 所有货物通过配送中心的运送

当供应商和零售店之间的距离较远、运费高昂时，配送中心（通过货物保存和转运）有利于减少供应链中的成本耗费。

如果商店的库存更新规模大到足以获取进货规模经济效益，配送中心就没有必要为其保有库存。在这种情形下，可采取货物对接的方式。货物对接：每一辆进货卡车上装有来自同一个供应商并将运送到多个零售店的产品，而每一辆送货卡车则装有来自不同供应商并将被送至同一家商店的产品。货物对接的主要优势：无须库存；加快了供应链中产品的流通速度；减少了处理成本。

4. 通过配送中心使用"送奶线路"的运送

如果每家商店的进货规模较小，配送中心就可以使用"送奶线路"向零售商送货了。"送奶线路"通过联合的小批量运送减少了送货成本（见图6-5）。

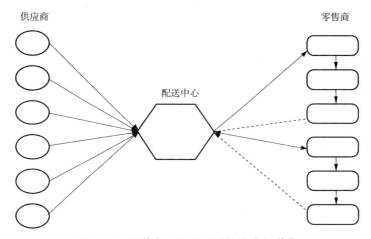

图6-5 配送中心利用"送奶线路"送货

5. 量身定做的运输网络

量身定做的运输网络是上述运输体系的综合利用。它在运输过程中综合利用货物对接、送奶线路、满载和非满载承运，甚至在某些情况下使用包裹递送。目的是根据具体情况，采用合适的运输方案。

这种运输体系的管理是很复杂的，因为大量不同的产品和商店要使用不同的运送程序。量身定做的运输网络的运营，要求较多的信息基础设施及其引致的投资，以便进行协调。但同时，这种运输网也可以有选择地使用进货方法，减少运输成本和库存成本。

表6-2概括了以上不同运输网络的优缺点。

表6-2 不同运输网络的优点和缺点

网络结构	优点	缺点
直接运输	无须中间仓库； 简单的协作	库存水平高（由于货物批量大）； 巨大的接收费用
利用"送奶线路"的直接运送	小批量货物较低的运输成本； 较低的库存水平	协调的复杂性加大
通过配送中心的运送	通过联合降低了进货运输成本	增加了库存成本； 增加了配送中心的处理费用

续表

网络结构	优点	缺点
通过配送中心对接运送	必备库存水平很低；通过联合降低了运输成本	协调的复杂性加大
通过配送中心利用"送奶线路"的运送	小批量货物有较低的送货成本	协调的复杂性进一步加大
量身定做的运输网络	运输选择与单个产品和商店的需求十分匹配	协调的复杂性最大

6.5 运输运作方式的选择

6.5.1 供应链运输管理的程序

供应链运输管理的主要任务：一是设计规划运输任务；二是找合适的运输承包商；三是运输组织和控制。

设计规划运输任务，就是要站在供应链的整体高度上，统一规划有关的运输任务，确定运输方式、运输路线，联合运输方案，设计运输蓝图，达到既能够满足各点的运输需要，又使总运输费用最省的目的。因为供应链运输问题是一个多点系统的运输问题，涉及供应商到核心企业、核心企业到分销商以及供应商之间、分销商之间等多个企业、多个品种、多种运输方式、多条运输路线的组织规划等问题。要根据供应链正常运行的节拍，确定各点之间的正常运量，然后统一组织联合运输、配送和准时化供货。这通常要建立模型，仔细地优化计算得出运输方案、建立运输蓝图。具体的做法可以运用运输规划法、配送计划法等方法来完成。

运输任务方案确定下来后，就需要找运输承包商。现在运输资源很丰富，容易找，但是一般应当找正规的运输企业或者物流企业，建立稳定的合作关系，甚至可以把它们拉入供应链系统之中来。不要轻易找那些没有资格、没有能力的运输承包者，避免运输风险。

运输的方式有长途输送运输、短途配送运输和准时化供货等形式。

（1）长途输送运输，是长距离大批量的快速运输。

（2）短途配送运输，是短距离多用户多品种的循环送货。

（3）准时化供货，是更短距离的供应点对需求点的连续多频次小批量补充货物。

运输组织和控制，就是按照给定的运输方案、运输蓝图对运输承包商的运输活动过程和运输的效果进行组织、管理和控制。

6.5.2 运输运作管理需要考虑的事项

运输运作管理者需要考虑以下几个方面：

（1）运输产品的特性和要求，保证产品完全无损地到达目的地；

（2）了解可供选择的运输方式，并且将装运要求与运输方式相匹配，从而达到以尽量小的成本提供最大化的服务。

现代运输管理除了需要了解基本运输的四种运输方式（公路、铁路、水路、航空）外，还强调以下五种因素：
(1) 任何两种运输方式的融合，多式联运；
(2) 自有运输；
(3) 外部运输；
(4) 运输网络的柔性；
(5) 运输成本与其他相关成本。

6.6 协同运输管理——新型供应链管理模式

供应链管理的本质就是协调、解决供应链中的问题和矛盾，更好地优化供应链运作，而协同使得整个供应链能够实现高效的顾客反应。因此，供应链中运输的矛盾可以采用一种新型运输管理模式——协同运输管理来解决。协同运输管理能够将运输整合到供应链各成员的运营计划当中，不但使运输商减少无效运输，而且能够预见性地管理运输需求，满足订货响应时间，从而使产品及时运送到客户手中。

6.6.1 协同运输管理的由来和含义

协同运输管理（Collaborative Transportation Management，CTM）最初由全球最大零售商沃尔玛于 2000 年开始采用，它要求与供应链中的成员宝洁、货运巨头亨特，三方实现更透明的信息交换，通过信息共享和供应链协作，完成制订计划、预测、运输、库存等商品服务的全过程。三方达成合作关系以后，沃尔玛大大减少了货物处理过程的步骤，而亨特减小了 16% 的装卸货等待时间，空载率下降了 3%，宝洁也实现了库存的下降。

协同运输管理最原始的雏形是货运合并，保持货车的满载移动。这就意味着公司可以更好地利用自身的资源，减少空载浪费。这种方法在北美相当流行，合作关系已在超过 1 600 个合作伙伴中形成，他们建成一个统一的信息平台，通过多站式的装卸货，保持着货车的最低空载率。而对于最终消费者而言，不仅使服务时间大大缩短，成本还降低了 15%~25%。而目前，协同运输管理的含义远远不仅于此。

根据 VICS 物流委员会于 2004 年在协同运输管理白皮书中的定义：协同运输管理是一个整体的流程——它把供应链的合作伙伴和运输服务供应商聚集到一起，达成协议，使运输规划和作业流程避免出现无效率的运作。其目的是通过促进供应链中运输作业参与者（包括发货人、承运人、收货人，或者另一种形式的参与者如第三方物流等）的相互影响和协同合作，消除无效率的作业。

6.6.2 实施协同管理效果

一般来讲，供应链各方协作的程度越大，实施协同运输管理的效果越好，其价值越明显。目前，日本等地非常重视协同运输的研究及推广。日本运输省流通对策部出台了《协同运输系统导入推进纲要》，旨在推动协同运输的发展。台北市的"协同运输股份有限公司"已有较大的知名度和影响，该公司是提供协同运输信息、协同运输策划、协同运输协调组织服务的专业性企业，不失为一种可行的协同运输组织形式，有望成为一种受欢迎的新型行业。

协同运输管理的效果可从以下三方面看出。

（1）从供应商看：可以提前与运输商分享信息，以保证运输工具及时到位，提高回程货物装载率，并获得最低运价。此战略的实施，增加了产品按时送货率，按时服务提高35%，库存降低50%，通过增加客户服务，使销售提高23%，提前期减少75%，管理成本减少20%。

（2）从运输商看：减少了运输商装货卸货的等待时间，通过优化运输，它可以更好地安排运输次序和路线，减少空载率；减低了运输疏忽造成的货物流失；减少了单据错误和不准确的沟通。无利润里程减少15%，滞留时间减少15%，运输设备利用率提高33%，司机流动降低15%。

（3）从客户看：满意度大大提高。

6.7 学习目标小结

1. 理解运输在供应链中的作用

运输是指产品在供应链中从一个地方到另一个地方的位移。随着供应链的全球化和电子商务的发展，运输越来越重要了。原因在于以上两个趋势使产品的运输距离增加了。运输决策影响着供应链利润，并影响着供应链中的库存决策和设施决策。

2. 评价不同运输方式的优缺点

3. 明确不同的运输网络设计方案及其相对优势和不足

几种运输网络设计的模式及其具体运用。

4. 运输决策的内容及运输决策的影响因素

运输决策的影响因素分影响承运人决策的因素和影响托运人决策的因素。

5. 掌握协调运输

讨论题：

（1）什么是运输的规模经济和距离经济？
（2）试比较各种运输方式的经济特征。
（3）运输在供应链中的作用是什么？
（4）企业是如何运用匀速网络来合理减少运输成本的？
（5）供应链中运输网络的设计的种类有哪些？

案例分析

案例1 供应链角度下的运输成本控制研究
——以南京海天轨道车辆装备有限公司为例

1. 海天公司的现状分析

南京海天轨道车辆装备有限公司原隶属南车集团南京浦镇车辆有限公司，2007年12月根据国家八部委文件要求完成辅业改制，定名为南京海天轨道车辆装备有限公司。

公司生产分东西两厂区：东区主要从事铁路客车、动车组、城轨车辆的内饰件及相关零部件的制作；西区主要从事铁路客车内饰件及相关零部件的检修。

海天公司充分依托南车集团南京浦镇车辆有限公司，主要从事铁路客车、动车组、城轨地铁的内装产品及其座椅、卧铺、扶手的研发、制造、销售、修理等业务。是具备自主开发、规模制造、规范服务的完整体系。

经过3年的发展，海天公司已经发展成为具有一定规模的制造企业。在激烈的竞争中，该公司已经取得了瞩目的成就，但是随着市场形势的不断变化，以及供应链管理的技术、理念等在中国的发展状态，公司在供应链成本管理方面仍然存在着一些亟待解决的问题。

2. 研究思路

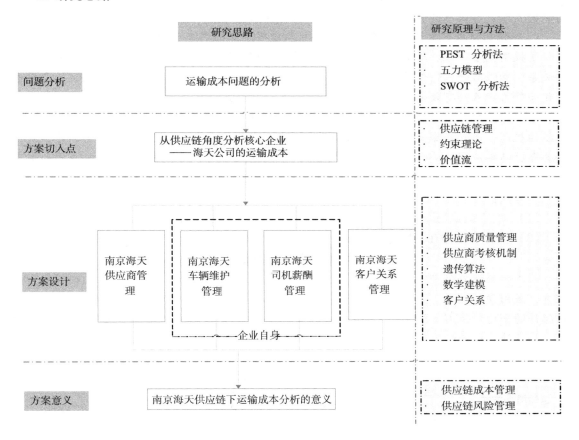

3. 方案解决

通过对海天公司的运输成本分析，结合实际的供应链现状，从供应商成本管理、海天自身运输成本控制以及客户成本管理三个方面来入手。

（1）海天公司于2008年创建了自己的运输队伍，现拥有车辆7辆。在其物流部门，运输成本同其他企业一样，也是居高不下。随着业务量的不断增加，车辆的折旧、维修费用也不断增加，而车辆维修费的投入与车辆的运作绩效直接相关。合理地分配车辆维修费用，能够使有限的车辆维修费发挥最大的经济效益，保障车辆维修各项任务的顺利完成。

遗传算法利用简单的编码技术，通过选择、交叉和变异操作可以搜索到全局最优解，且对被优化系统的模型无先验要求。但由于传统遗传算法使用固定的交叉概率和变异概率，容易在进化初期造成未成熟的收敛现象，使算法收敛于局部最优解；而在进化的中后期由于基本上确定了含最优解的区域，本来应该让算法尽快地收敛，但是由于个体的多样性减少而引起随机搜索，导致收敛速度变慢。而目前有关自适应遗传算法的研究可以较好地解决这个问题。采用了自动调整交叉概率和变异概率的自适应遗传算法来对海天公司的车辆维修经费的分配进行优化，以提高车辆维修经费的使用效益，为车辆维修计划部门制订科学合理的经费分配方案和维修计划提供参考。

(2) 通过对海天公司的分析，我们发现该公司存在的员工工作效率低、"出工不出力""磨洋工"等现象的原因在于薪酬体系不合理，缺乏严格的考核机制，对员工的激励方式单一。以该公司司机组薪酬设计和考核机制问题为例，研究探讨更合理的激励和考核机制，提出新的方案，以便对员工进行有效激励，提高员工的积极性，提高工作效率。

(3) 供应商成本管理是从供应商的角度来分析企业的成本。现代供应链管理理论恰恰提供了提高竞争优势、降低交易成本的有效途径，这种途径就是通过协调供应链各成员之间的关系，加强与合作伙伴的联系，在协调的合作关系的基础上进行交易，为供应链的全局最优化而努力，从而有效地降低供应链的交易成本，使供应链各方的利益获得同步的增加。

本研究方案从供应商管理角度出发，通过对供应商的质量管理，来建立对供应商选择、考核的机制，由此来降低相关的成本和费用。海天公司要进行供应商管理，首当其冲，是选择其合适的供应商，进行供应商质量管理，对供应商采取评价，解决供应商与企业间的成本转移问题。

思考题：
(1) 南京海天轨道车辆装备有限公司是如何进行运输成本控制的？
(2) 为什么运输在供应链中是核心活动？

案例 2　运输方式选择

某汽车制造公司要将生产的汽车配件先存放在配件库，再向距离客户较近的销售地仓库运货，若用铁路运输，平均时间 $T = 21$ 天，为满足需求，每个存储点平均储存 10 000 件，该配件的平均价值 $C = 300$ 元，库存成本 $I = 30\%/$年。公司希望选择总成本最小的运输方式。据估计，运输时间从目前的 21 天每减少一天，平均库存水平可以减少 1%，每年销售仓库卖出配件 $D = 70\,000$ 件。公司目前可用的运输服务如下：

运输服务方式	运输费率 R（元·件$^{-1}$）	门到门运输时间 $T/$天	每年运输批次	每个储存点存货量（$Q/2$）/件
铁路运输	1.0	21	10	10 000
汽车运输	2.0	5	20	5 000
航空运输	14.0	2	40	2 500

思考题：
公司应选择哪种运输方式？

第七章

供应链的组织与控制

学习目标

阅读完本章节后,你将能够:
※ 理解物流、供应链组织架构和物流职能
※ 理解物流中心产生的原因
※ 掌握第三方物流、第四方物流、协调商务的基本含义及未来发展
※ 掌握如何获得有效率的物流活动

章前导读

看耐克公司 i2 事件是战术还是战略问题

耐克公司全球运营与技术副总裁 Roland Wolfram 说,i2 问题只是前进路上的一次颠簸而已。一个软件故障让耐克公司损失了 1 亿美元的销售额,使它的股价下跌了 20%,触发了一系列共同起诉官司,让董事长、总裁兼 CEO Phil Knight 悲哀地说出了那句名言:"这就是你们花了 4 亿美元买的东西,嗯?"。一次小小的颠簸在运动鞋行业中,也只有耐克公司敢像这样谈论 1 亿美元的损失。

尽管耐克公司因其凶猛的营销和与世界最著名运动员的关系而闻名于世,但 IT 界却把耐克公司看做是一家把供应链搞得一团糟的公司,这一切都是因为它部署了 i2 公司的需求规划引擎。2000 年,该引擎发出了比市场需求多出成千上万双的 Air Garnett 运动鞋订单,而 Air Jordans 运动鞋的订单却比需要的数量少了几千双。著名的耐克公司在设计供应链结构时应该吸取哪些教训?

(资料来源:http://www.21cfm.com)

7.1 企业组织架构与物流职能

随着物流管理和供应链管理在企业中的地位显著提高,物流组织结构越来越科学化、效率化。传统的企业组织概念发生了深刻的变化,供应链在企业运营中的职能也得以体现。建

立了供应链战略联盟，上下游企业和结成的合作联盟企业之间将克服原有的竞争概念，取而代之的是新型的合作性的强强合作。

7.1.1　供应链管理与传统管理的区别

（1）传统管理是基于单一企业的管理，虽然也和其他企业相互联系，但是与相关企业的关系是竞争管理，即"输赢"，而供应链管理强调的是链上的所有节点企业的"双赢"，以提高整个供应链的效益为目的。供应链管理是对所有资源的整合，超越了单一企业的范畴，充分利用了供应链上节点企业的资源。

（2）供应链管理更加注重客户需求。供应链的形成、存在、重构，都是基于一定的需求而产生的，并且在供应链管理过程中，需求是拉动商流、物流、信息流、资金流的源泉。

（3）供应链管理更为复杂。复杂性来源于供应链中的"不确定性"。例如，制造不确定性、供应不确定性、市场需求不确定性等，其中市场需求不确定性对企业影响最大，增加了供应链管理的复杂程度。

7.1.2　供应链管理的特点

供应链管理不同于其他产业链条的管理，有其独特的特点。

（1）整体性。供应链管理打破了以往各个环节分割、仅仅重视部门利益的观念，超越了企业本位思想的局限，建立了更加强调整体利益的战略合作伙伴关系。供应链管理涉及以产品为核心的整条供应链上的所有节点企业，并且每一个节点企业是环环相扣、息息相关的。供应链是以核心企业为主的利益共同体，在战略上是目标一致的整体。

（2）一致性。供应链管理强调供应链中节点企业的战略合作伙伴关系的建立，形成能够行动一致、风险共担、利益共享的战斗整体。

（3）增值性。供应链管理突出增值管理，产品在供应链上经过加工、批发、零售等过程增加其价值，期间涉及的节点企业均获得收益。因此供应链又是一条增值链，对供应链的管理不仅仅是对节点企业的管理，而且是对如何能使整条供应链更好地创造价值的管理。

（4）复杂性。供应链是一个开放式的系统，它充分利用了企业外部资源，涉及与多个企业的组织协调管理。美国学者汤姆戴维斯指出，造成供应链管理复杂性的最主要因素就是"不确定性"的存在，三种不确定性普遍存于各行各业的供应链中：第一，制造不确定性，如产成品合格率；第二，供应不确定性，如原材料品种、供货时间；第三，市场不确定性，如需求预测、消费者偏好。

7.1.3　供应链管理作为价值结构的管理与整合工具

当前企业的竞争已经由企业之间的竞争、行业之间的竞争上升到整个产业价值链之间的竞争，竞争由某一点如广告促销能力和终端出货能力提升至企业整合上下游乃至相关价值链的能力。竞争的水平、层次和量级提高，要求企业提升内在的资源与外在资源的整合力，提升综合竞争优势，竞争不再是一招一式的技巧，而是整体。

整个价值链的整合要基于三个效率：

（1）点效率，就是价值创造上的效率，要找到企业价值创造的成功关键点。

（2）线效率，即各个价值点之间的衔接，要缩短时间和距离并实现协同，解决速度、质量和成本问题。

（3）价值链的几个板块之间的有效协同问题。整合的目标是使价值链的距离最短、运行速度最快、整体效率最高。

采用新供应链战略的企业则重视提高消费价值，他们通过业务活动的整合与重组积极创新：一方面通过终端获取需求信息，协同进行产品的设计，提高给予顾客的利益；一方面降低整个供应链成本，降低售价，从而大幅度提高产品和服务的消费价值。

如戴尔公司就是个人电脑行业的价值创新者。戴尔公司发现了大批量生产和个人 DIY 在消费价值上的缺陷，大胆进行直销的探索，摸索出简捷的一对一直接订购方式，向顾客直接销售定制的个人电脑，同时成功地建立了快速灵活的生产系统以作为支持。新的直销方式能够为顾客提供更多的利益，同时，该公司渠道和生产体系的变革也降低了成本，通过消费者的自由选择，成了个人 PC 的霸主。

7.2 物流组织的发展

根据美国供应链协会及其他物流协会的研究表明，物流组织的发展大致分为以下五个阶段：

第一阶段：第一阶段大约出现在 20 世纪 70 年代初期。企业将运输活动与库存、订单处理过程协调起来进行管理，同时将采购、内向运输和物料管理归到一个机构名下以便统一管理。

第二阶段：第二阶段就向发展相对更正式的组织形式开始努力，企业注重对产成品运输和仓储的管理，除这两个活动的协调之外，整个定位为可操作性，没有一点整合的迹象。

第三阶段：第三阶段指物流活动全面一体化阶段，其内涵既包括实物供应，又包括实物分拨。

第四阶段：人们将现在所处的第四阶段称为供应链管理阶段，此时的物流组织不仅包括第三阶段中物流活动的全面一体化，还包括生产过程中的物流活动，也即处于第四阶段的企业认为物流包括发生在原材料采购、生产过程以及最终到达用户手中这一过程中的所有活动。

第五阶段：第五阶段就是对整个供应渠道中各独立法律实体之间的物流活动进行管理。

7.3 企业物流组织的构成和类型

7.3.1 功能型组织结构

功能型组织是比较传统的物流组织，如图 7-1 所示，这是个现行的功能型组织结构（是按照企业各个单位所执行的工作性质来构造的）。该组织结构一般根据人们共同的专门知识、经验或使用相同的资源而将其组合在一起。对大多数企业来说，功能型组织结构有下列职能部门：市场部、财务部、研究与发展部、人事部等。

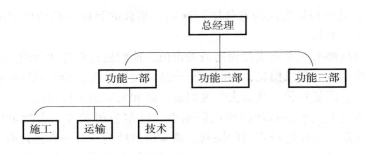

图 7-1　功能型组织结构

多层功能型组织结构（见图 7-2）的企业是以产品、服务、地理或加工过程等不同的方式组织的。该结构有效地克服了功能型组织结构在解决分散化和多样化问题时所面临的困难。该组织结构突出对业务领域的强调，即将各个分部作为相对独立的业务单位来进行管理和控制，便于衡量不同领域的经营情况，能够使企业高层关注战略问题，对提高综合管理能力有很大的帮助。该结构的缺点是集中化与非集中化不易区别和把握。由于不同分部有发展过大的可能性，因此分部间的协调是一个较为复杂的问题。

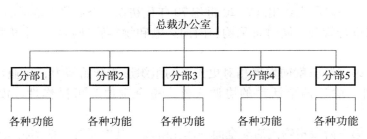

图 7-2　多层功能型组织结构

7.3.2　区域型组织结构

区域型组织结构（见图 7-3）提供较功能型组织结构更多的控制，因为由许多地区性的层级来完成以前由单一集权阶层所执行的工作。大型贩卖组织，如 Neinan Marcus、Dillard Department Stores 及 WalMart，在他们开始建立全国的商店后也快速地转变成地理结构，因为此类结构在不同区域的服饰需求下（如在西南日出时穿大衣）可处理不同的需求。同时因为采购的功能维持集权化，中央的组织可以为所有地区采购。如此公司可达到采购及配销上的规模经济，并降低协调与沟通的问题。

该结构的优点是灵活性较强，能够适应各个地区的竞争情况，从而使各个利润中心得到发展，增进了各个地区的营销、财务与生产等活动的有效协调。

该结构的缺点体现在保持整个企业目标一致性方面存在困难，需要更多的管理人员所带来的成本消耗，以及某些职能的重复设置，导致了开支的巨大浪费。

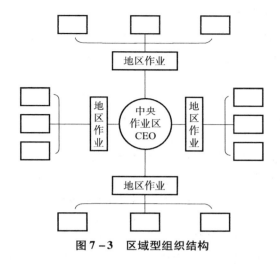

图 7-3 区域型组织结构

7.3.3 双信息中心组织结构

信息在网络社会中具有重要作用，沟通方式又对企业组织结构具有重大影响。因此，应该考虑设立两个网络信息中心和复杂而高效的沟通网络，来突出信息和沟通方式在组织结构模型中的重要地位。企业内部有一个内部网络信息中心，外部有一个外部信息中介，它们通过高效的网络沟通方式交换信息。两个信息中心外围是各自的部门或者利益相关者。该思想充分体现在双信息中心组织结构中（见图 7-4）。

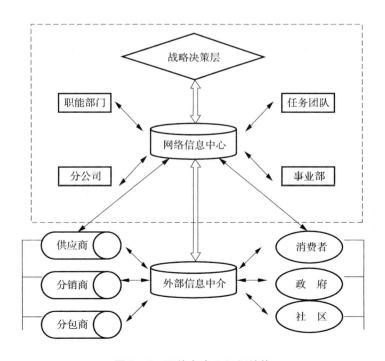

图 7-4 双信息中心组织结构

7.3.4 整车物流联盟组织结构

整车物流联盟组织结构是由组织单元的性质和单元之间的耦合方式所形成的形态,组织结构是保证组织单元间进行有效协作的重要因素。用如下的形式表示整车物流联盟的组织结构的概念模型:

$$OM = (G, C, T, R, OP)$$

式中,G 表示整车物流联盟需要完成的组织目标的集合;我国整车物流联盟的组织目标是整合资源,降低物流成本,快速响应并满足物流市场的需求。C 表示各盟员企业所具有的物流核心能力的集合;核心能力是响应市场需求所依赖的能力。只有具备这种能力的物流企业,才有可能成为整车物流联盟的成员,如安吉天地具有覆盖全国的网络、天津安达具有很高的信息化水平、广州本田具备铁路运输等。T 表示整车物流联盟组织系统中的工作团队;是一个由能力互补的相关人员(跨专业人员)组成的小组,该小组成员来自合作伙伴(包括核心企业和非核心企业),并以共同的目的、行为目标和工作方法开展工作,成员之间相互负责。R 表示整车物流联盟组织系统中合作伙伴的关系集;各团队之间存在的相互关系包括信息交互、信息共享、合作协议、柔性决策等。OP 表示整车物流联盟的重组原则;联盟重组是整车物流联盟为快速响应物流市场机遇的要求而对自身过程及组织的再设计。重组原则是建立在组织结构之上的行为约束策略,包括协作控制策略、冲突调解策略、信息传递策略等。整车物流联盟组织层次结构和整车物流联盟的组织结构如图 7 – 5 和图 7 – 6 所示。

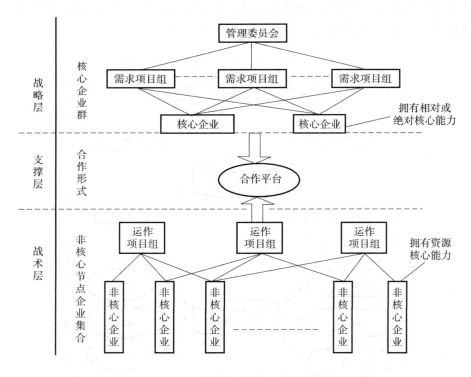

图 7 – 5 整车物流联盟组织结构

第七章 供应链的组织与控制 103

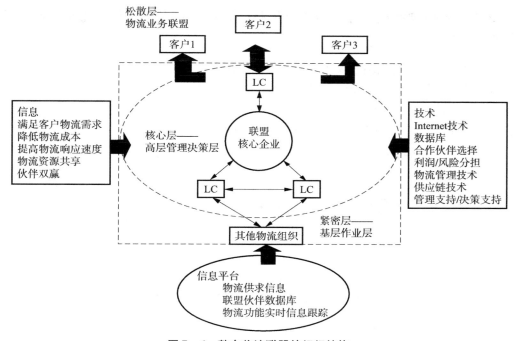

图 7-6 整车物流联盟的组织结构

7.3.5 基于联邦模式的组织结构

基于联邦模式的物流联盟组织结构可以由两层构成，即在宏观、高层上由核心团队和联盟协调委员会 ASC（Alliance Steering Committee）负责联盟内的协调工作；在微观、底层上按照 WBS（Work Breakdown Structure）分解工作任务，建立面向横向流程的集成工作团队 IPT（Integrated Product Development Team）。IPT 是一个由能力互补的相关人员组成的小组，该小组成员来自合作伙伴（包括核心企业和非核心企业），并以共同的目的、行为目标和工作方法开展工作，成员之间相互负责，如图 7-7 所示。

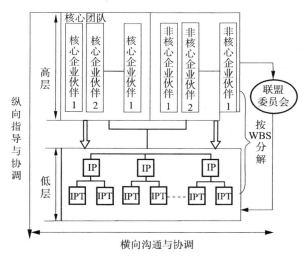

图 7-7 基于联邦结构的整车物流联盟的组织结构

7.3.6 典型物流组织结构优化案例分析——烟草商业企业现代物流体系构建的初步设想

随着工商分设、工业重组战略的实施，烟草工业企业的面貌得到巨大的改变。在新的形势下，如何推进烟草流通体制改革，改变烟草流通主体散、小、多的状况，适应工业重组后卷烟生产厂家对烟草现代物流的要求，真正实现工业企业满意和零售户满意，有必要对现行流通方式进行改革，建立新型的烟草商业企业物流结构体系，如图7-8、图7-9所示。

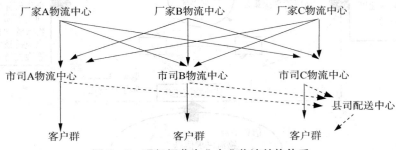

图7-8 现行烟草商业企业物流结构体系

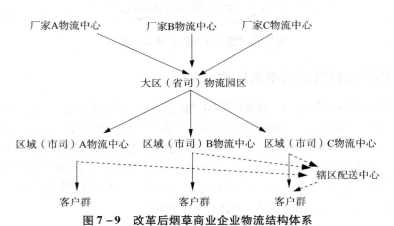

图7-9 改革后烟草商业企业物流结构体系

从图7-8、图7-9比较看出，改革前，厂家A、B、C总体物流次数为9次，单一厂家物流次数为3次；改革后，厂家A、B、C总体物流次数为3次，单一厂家物流次数为1次。就采购物流而言，通过强化大区（省级）烟草物流功能，大大减少购销物流结点数量，流通次数大为减少，避免反复重复运输，缩短运距，节省了流通成本，提高了流通效率。就销售物流本身而言，通过系统规划，整合区域内物流资源，可以避免盲目建设和重复投资，提升烟草商业企业物流的整体功能和供应链各个环节的价值，及时有效地应对客户的不同需求，使客户满意。

7.4 物流中心及类型

现代物流具有信息化、网络化、自动化、智能化、柔性化、全球化的特点，为了实现现代物流的合理流通，形成一个高效、畅通、网络化的物流构架，现代物流中心的建设显得尤为必要。

7.4.1 供应链环境下的现代物流中心概念

供应链环境下的物流中心的概念有广义和狭义之分,广义物流中心包括港湾、货运站、运输仓储业者、公共流通商品集散中心、企业自身拥有的物流设施等。而狭义物流中心则排除了铁路货运站、港湾设施、机场设施和道路等社会性物流基础设施部分,专指为有效地保证商品流通而建立的物流综合管理、控制、调配的机构和设施。

狭义的物流中心更能反映现代物流中心的本质,这样有利于从产业和企业层面来分析物流中心在现代物流系统中的作用及对现代物流行为的影响。

《中华人民共和国物流术语标准》中对物流中心有这样的定义:接受并处理下游用户订货信息,对上游供应的大批量货物进行集中储存、加工等作业,并向下游进行批量转运的机构和设施。

物流中心和传统仓储活动、传统运输活动有很大区别,具体表现见表7-1、表7-2。

表7-1 物流中心与传统运输的比较

项目	传统运输(销售导向)	物流中心
经营理念	运输	支持营销
功能定位	强调运输绩效; 视运输为目的; 着重作业	强调配销环境; 视运输为手段; 着重营销
策略定位	强调设施服务; 强调生产观念	强调整体营销支持系统; 强调营销观念; 着重营销与物流需求
管理政策	使顾客的系统来配合自己的作业; 反映顾客的需求; 目标在运输与准时配送	去配合顾客的物流需求; 预期顾客的欲望与需要; 目标在整合市场与物流需要
作业	目标在降低成本与实时的服务; 强调本身作业效能; 着重作业效率	强调成本管理:顾客服务与物流成本互长; 强调在顾客服务方面的作业效能和顾客服务作业效能

(资料来源:黄家骅.《物流与供应链管理》(二版)2002年,全华科技图书股份有限公司印行)

表7-2 物流中心与传统仓储的比较

项目	传统仓储	物流中心
经营理念	成本导向 提供企业内部服务	利益导向,具有策略性 除提供企业内部服务外,亦可对同业、共业提供资源
组织定位	企业内附属部门	企业内独立部门或者子公司形态
服务观念	着重安全性与正确性,较忽略时效性; 内部管理优先	着重时效性兼顾安全性与正确性; 顾客服务优先

续表

项目	传统仓储	物流中心
仓库定位	储存、保管、静态性	物流机能发挥、动态性
仓库运用	空间的最大利用	合理利用空间
人力发展	着重管理能力	着重管理能力与创新
作业方式	以人力为主,以机械化为辅	结合人力导入自动化作业系统,追求JIT资讯电脑化
工作氛围	较消极被动	积极主动
工作环境	辛苦、无序、危险	清洁、明亮、人性化

(资料来源:黄家骅.《物流与供应链管理》(二版)2002年,全华科技图书股份有限公司印行)

7.4.2 供应链环境下的现代物流中心功能及作用

在现代物流体系中,物流中心的功能是作为商品运输、分拣、保管、在库管理、流通加工和物流信息处理的据点,促进商品按照客户的要求,完成附加价值,克服在运输的过程中所产生的时间和空间障碍。

(1) 商品运输中心的功能。商品运输功能是物流中心必须具备的首要功能。一般而言,物流中心拥有数量较大的客户,应尽可能对客户的运输需求和自身及战略伙伴的运输资源进行整合,在最大程度上实现物流的共同配送,充分发挥物流中心的规模经济效益,使经营成本得以不断降低,从而使自己和客户从中受益。同时从社会角度而言,物流的共同化带来更大的社会效益,可以减少过度使用道路、交通堵塞、环境污染、迂回运输等。

(2) 商品分拣中心的功能。物流中心可以将不同工厂、不同批号生产的商品进行整合,通过物流中心向各类批发商和零售商进行统一发货,大大节约了商品分拣工作量,同时也保证了商品发运、到达的及时性和正确性,给物流参与各方带来了直接的经济效益。从宏观角度讲,实现了商品配送的集约化,大幅度减少了交错运输等不合理的运输情况,符合社会及产业的利益。

(3) 商品保管中心的功能。商品保管是企业经营战略的重要手段,是一种企业管理职能。物流中心可以帮助客户削减在库量,帮助客户降低库存占压的资金、减少储存成本。

(4) 流通加工中心的功能。物流中心可以为生产商或分销商完成一定的加工作业,如商品细分、小件包装、贴标签、制作并粘贴条形码等。物流中心还可进行商品的货架配置、食品保鲜等作业活动。物流中心的流通加工机能已经成为现代流通体系的必要组成部分。

(5) 物流信息处理功能。现代物流中心的管理已经离不开计算机,现代物流中心必须为客户提供一个强大的物流信息处理功能,许多信息技术不断应用于物流领域,如条形码、EDI、EOS、POS、GIS、GPS、ITS(智能交通)、互联网、电子商务等。功能强大的信息处理平台的建立已经成为物流中心不可缺少的重要内容。

(6) 需求预测功能。预测未来一段时间内某类商品的进出库量,预测市场对某类商品的需求。

(7) 结算功能。结算功能是物流中心对物流功能的一种延伸,它不仅仅是对物流费用的结算，还可替客户向收货人结算货款等。

（8）物流系统设计咨询功能。大型物流中心必须为大型客户设计物流系统，代替客户选择和评价运输商、仓储商及其他物流服务供应商，这个功能在很大程度上能增强物流中心的竞争力和整个供应链的核心竞争力。

7.4.3 供应链环境下的现代物流中心类型

现代物流中心根据不同的标准可以划分为不同的类型。根据经营主体不同可以分为以下三种类型。

（1）自有型物流中心：企业自己承担产品的物流运作，不面向社会，是企业集团的一部分。一般大型企业集团基本上都拥有这种自有型物流中心。自有型物流中心能在一定程度上提高企业的物流效率，同时自有型物流中心会造成重复建设以及资源浪费的现象。

（2）合作型物流中心：由数家企业合作管理拥有，为合作的企业提供物流服务。这种类型的物流中心能在一定程度上避免重复建设和资源浪费的现象，但在具体运作的时候难以管理，尤其是在合作企业间利益发生冲突的时候。

（3）公用型物流中心：一般由独家企业管理拥有，面向社会的所有企业提供各种物流服务。一般具有相当的规模，可提供几种具有核心竞争力的主要物流服务，也可提供综合性的配套物流服务。这种物流中心能提高物流服务的专业化水平，提高物流行业的资源利用率，是物流中心的中坚力量。

按照物流中心的规模大小可以分为以下三种类型。

（1）配送中心：一般而言，配送中心规模不大，运送距离较短，功能较为单一，处于供应链末端的物流配送，通常由仓储企业、运输企业演变而来，也可能由连锁店共同组建而成，还可能由大型企业自己独立拥有。

（2）物流中心：物流中心相对而言规模较大，具备配送中心的大多数功能，服务范围也更广。

（3）物流园区：物流园区是多家物流中心或配送中心在空间上集中布局形成的场所，具有相当的规模和综合物流服务功能的物流集结点，一般位于郊区或城乡边缘带的主要交通枢纽附近。通过提供完善的基础设施和服务设施及各种优惠政策，吸引大型物流（配送）中心在此聚集，形成规模效益，降低物流成本，减轻大型物流（配送）中心在市中心分布所带来的一系列不利影响。

7.4.4 供应链环境下的现代物流中心空间布局规划

现代物流中心的合理有效的空间布局不仅能给物流企业和客户带来更多的直接经济效益，而且还会带来很大的社会效益，甚至会影响产业结构的布局。现代物流中心区位选择不仅同现有运输网络的布局及远期运输网络规划有着密切关系，而且还同城市经济空间形态分布有着密切的关系。下面分析影响物流中心空间布局的几个重要因素。

（1）靠近交通主要干道出入口。道路运输是物流运输的最主要方式，它具有送达速度快、方便、机动性好、门到门服务的优点，适合500千米以下中短途运输，同时还是其他运输方式联系的必要手段。因此，物流中心应该分布在主要交通干道线（高速公路、城市快速道路）附近。

（2）靠近铁路枢纽、航空港及航运港口。铁路运输具有运力大和运费低的优势，尤其适合 500 千米以上的大批量货物运输。航空运输速度最快，对于价值高、运距长、要求快速送达的货物，航空运输具有明显优势。河运及海运的运输成本最低，在大批量货物运输方面优势明显，尤其在国际贸易运输方面，远洋运输方式占据绝对优势。

（3）选择地价较低的区位。物流中心一般占地面积较大。地价的高低对其区位选择有很大影响。较高的地价将大幅度提高物流成本，影响物流中心功能的充分发挥。

（4）选择靠近服务对象较近的区域。较短的运距可以大大降低物流成本中的运输费用，同时物品运输直达性更好。对于经营零售商品的配送中心而言，选择靠近市中心，大规模居住区，能实现供货迅速、低运费的目标。

（5）靠近大规模商品集散地附近。历史上形成的商品集散地能吸引众多客商，同时相应的基础设施配套也较好，在这里建立物流中心可以很快带来投资收益。

7.4.5　供应链环境下的现代物流中心规模

供应链环境下的物流中心建设是以提高物流水平和降低物流成本为宗旨的。现代物流中心规模大小也应以降低物流成本，提高服务水平为前提条件。一般而言，物流成本由客户服务成本、在库管理成本、运输成本、物流中心运营费用、发货处理成本等组成。物流服务水平由订货服务水平、准时交货率、增值服务水平等决定。

规模较大的物流中心才可能产生规模效益，提供更高水平的物流服务。物流中心的服务范围越大和服务对象越多，物流中心的规模也应该越大。确定合适的物流服务范围对于确定物流中心规模起着决定作用。物流中心一般分为地方经济服务和区域经济服务两种，前者主要服务于一个城市或城市局部地区，后者服务的范围较大，是跨城市的，是为一个经济区域服务的。

在一定服务范围内，当物流中心规模较小时，库存成本及物流中心运营费用较高，相应能提供的服务功能反而较少，因而，物流成本会较高，物流服务水平较低。随着物流中心规模的扩大，物流成本会逐渐降低，物流服务水平会逐步提高。但超过一定规模以后，由于运输成本会大幅提高，同时物流供给明显小于物流中心设计能力，会产生物流中心运营设施的闲置，导致物流成本会大幅上升，相应的物流服务水平却没有得到提高。

另外，在同等服务范围内，物流中心规模的大小还和主要经营的产品类型有密切的关系。例如：主要经营大件物品的物流中心用地规模大，可以选择地价较低的区域；而主要经营家电和日用品等流通较快的小件物品的物流中心用地规模较小。

7.5　第三方物流

7.5.1　第三方物流概述

第三方物流国外常称之为契约物流、物流联盟或物流外部化，是 20 世纪 80 年代中期才在欧美发达国家出现的概念，目前国内外公认的划分是把独立于产、销之外的其他物流活动的承担者统称为第三方物流。

第三方物流已越来越成为物流市场的主体，在美国有 57% 的物流量是通过第三方物流业完成的，在社会化配送发展得最好的日本，第三方物流业占整个物流市场更是高达 80%。

所谓第三方物流是指生产经营企业为集中精力搞好主业，把原来属于自己处理的物流活动，以合同方式委托给专业物流服务企业，同时通过信息系统与物流服务企业保持密切联系，以达到对物流全程的管理和控制的一种物流运作与管理方式。因此第三方物流又叫合同制物流。提供第三方物流服务的企业，其前身一般是运输业、仓储业等从事物流活动及相关的行业。从事第三方物流的企业在委托方物流需求的推动下，从简单的存储、运输等单项活动转为提供全面的物流服务，其中包括物流活动的组织、协调和管理、设计建议最优物流方案、物流全程的信息搜集、管理等。

第三方物流系统是一种实现物流供应链集成的有效方法和策略，它通过协调企业之间的物流运输和提供后勤服务，将企业的物流业务外包给专门的物流管理部门来承担。具体第三方物流公司的活动及形态见表7-3、表7-4。

表7-3 物流公司的活动

核心活动	附加增值活动
运输：LTL与L专属运输； 复合运输； 全球配送	分拣货物与包装
仓储	贴标签
存货管理与控制	退货
资讯系统：订单程序； 储运程序	救助与拆卸处理
合并与分配	电话销售
运输管理系统：航商选择与费率协商； 运输单据审查与控制	
顾问询商	

（资料来源：Cooper［1995］.《物流与供应链管理》（二版）2002年，全华科技图书股份有限公司印行）

表7-4 第三方物流公司的形态

形态	特性
运输基础	属大型运输公司的子公司或运输部门； 有些服务乃运用其他公司资产的杠杆，主要强调运用母公司的运输基础延伸运输的活动，提供范围较广的储运组合
仓储/配送基础	已经有存货管理、仓储、配送等的基础，属设施基础营运者； 此类型较运输业者容易转化为整合物流服务者
承运方基础	本质上属于资产型，非常独立，并且从事广泛的储运服务； 已经证明有能力提供全套的储运服务，以满足顾客需求； 出身自大公司的储运部门
货主/管理基础	主要运用物流的专业知识与资讯科技从事第三方物流； 以母公司的物流营运经验为基础，也有能力提供给外部顾客类似服务
财务/资讯基础	提供运费支付、审计、成本会计的服务； 提供物流管理工具、订舱位、货物跟踪与存货管理等服务

（资料来源：Cooper［1995］.《物流与供应链管理》（二版）2002年，全华科技图书股份有限公司印行）

优势：通过外包给第三方物流承包者，企业能够有时间和精力放在自己的核心业务上，提高了供应链管理和运作效率。

特点：第三方物流系统提供一种集成运输模式，它使供应链的小批量库存补给变得更为经济。第三方物流是一种为多数企业提供运输服务的实体，它为多条供应链提供运输服务，把各家供应商的货物依次装在同一辆货车上，实现了小批量交货的经济性。

增值：第三方物流系统不但可以提供运输服务，还可以提供其他服务，如仓储管理、客户订单处理等。

实施好处：

降低成本；

使企业更加集中核心业务的发展；

改善服务质量；

快速进入国际市场；

获得信息咨询；

获得物流经验；

减少风险。

7.5.2 第三方物流系统的组成要素

1. 硬件要素

硬件要素包括运输要素和储存要素。运输要素分为两种：一种是运输基础设施，它们固定在某一个地点或者线路上，比如铁路、公路、机场、港口、车站等；另一种是运行设备，它们是独立的设备，以基础设施为运行条件并与之相配套，比如集装箱装卸搬运车、汽车、火车、轮船、飞机等。储存要素包括基础设施和利用这些基础设施进行储存运作的设备，前者如仓库、货场、站台、堆场等，后者如仓库中的货架、托盘、叉车、分拣机、巷道车等。

2. 软件要素

软件要素指第三方物流系统的支撑要素，包括物流系统的体制、制度、法律、法规，行政命令，标准化系统等。

3. 人员要素

人员要素指运作第三方物流所需要的各类物流技术人才、物流管理人才、物流基层操作人员。

4. 信息技术要素

信息技术要素是指第三方物流企业完成物流整体规划、方案设计、信息搜寻、跟踪、反馈、满足客户个性化需求所需要的各种技术能力。

7.5.3 用系统论指导第三方物流的发展

第三方物流企业在整个供应链当中，充当的是桥梁和纽带的角色。用系统论的思想来分析，第三方物流企业的功能就是接口的功能，它连接着原材料供应商和生产商、配件制造商和集成制造商、制造商和零售商、零售商和用户。而第三方物流系统本身作为一个系统，它又通过对输入进行合理的转换从而满足个性化的输出要求。如何进行合理的转换，怎样才能做好接口的功能，这正是我们从系统论的角度出发研究第三方物流企业的意义之所在。

1. 有效连接接口使得物尽其流

系统论认为系统与环境之间有接口，子系统与子系统之间也有接口。如果把整个供应链看作一个大系统，那么，原材料供应子系统、产品生产子系统、配件制造子系统、集成制造子系统等就是这个大系统中的一个个子系统。而前后相承的两个子系统比如配件制造子系统与配件集成子系统之间存在着接口，第三方物流就是两个接口的连接者。

在一个系统当中，只有子系统之间的接口问题处理好了，整个系统才能通顺流畅。在供应链当中，任何两个子系统之间的接口问题处理不好，都会影响流通的正常进行。比如，原材料供应不上生产就无法正常进行、产品不及时配送销售就会受影响；而子系统之间如何连接又将直接影响到供应链整体的效益。所以，如何有效连接接口就是要做好第三方物流的一个很好的出发点。

2. "以顾客为中心"，根据输出要求，实现输入的合理转换

系统论认为系统的输入经过系统变换后产生的另一种形态的物质、能量与信息称为系统的输出。第三方物流本身作为一个系统，输入是人、财、物和信息；输出则包括效益、服务、对环境的影响以及信息。因此，第三方物流企业应根据顾客个性化的输出要求对输入进行合理转换。

7.6 第四方物流

7.6.1 第四方物流概述

第四方物流是一个供应链的集成商。一般情况下政府为促进地区物流产业发展领头搭建第四方物流平台，提供共享及发布信息服务，是供需双方及第三方物流的领导力量。它不是物流的利益方，而是通过拥有的信息技术、整合能力以及其他资源提供一套完整的供应链解决方案，以此获取一定的利润。它是帮助企业实现降低成本和有效整合资源，并且依靠优秀的第三方物流供应商、技术供应商、管理咨询以及其他增值服务商，为客户提供独特的和广泛的供应链解决方案。

第四方物流的功能有以下几个方面：第四方物流商是物流信息的管理者，它收集并处理供应链上所有的运行数据和成本信息，通过对信息的分析和计算设计出适合客户企业的供应链解决方案。第四方物流商是供应链的集成者和整合者，它利用其系统基础设施和采用公共的信息平台，把制造商和它的供应商以及消费者联系起来，并能够利用其管理能力来集成和整合制造商上游的供应商和下游的顾客。第四方物流商是物流服务的购买者，它能够为制造商提供物流的购买技巧。第四方物流商的专门研究物流和供应链以及成本分析和运行优化的专家队伍，能有效地评估有着最适应提供某一方面物流服务活动的最佳的物流服务提供商。

第四方物流的组织成员一般包括以下几个方面。

（1）委托客户。第四方物流组织一般是在主要委托客户企业与服务供应组织之间通过签订合资协议或长期合作协议而形成的组织机构。参加第四方物流的客户数量可以是一个，也可以是若干个，可以是同行业的，也可以是不同行业的。根据其规模和实力的不同可分为主要客户和一般客户，其中主要客户构成了第四方物流组织生存发展的基础或市场。在第四方物流组织中主要客户扮演了两种角色：一是第四方物流组织的成员，委托客户除了与其他组织共同出资外,通常也把它的整个物流和采购管理,包括物流设备、物流管理人员及经营人员转让给第四方物流组织。作为出资的回报,第四方物流组织负责管理和经营主要客户的整个供应链的管理职能。二是第四方物流组织的客户,它与第四方物流组织保持着长期的、稳定的业务关系。

(2) 第三方物流服务商。第三方物流服务商是为企业提供专业物流服务的机构,是供应链实施的主体。它拥有一定的服务设施、服务专业知识和经验,提供采购、储存、运输和车辆、装卸和物资配送、物料处理等综合多样化服务,也可以是从事物流某一方面业务服务的企业。它是第四方物流在物流实体操作方面的主要承担者。

(3) 管理咨询公司。管理咨询公司是从事物流管理服务的咨询机构,管理咨询公司及类似的组织具有强大的战略管理能力,它没有具体的物流设施,但却拥有高素质的物流管理人才和丰富的管理经验,了解和掌握着物流的信息。它主要从事物流评审、物流规划、物流顾问、系统实施及物流培训等方面的业务,能够帮助企业作出科学的规划和管理,提高收益和竞争力,起到智囊的作用。

(4) 其他增值服务商。其他增值服务商主要是一些IT服务提供者以及专业的营销、包装、加工、配送等服务的服务商。

第四方物流企业必须具备以下条件:
①能够制定供应链策略;
②设计业务流程再造;
③具备技术集成和人力资源管理的能力;
④在集成供应链技术和外包能力方面处于领先地位;
⑤具有较雄厚的专业人才;
⑥能够管理多个不同的供应商并具有良好的管理和组织能力等。

第四方物流运作模式:第四方物流结合自身的特点可以有三种运作模式来进行选择,虽然它们之间略有差别,但是都是要突出第四方物流的特点。

(1) 协同运作模型。该运作模式下,第四方物流只与第三方物流有内部合作关系,即第四方物流服务供应商不直接与企业客户接触,而是通过第三方物流服务供应商将其提出的供应链解决方案、再造的物流运作流程等进行实施。这就意味着,第四方物流与第三方物流共同开发市场,在开发的过程中第四方物流向第三方物流提供技术支持、供应链管理决策、市场准入能力以及项目管理能力等,它们之间的合作关系可以采用合同方式绑定或采用战略联盟方式形成。

(2) 方案集成商模式。该运作模式下,第四方物流作为企业客户与第三方物流的纽带,将企业客户与第三方物流连接起来,这样企业客户就不需要与众多第三方物流服务供应商进行接触,而是直接通过第四方物流服务供应商来实现复杂的物流运作的管理。在这种模式下,第四方物流作为方案集成商除了提出供应链管理的可行性解决方案外,还要对第三方物流资源进行整合,统一规划为企业客户服务。

(3) 行业创新者模式。行业创新者模式与方案集成商模式有相似之处:都是作为第三方物流和客户沟通的桥梁,将物流运作的两个端点连接起来。两者的不同之处在于:行业创新者模式的客户是同一行业的多个企业,而方案集成商模式只针对一个企业客户进行物流管理。这种模式下,第四方物流提供行业整体物流的解决方案,这样可以使第四方物流运作的规模更大限度地得到扩大，使整个行业在物流运作上获得收益。

7.6.2 一整套完善的供应链解决方案

第四方物流有能力提供一整套完善的供应链解决方案，是集成管理咨询和第三方物流服务的集成商。第四方物流和第三方物流不同，不是简单地为企业客户的物流活动提供管理服务，而是通过对企业客户所处供应链的整个系统或行业物流的整个系统进行详细分析后提出具有中观指导意义的解决方案。第四方物流服务供应商本身并不能单独地完成这个方案，而是要通过物流公司、技术公司等多类公司的协助才能将方案得以实施。

第三方物流服务供应商能够为企业客户提供相对于企业的全局最优，却不能提供相对于行业或供应链的全局最优，因此第四方物流服务供应商就需要先对现有资源和物流运作流程进行整合和再造，从而达到解决方案所预期的目标。第四方物流服务供应商的整个管理过程大概涉及四个层次，即再造、变革、实施和执行。

7.6.3 供应链产生影响增加价值

第四方物流是通过对供应链产生影响的能力来增加价值，在向客户提供持续更新和优化的技术方案的同时，满足客户特殊需求。第四方物流服务供应商可以通过物流运作的流程再造，使整个物流系统的流程更合理、效率更高，从而将产生的利益在供应链的各个环节之间进行平衡，使每个环节的企业客户都可以受益。如果第四方物流服务供应商只是提出一个解决方案，但是没有能力来控制这些物流运作环节，那么第四方物流服务供应商所能创造价值的潜力也无法被挖掘出来。因此，第四方物流服务供应商对整个供应链所具有的影响能力直接决定了其经营的好坏，也就是说第四方物流除了具有强有力的人才、资金和技术以外，还应该具有与一系列服务供应商建立合作关系的能力。

7.6.4 与第三方物流的异同

第四方物流与第三方物流相比，其服务的内容更多，覆盖的地区更广，对从事货运物流服务的公司要求更高，要求它们必须开拓新的服务领域，提供更多的增值服务，见表7-5。

表7-5　4PL与3PL的比较

项目	4PL	3PL
组织	由委托者与合作伙伴之间合资或长期合约所形成的一个的独立个体	专业的物流服务提供者
定位	介于委托者与多种物流服务提供者之间，为供应链整合者	缺乏供应链中跨功能整合的营运能力
服务	所有供应链层面的作业	主要提供运输与仓储服务
特色	促成供应链中高度的知识管理责任感，创造更高附加价值	运用科技整合分析管理，简化不必要的流程，减少成本

（资料来源：刘彩沛，等．《物流与供应链管理》（二版）2002年，全华科技图书股份有限公司印行）

第四方物流最大的优越性，是它能保证产品得以"更快、更好、更廉"地送到需求者手中。当今经济形式下，货主/托运人越来越追求供应链的全球一体化以适应跨国经营的需要,跨国公司由于要集中精力于其核心业务因而必须更多地依赖于物流外包。基于此理,不只是在操作层面上进行外协,而且在战略层面上也需要借助外界的力量,昼夜期间都能得到"更快、更好、更廉"的物流服务。

第三方物流独自提供服务,要么通过与自己有密切关系的转包商来为客户提供服务,它不大可能提供技术、仓储和运输服务的最佳整合。因此,第四方物流成了第三方物流的"协助提高者",也是货主的"物流方案集成商"。

第三方物流供应商为客户提供所有的或一部分供应链物流服务,以获取一定的利润。第三方物流公司提供的服务范围很广:它可以简单到只是帮助客户安排一批货物的运输,也可以复杂到设计、实施和运作一个公司的整个分销和物流系统。第三方物流有时也被称为"承包物流""第三方供应链管理"和其他的一些称谓。

第三方物流公司和典型的运输或其他供应链服务公司的关键区别在于:第三方物流的最大的附加值是基于自身特有的信息和知识,而不是靠提供最低价格的一般性的无差异的服务。第三方物流的主要利润来自"效率的提高"及"货物流动时间的减少"。

然而,在实际的运作中,由于大多数第三方物流公司缺乏对整个供应链进行运作的战略性专长和真正整合供应链流程的相关技术,于是第四方物流正日益成为一种帮助企业实现持续运作成本降低和区别于传统的外包业务的真正的资产转移。第四方物流依靠业内最优秀的第三方物流供应商、技术供应商、管理咨询顾问和其他增值服务商,为客户提供独特的和广泛的供应链解决方案,这是任何一家公司所不能单独提供的。

7.7 学习目标小结

1. 描述物流中心概念、类型

供应链环境下的物流中心的概念有广义和狭义之分。

广义的物流中心包括港湾、货运站、运输仓储业者、公共流通商品集散中心、企业自身拥有的物流设施等。而狭义的物流中心则排除了铁路货运站、港湾设施、机场设施和道路等社会性物流基础设施部分,专指为有效地保证商品流通而建立的物流综合管理、控制、调配的机构和设施。

狭义的物流中心更能反映现代物流中心的本质,这样有利于从产业和企业层面来分析物流中心在现代物流系统中的作用及对现代物流行为的影响。

《中华人民共和国物流术语标准》中对物流中心有这样的定义:接受并处理下游用户订货信息,对上游供应的大批量货物进行集中储存、加工等作业,并向下游进行批量转运的机构和设施。

2. 明确第三方物流、第四方物流的概念、效用

所谓第三方物流是指生产经营企业为集中精力搞好主业,把原来属于自己处理的物流活动,以合同方式委托给专业物流服务企业,同时通过信息系统与物流服务企业保持密切联系,以达到对物流全程的管理和控制的一种物流运作与管理方式。因此第三方物流又叫合同制物流。

提供第三方物流服务的企业,其前身一般是运输业、仓储业等从事物流活动及相关的行业。

从事第三方物流的企业在委托方物流需求的推动下，从简单的存储、运输等单项活动转为提供全面的物流服务，其中包括物流活动的组织、协调和管理、设计建议最优物流方案、物流全程的信息搜集、管理等。

第三方物流系统是一种实现物流供应链集成的有效方法和策略。

第四方物流是一个供应链的集成商，一般情况下政府为促进地区物流产业发展领头搭建第四方物流平台，提供共享及发布信息服务，是供需双方及第三方物流的领导力量。

它不是物流的利益方，而是通过拥有的信息技术、整合能力以及其他资源提供一套完整的供应链解决方案，以此获取一定的利润。

3. 掌握第三方物流与第四方物流的区别
4. 理解传统运输业务、传统仓储业务与第三方物流服务的异同
5. 掌握物流组织的几种模式

讨论题：
（1）什么是物流中心？分类有哪些？
（2）什么是第三方物流？什么是第四方物流？二者的异同点是什么？
（3）企业物流外包的原因是什么？
（4）传统运输业务、仓储业务与第三方物流活动有何区别？
（5）阐述第四方物流的发展趋势。

案例分析

案例1 微软和西门子宣布建立战略联盟

2005年1月12日，微软和西门子通讯公司宣布建立战略联盟，加强两家的合作和通信产品的整合。两家公司将围绕核心的合作产品共同开展市场销售活动：微软的 Office Live Meeting、Istanbul IM 客户端以及 Office LCS（Live Communications Server）2005 和西门子的 HiPath OpenScape 产品将实现紧密整合。

此外，据两家公司透露，微软和西门子还将联合销售和推广西门子 HiPath OpenScape TCL（Telephony Control Link）产品的市场，该产品将于2005年上半年正式推出。TCL 将和微软的 LCS 2005 和 Istanbul 实现整合，使用户能看到手机通话状态。

TCL，是一种介于 LCS 和 PBX 的独立的服务器，在 Istanbul IM 客户端提供点击呼叫功能，使 IM 用户接收到来电呼叫提示。据西门子公司商务开发主管亚当·摩西称，TCL 将和西门子的 PBX 系统共同工作，同时也将接受来自竞争对手阿尔卡特、北电网络、思科以及 Avaya 提供的 PBX 系统。诸如联合销售整合、针对客户的通信系统等都是微软和西门子公司试图联合电话和桌面世界的计划。摩西称："我们相信，增强的通信将有助于推动未来通信的发展。"

微软的 Real Time Collaboration 部门的高级产品主管马克·桑德斯称，存在知晓功能扩大到桌面电话将会使企业用户受益，"用 Istanbul 通过连接 PBX 桌面电话，用户除了收到在线和离线信息外，还可以得到电话信息。"据 Osterman Research 研究机构的米切尔·奥特曼指出，存在知晓技术起源于 IM，但是却发展成为电话的一根直线，"用户看到的是电话的逻辑整合和存在功能扩展，我们会在未来六个月内听到更多的消息。"

（资料来源：网易科技报道 http://tech.163.com）

思考题：
（1）西门子和微软在这次战略联盟构建时是采用的哪种战略联盟的形式？
（2）在建设这种联盟方式时有哪些注意因素？

案例 2　安得物流总公司与各地分公司组织架构

安得物流有限公司创建于 2000 年 1 月，系国内最早开展现代物流集成化管理、以现代物流理念运作的第三方物流企业之一。其隶属于美的集团，同时也对外提供物流服务。六年的快速发展，安得以专业化、规模化的第三方物流公司形象跻身行业前列。公司现有员工 1 000 余人、配套队伍 3 000 余人，仓储面积逾 64 万平方米，长期可调用车辆上万辆，动力叉车等设备 500 多辆，并拥有国内首家由具有实际业务与运作实力的第三方物流公司而孵化的第四方物流公司。2006 年 5 月，新加坡吉宝公司入股安得物流，资金及人才的注入，更好地满足了安得业务的发展需要。

安得的组织结构发展到今天这种架构也是随着业务的需求调整过多次的。公司成立之初，组织架构为"七部一室"。随着公司业务的发展及人力资源队伍的不断壮大，同年五月调整为"三部一室"（经营部、仓储部、财务部、总经办），同年 8 月又调整为"两部一项目组"（财务部、经营管理部、IT 项目组）。2001 年，公司组织架构调整为——四部六区域（财务部、管理部、IT 部、业务运营部，华南、华东、华中、西北、西南、东北区域）。从 2000 年年底接管美的原家庭电器事业部、原美的空调事业部的仓储业务，安得开始组建全国各地的网点，尝试区域化的管理，但此时的区域管理未能是真正意义上的区域化管理。2002 年，公司领导意识到开拓外部业务市场，对安得现有业务是必要补充也是公司未来赢利的目标，于是组建营销部，设立专门的市场营销员。同时撤销区域，并根据公司业务风险规避需要，成立巡查组，即四部一组架构（管理部、营销部、营运部、财务部、巡查组）。2003 年始，公司组织架构再次调整，总部营销职能下放在区域分公司，标志安得对外运作提升到另外的一个高度，分公司实行营销、营运一体化运作。2004 年，公司在业务稳步发展的同时，加强管理力度，并做了适时的投资。7 月，公司撤销区域平台，组建市场部，对全国市场进行统一开发、管理。到 2006 年，现有的组织架构正式形成。

唯一不变的就是变，为了让公司的发展与外部变化的环境相吻合，为了实现公司不断提升的战略目标，安得也在不断地对自己的运作流程、管理方法、信息系统等做出改变。

（参考资料：第一届全国大学生物流设计大赛比赛案例）

思考题：
（1）评价安得物流的结构渐变战略的意义。
（2）为什么传统的功能管理阻碍了现代企业的发展？传统组织结构的缺点主要是哪些？

第八章

供应链的协调

学习目标

阅读完本章节后，你将能够：
※ 理解供应链协调、"牛鞭效应"及其对运营业绩的影响
※ 掌握"牛鞭效应"产生的原因及供应链协调的障碍因素
※ 阐述构建合作伙伴关系的意义和如何构建

章前导读

信息技术在 UPS 快递供应链管理中的重要作用

UPS 快递供应链管理概念的产生和发展与信息技术的应用密不可分。也就是说没有当今高速发展的信息技术，供应链管理根本就不可能实现。我们可以从以下几个方面得出这一结论。

第一，供应链管理运作的所有方面，地理上分散的流程集团的网络化、渠道策略和运作的集成、供应链中的存货管理、运输计划与自动补货等，没有信息技术的支撑是根本不可能的。

第二，供应链管理组织的建立离不开信息技术的支持。传统的组织已经不能适应现代供应链管理的要求，必须建立以流程为基础的供应链组织，才能实现有限的供应链管理，而以流程为基础的组织的建立，不论是虚拟公司、动态协作还是知识联网，都需要信息技术的支持。

第三，供应链管理强调将公司内外的竞争力和资源进行集成，而集成的实现离不开网络化的支持。集成和网络化互为补充。集成强调对人和资源进行调整和再调整。集成过程使我们在不断变化的关系模式中，彼此之间，与顾客之间，与供应商之间进行协同。

第四，供应链管理强调信息共享。在过去，业务环境中的信息受到信息处理速度的限制，数据采集、处理、存储和传递速度十分缓慢，也不可能建立起一个共享的数据库。

第五，几乎所有的供应链管理方法都充分利用信息技术。在某种意义上，供应链管理的

实践先于理论的产生。

最后，实施供应链管理的顶尖级公司都十分重视信息技术的应用，并取得了显著的成功。

(资料来源：http：//www.0755ups.com.cn/kuaidi/281.html)

8.1 供应链失调和"牛鞭效应"

供应链管理的关键就在于供应链各节点企业之间的连接和合作，以及相互之间在设计、生产、竞争策略等方面良好的协调。如果供应链的所有节点企业都采取能促使总利润提升的行为，则供应链的协调性就会得到改善。供应链协调要求供应链的每个节点企业都考虑自身行为对其他节点企业的影响。

供应链失调有两种可能性：一种是由于供应链不同节点企业的目标发生冲突。另一种引起供应链失调的原因则是由于信息在不同节点企业之间传递的过程中发生扭曲。如果供应链的每个节点企业都归属不同的所有者，每个节点企业又都努力追求自身利益的最大化，则不同节点企业的目标可能发生冲突，就会导致供应链整体利益受损。目前，供应链各节点企业通常归属于数百个不同的所有者。例如，福特汽车公司拥有数千个供应商，从古德伊尔到摩托罗拉，这些供应商又各自拥有自己的一批供应商。由于完整信息在节点企业之间无法共享，所以当信息在供应链内流动时，就会发生扭曲，而这种扭曲由于供应链产品的多样性而夸大。譬如，福特公司每种车都有许多选择方案，从而制造了多种不同的车型，车型的日益多样化使得福特公司难以协调与数以千计的供应商和销售商之间的信息交换。当前面临的根本性挑战就是，在所有权分散化和产品日益多样化的前提下，如何实现供应链的协调。

现在许多公司都已经注意到了"牛鞭效应"，即在供应链内，由零售商到批发商、制造商、供应商，订购量的波动幅度递增（图8-1）。"牛鞭效应"扭曲了供应链内的需求信息，不同阶段对需求状况有着截然不同的估计，其结果导致供应链失调。

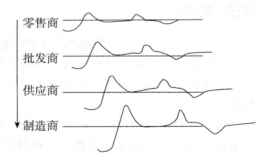

图 8-1 牛鞭效应

宝洁公司已经注意到婴儿尿布供应链内的"牛鞭效应"。公司发现随着时间的推移，发给供应商的原材料订单波动幅度很大，但一到供应链的下游——零售商销售这个阶段，这种波动幅度尽管存在，但已经很小。由此推测，到达尿布消费者这一供应链的最终阶段，需求量几乎没有波动。尽管最终产品的消费是稳定的，但原材料订单规模高度变动，使得成本增加，难以在供应链内实现供需平衡。

从长期来看，几个行业都出现一种类似现象，即"繁荣和萧条"周期。我们以美国电脑芯片的生产为例进行分析。1985—1998年，至少有两个阶段的芯片价格的波动超过了3倍，这种剧烈的价格波动是由生产能力的大量短缺或过剩引起的。而这种短缺是由于抢购和超额订购产生的，随之而来的是需求的突然下滑。

我们来看一个实例，某零售商销售某产品的历史最高月记录为100件，为应付即将到来的重大节日的销售不断货，它会在此基础上增加 X 件，订货量为 $(1+X\%)\times 100$ 件；它的上一级批发商×同样也会在其订货基础上增加 Y 件，因此，向生产商订货的数量就变成了 $(1+X\%+Y\%)$ 100 件；生产商为了保证供货，必须要按大于该订货的数量进行生产，这样一层层地增加，就导致"牛鞭效应"。

所谓"牛鞭效应"是供应链上的一种现象。这种现象广泛存在于制造业的供应链结构中。当供应链中各节点企业只根据来自其相邻的下级需求信息进行生产或供应决策时，需求信息的不真实性会沿着供应链逆流而上，产生逐级放大的现象，而各节点企业分别从自身角度进行预测，并通过增加库存来应付需求的不确定性。在这种需求放大效应的影响下，上游供应商往往维持比下游供应商更高的库存水平，这样"牛鞭效应"就产生了。由于这与我们在挥动鞭子时手轻微用力，鞭梢就会出现大幅摆动的现象类似，故形象描述为"牛鞭效应"，即需求放大效应。有人也把这种现象称为"蝴蝶效应"。

在一条供应链中，消费市场需求的一点点变化都会被一级级放大到制造商、首级供应商、次级供应商那里。例如计算机市场需求预测轻微增长 2%，放大到戴尔（制造商）时可能成了 5%，传递到英特尔（首级供应商）时则可能是 10%，而到了替英特尔生产制造处理器的设备商（次级供应商）时则可能变为 20%。

简单来说，当经营者接到消费者发出的订单后，会根据本期从下游经销商收到的订单发出货物，并以此为依据参考销售记录预测未来需求的变化，结合本期期末库存量向上游供应商发出订单。订单的传递和货物的运送都需要两个经营周期，那么每个经营者从发出订单到得到该计单的订货需要四个经营周期。当消费者需求出现变化，零售商、批发商、分销商的订单及库存量自发出现波动，并且越是处于供应链的后端，需求变化幅度越是会正数级放大。

牛鞭效应是需求信息扭曲的结果。在供应链中，每一个供应链节点企业的信息都有信息的扭曲，并且这种扭曲程度沿着供应链向上游逐级放大，使订货量的波动程度沿供应链不断扩大。这种现象将会给企业带来严重后果，最终使每一个供应链成员蒙受损失。

为何产生"牛鞭效应"？

供应链结构是产生"牛鞭效应"的根源。简单地说，供应链中的成员个数越多，信息被加工的次数越多，被扭曲的现象也越严重。

首先，需求预测修正，是引发"牛鞭效应"的直接原因。零售商按顾客需求预测订货，通常采用指数平滑法来预测平均需求及其方差，然而，观察的数据越多，对预测值的修正也就越多，于是就增大了需求的变动性。同样，分销商按零售商的订货数量来预测需求，连续对未来需求进行修正，最后到达上游供应商手中的订货数量已是经过多次修正的库存补给量，变动更大了，这样不可避免导致了"牛鞭效应"的产生。

其次，批量订购、价格波动加速"牛鞭效应"。在供应链中，每个企业出于成本和安全库存考虑，通常都会进行批量订购，所以，从终端销售到经销商，再到制造商、供应商，订货量要比实际销售量大得多，并且供应链中各环节的交货期越长，波动会越剧烈，从而导致"牛鞭效应"的出现。

再次，人为增大需求。基于批量的价格折扣和一些促销手段造成的价格波动，往往会促使零售商在低价时购买大量商品，产生预先购买行为，使得采购量大于实际需要量。人为增大需求的变动性，也会加剧"牛鞭效应"。

最后，短缺博弈行为。当产品供不应求时，制造商往往进行配额限量供应，此时，销售商为了获得更大份额的配给量，故意夸大其订货需求，当需求降温时，订货又突然消失，这种由于短缺博弈导致的需求信息的扭曲最终引发"牛鞭效应"。

除了批量订单产生"牛鞭效应"外，供货提前期、环境变化、库存失衡也对"牛鞭效应"有贡献。由于各级需求变化的不断放大，导致了安全库存沿供应链向上游增大而累积了大量超过市场需求的库存。控制"牛鞭效应"对大幅度减少库存（安全库存）有着决定性的影响。

解决"牛鞭效应"有三种主要途径：

第一种方法是不用上一级的订单来估计需求变化，而是利用信息技术将市场需求信息提供给供应链的各级，使各级能根据市场需求确定订单的大小和安全库存。

第二种方法是削减供应链的级数，使得"牛鞭"很短，以至"牛鞭效应"不明显。

第三种方法是采用卖方管理的库存，从根本上消除"牛鞭效应"。

8.2 "牛鞭效应"对经营业绩的影响

在供应链失调的可能性中提到过，供应链内发生的信息扭曲会导致供应链失调。由于"牛鞭效应"的存在，公司接到的分销商的订单变动性比零售商处顾客对货物需求的变动性要大得多。下面我们讨论"牛鞭效应"的影响方面：

（1）增加了生产成本。由于这种效应，公司及其供应商尽力满足较顾客需求更具有变动性的订单流。为了应付这种增大的变动性，公司要么扩大生产能力，要么增加库存量。但这两种做法都会加大单位产品的生产成本。

（2）增加了库存成本。为了应付增大了的需求变动性，公司不得不保有比"牛鞭效应"不存在时还要高的库存水平。同时，高水平的库存还增加了必备的仓储空间，从而导致了库存成本的增加。

（3）延长了供应链的补给供货期。由于"牛鞭效应"增加了需求的变动性，与一般需求相比，公司及其供应商的生产计划更加难以安排，往往会出现当前生产能力和库存不能满足订单需求的情况，从而导致供应链内公司及其供应商的补给供货期延长。

（4）提高了供应链的运输成本。公司及其供应商在不同时期的运输需求与订单的完成密切相关。由于"牛鞭效应"的存在，运输需求将会随着时间的变化而剧烈波动。

（5）提高了供应链和送货与进货相关的劳动力成本。公司及其供应商送货的劳动力需求将随着订单的波动而波动，分销商和零售商进货的劳动力需求也存在类似的波动，为了应付这种订单的波动，供应链的不同阶段有不同的选择，或者保有剩余劳动力，或者变动劳动力，但是无论是哪种选择，都会增加劳动力总成本。

（6）降低了供应链内产品的供给水平，导致更多的货源不足现象发生。订单的大幅波动使得公司无法及时向所有的分销商和零售商供货，从而导致零售商出现货源不足的频率加大，供应链销售额减少。

（7）给供应链每个节点企业的运营都带来负面影响，从而损害了供应链不同节点企业之间的关系，供应链内的每个节点企业都认为自己做得尽善尽美，而将这一责任归咎于其他节点企业。于是，"牛鞭效应"就导致供应链不同节点企业之间互不信任，从而使潜在的协调努力变得更加困难。

综上所述，可以得出如下结论："牛鞭效应"及其引发的失调对供应链的运营业绩有较大的负面影响。"牛鞭效应"增加了成本，降低了反应能力，从而导致供应链利润下滑。"牛鞭效应"对不同业绩指标的影响见表 8-1。

表 8-1 "牛鞭效应"对不同业绩指标的影响

业绩衡量指标	"牛鞭效应"的影响
生产成本	增加
库存成本	增加
补货供货期	增加
运输成本	增加
送货进货成本	增加
产品供给水平	降低
赢利能力	降低

8.3 供应链协调中的障碍因素和解决方法

任何导致供应链内不同节点企业只注重自身利益的最优化或者信息扭曲和变动性增加的因素，都是实现供应链协调的障碍因素。这些主要的障碍因素分为：

8.3.1 激励障碍

所谓激励障碍，就是指给予供应链内不同节点企业或参与者的激励会导致总体利润下滑的趋势。只注重局部影响的激励措施，会导致不能使供应链总利润最大化的一些决策出台。例如，如果运输部门经理的薪酬只与单位货物的平均运输成本挂钩，那么他很可能采取降低运输成本的措施，但这样做会增加库存成本，或者降低客户服务水平。因此，正是供应链中的那些互不匹配的目标，构成了供应链协调的一大障碍。

8.3.2 信息传递障碍

所谓信息传递障碍，是指需求信息在供应链不同节点企业之间的传递过程中发生扭曲，从而导致供应链内订购量的变动性增加。随着订单沿供应链上溯至制造商和供应商，按照接收到的订单进行预测，会使顾客需求的变动性扩大。而且供应链内各节点企业无法共享信息，这也加大了"牛鞭效应"。

8.3.3 运营障碍

所谓运营障碍，就是指在发出订单和完成订单的过程中所采取的导致变动性增加的各种行动。当公司大批量订购的产品大大超出了需求扩张量时，订单的变动性就会在供应链内放大。由于与订单的发出、接受及订购货物的运输相关的固定成本很高，或者由于供应商提供的批量折扣的优惠很大，公司可能大批量订购产品。大批量订购导致订单流的变动比需求流更加不规律。如果供应链内节点企业之间的补给供货期延长,则"牛鞭效应"会进一步放大。

8.3.4 定价障碍

所谓定价障碍,就是指某一产品的定价策略会导致订单规模变动性增加的情况。批量折扣策略扩大了供应链内订单的批量规模,这种人为的大批量订单放大了供应链内的"牛鞭效应"。

8.3.5 行为障碍

所谓行为障碍,就是指引发"牛鞭效应"的组织内认知问题。这些问题往往与供应链构成方式及不同节点企业之间的沟通方式有关。其中的一些行为障碍是:供应链的每个节点企业只是局部看待自身行为,而未考虑到其行为对其他节点企业所造成的影响;供应链的不同节点企业只对眼前局部形势做出反应,而未能追根溯源。还有就是由于缺乏信任,不同节点企业之间不能共享或者忽视可以得到的信息等。

8.3.6 供应链协调中的解决方法

作为管理者,采取什么样的措施才能有助于扫除供应链内的障碍,实现协调。下列管理措施将有助于缓解"牛鞭效应",提高供应链总利润:

(1) 使激励措施和目标保持一致。管理者可以通过使激励机制和目标保持一致,来实现供应链的协调,使供应链内的每个参与者的行为都以供应链总利润最大化为目标。公司内部要实现决策协调,必须确保每个部门用以评估决策的目标与公司总体目标相吻合。

(2) 提高信息的准确度。管理者可以通过提高供应链内不同节点企业之间可获得信息的准确度,来实现供应链的协调。供应链各节点企业之间共享销售数据,会有助于降低"牛鞭效应"。一旦销售量数据得以共享,如果要实现完全的协调,则供应链的不同节点企业必须联合进行预测和规划。

(3) 提高运营业绩。管理者可以通过提高运营业绩,设计合适的产品配给方案,以防出现商品短缺,来缓解"牛鞭效应"。通过缩短补给供货期,能够减少供货期间需求的不确定性。同时通过减少批量规模来缓解"牛鞭效应"。

(4) 设计定价策略以稳定订单规模。管理者可以通过设计定价策略,鼓励零售商小批量订购,减少超前购买,来缓解"牛鞭效应"。在以总量为基础的数量折扣策略下,可消除零售商扩大批量规模的动机,因为这种折扣方式考虑的是某一特定时期的购买总量,而不是某一笔交易的购买量。以总量为基础的数量折扣导致小批量订购,从而降低了供应链订单的变动性。

(5) 构建合作伙伴关系和信任机制。一旦在供应链内建立了战略伙伴关系与信任机制,管理者便更容易采取上述杠杆来缓解"牛鞭效应",实现供应链协调。各节点企业之间相互信任,共享准确信息,有助于降低成本,在供应链内实现供需平衡。良好的合作关系往往能降低供应链节点企业之间的交易成本。交易成本的降低及准确信息的共享,有助于缓解"牛鞭效应"。

8.4　供应链合作伙伴与战略联盟

8.4.1　供应链合作伙伴关系建立的必要性分析

日本在 20 世纪 80 年代时，超过美国跃居成为世界上最大的汽车制造商，并跻身于世界制造业的领先地位，其中企业文化所提倡的团队精神做出了突出贡献。日本的团队精神使企业能够着眼于长远利益，在供应商、制造商、分销商等之间建立长期战略性的合作伙伴关系。供应链上的各个企业信息共享、合理分工、通力合作、紧密配合，形成了高效运转的供应链系统。

供应链合作伙伴关系（Supply Chain Partnership，SCP）一般是指：在供应链内部两个或两个以上独立的成员之间形成的一种协调关系，以保证实现某个特定的目标或效益。建立供应链合作伙伴关系的目的，在于通过提高信息共享水平，减少整个供应链产品的库存总量、降低成本和提高整个供应链的运作绩效。随着市场需求不确定性的增强，合作各方要尽可能削弱需求不确定性的影响和风险。供应链合作伙伴关系绝不应该仅考虑企业之间的交易价格本身，还有很多方面值得双方关注，如制造商总是期望它的供应商完善服务、搞好技术创新、实现产品的优化设计等。供应链合作伙伴关系的潜在效益，往往在 SCP 建立后三年左右甚至于更长的时间，才能转化成实际利润或效益。企业只有着眼于供应链管理的整体竞争优势的提高和长期的市场战略并能忍耐一定时间，才能从供应链的合作伙伴关系中获得更大效益。

建立供应链合作伙伴关系的动力：
（1）核心竞争力；
（2）不断变化的顾客期望；
（3）外包战略。

在过去的十多年里，企业面临的竞争环境发生了巨大的变化。许多企业（特别是汽车行业企业）都应用 JIT 方法进行管理，这样一种方法要求企业加快对用户变化需求的反应速度，同时加强与合作伙伴的合作。全球竞争中先进制造技术的发展要求企业将自身业务与合作伙伴业务集成在一起，缩短相互之间的距离，站在整个供应链的观点考虑增值，所以许多成功的企业都将与合作伙伴的附属关系转向建立联盟或战略合作关系。

建立战略合作伙伴关系是供应链战略管理的重点，也是集成化供应链管理的核心。供应链管理的关键就在于供应链各节点企业之间的连接和合作，以及相互之间在设计、生产、竞争策略等方面良好的协调。

实施供应链合作关系就意味着新产品/技术的共同开发、数据和信息的交换、市场机会共享和风险共担。在供应链合作关系环境下，制造商选择供应商不再是只考虑价格，而是更注重选择能在优质服务、技术革新、产品设计等方面进行良好合作的供应商。供应商为制造企业的生产和经营供应各种生产要素（原材料、能源、机器设备、零部件、工具、技术和劳动服务等）。供应者所提供要素的数量、价格，直接影响到制造企业生产的好坏、成本的高低和产品质量的优劣。

通过建立供应商与制造商之间的战略合作关系，可以达到以下目标：

（1）对于制造商/买主：
①降低成本（降低合同成本）；
②实现数量折扣、稳定而有竞争力的价格；
③提高产品质量和降低库存水平；
④改善时间管理；
⑤交货提前期的缩短和可靠性的提高；
⑥提高面向工艺的企业规划；
⑦更好的产品设计和对产品变化更快的反应速度；
⑧强化数据信息的获取和管理控制。
（2）对于供应商/卖主：
①保证有稳定的市场需求；
②对用户需求更好地了解/理解；
③提高运作质量；
④提高零部件生产质量；
⑤降低生产成本；
⑥提高对买主交货期改变的反应速度和柔性；
⑦获得更高的（比非战略合作关系的供应商）利润。
（3）对于双方：
①改善相互之间的交流；
②实现共同的期望和目标；
③共担风险和共享利益；
④共同参与产品和工艺开发，实现相互之间的工艺集成、技术和物流集成；
⑤减少外在因素的影响及其造成的风险；
⑥降低投机思想和投机概率；
⑦增强矛盾冲突解决能力；
⑧订单、生产、运输上实现规模效益以降低成本；
⑨减少管理成本；
⑩提高资产利用率。

8.4.2 影响供应链合作伙伴关系建立的因素

建立供应链合作伙伴关系的制约因素主要表现如下：

1. 高层态度

良好的供应链关系首先必须得到最高管理层的支持和协商。只有最高层负责人赞同合作伙伴，企业之间才能保持良好的沟通，建立相互信任的关系。

2. 企业战略和文化

解决企业结构和文化中社会、文化和态度之间的障碍，并适当地改变企业的结构和文化。在合作伙伴之间建立统一的运作模式或体制，解决业务流程和结构上存在的障碍。

3. 合作伙伴能力和兼容性

总成本和利润的分配、文化兼容性、财务稳定性、合作伙伴的能力和定位、自然地理位置分布、管理的兼容性等。

4. 信任

在供应链战略合作关系建立的实质阶段，需要进行期望和需求分析，相互之间需要紧密合作，加强信息共享，相互进行技术交流和提供设计支持。在实施阶段，相互之间的信任最为重要。

8.4.3 供应链合作伙伴的选择

目前国内外已有的伙伴选择方法主要集中在供应商的评选上，较常用的定性、定量方法有：

（1）直观判断法。直观判断法属于定性选择方法，这种方法主要是倾听和采纳有经验的采购人员意见，或者直接由采购人员凭经验作出判断。

（2）招标法。它是由企业提出招标条件，各招标供应商进行竞标，然后由企业决标，与提出最有利条件的供应商签订合同或协议。

（3）线性权重法。其基本原理是给每个准则分配一个权重，每个供应商的定量选择结果为该供应商各项准则的得分与相应准则权重的乘积的和。通过对各候选供应商定量选择结果的比较，实现对供应商的选择。

（4）采购成本比较法。对质量和交货期都能满足要求的供应商，则需要通过计算采购成本来进行比较分析。采购成本比较法是通过计算各个不同供应商的采购成本，包括售价、采购费用、运输费用等各项支出的总和以选择采购成本较低的供应商的一种方法。

（5）ABC 成本法。Rood Hooft 和 Jozef Konings 在 1996 年提出基于活动的 ABC（Activity Based Costing Approach）成本分析法，通过计算供应商的总成本来进行选择供应商。

他们提出一套供应商选择的总成本模型，用于分析企业因采购活动而产生的直接和间接的成本的大小，帮助企业选择成本最小的合作伙伴。

（6）层次分析法。该方法是 20 世纪 70 年代由著名运筹学家赛惕提出的，韦伯等将层次分析法用于合作伙伴的选择。它的基本原理是根据具有递阶结构的目标、子目标（准则）、约束条件、部门等来评价方案，采用两两比较的方法确定判断矩阵，然后把判断矩阵的最大特征向量的分量作为相应的系数，最后综合给出各方案的权重（优先程度）。由于该方法让评价者对照相对重要性函数表，给出因素两两比较的重要等级，因而可靠性高、误差小，不足之处是遇到因素众多、规模较大的问题时，该方法难于进一步对其分组。它作为一种定性和定量相结合的工具，目前已在许多领域得到了广泛的应用。

（7）人工神经网络法。人工神经网络（Artificial Neural Network，ANN）可以模拟人脑的某些智能行为，具有自学习、自适应和非线性动态处理等特征。通过对给定样本模式的学习，获取评价专家的知识、经验、主观判断及对目标重要性的倾向，当需对供应商作出综合评价时，输入需评价的指标值即可获得评价结果。

（8）数据包络法。EDA 是以相对效率概念为基础的效率评价方法，它是在输入和输出的观察数据的基础上采用变化权来对决策单元进行评价，满足条件的最大变化权即为优解，同时，对应的供应商为有效供应商。

衡量合作伙伴关系包括很多方面，如合作对象、合作的具体内容、合作的驱动力、合作的形式等。单从某个角度来建立合作伙伴关系的标准是不全面的，应综合考虑各个方面，这就使得标准的建立具有一定的难度。最佳的企业组织之间的关系，就像最佳的婚姻关系一样，是趋于满足一定标准的战略合作伙伴关系，这些标准可用八个"I"来概括。

（1）个体的优秀（Individual Excellence）。个体的优秀是指合伙人双方都是有实力的，并且都有一些有价值的东西贡献给这种关系，它们卷入这种关系的动机是积极地追寻未来的机会，而不是消极地掩盖弱点或逃避困境。

（2）重要性（Importance）。合作关系的重要性已成为每个合伙人的主要战略目标，合作双方有着长期的共同利益，这种关系扮演着关键的角色。

（3）相互依赖（Interdependence）。相互依赖说明了合作双方彼此需要，他们拥有互补的资产和技术，任何一方都无法单独完成双方一起才能完成的事情。

（4）投资（Investment）。投资意味着合作双方彼此投资（如通过等值交换、交叉物权等）以显示其在关系中和彼此之间相应的许诺，通过把金融和其他资源投入这种合作关系可显示出长期的承诺。

（5）信息（Information）。信息是指交流是合理公开的，合作双方分享合作带来的信息，这包括技术数据、冲突来源、变化的情况等。

（6）一体化（Integration）。一体化认为合作双方开展了作业联结和分享利益的方法，以便它们能顺利地一起工作，他们在许多组织层次的许多人之间建立了广泛联系，合作双方既成为老师，又成为学习者。

（7）制度化（Institutionalization）。制度化指出了合作伙伴关系已形成制度化，具有明确的责任和精确的过程，它超越了形成这种关系的特定的人，不能凭一时的冲突而遭到破坏。

（8）完整性（Integrity）。完整性意味着合作双方彼此互相尊敬、信任，不滥用所得到的信息，彼此之间也不搞破坏，好似一个完整的企业。

8.4.4 供应链合作伙伴的未来发展趋势

Internet 和电子商务将使供应商与客户的关系发生重大的改变，其关系将不再仅仅局限于产品的销售，更多的将是以服务的方式满足客户的需求来替代将产品卖给客户。越来越多的客户不仅以购买产品的方式来实现其需求，而是更看重未来应用的规划与实施、系统的运行维护等，本质来说它们需要的是某种效用或能力，而不是产品本身，这将极大地改变供应商与客户的关系。

战略联盟的形成使得全球供应链系统合作关系发展更加完善：

（1）Internet 把合作关系推到一个新的水平。在新型的 B2B 商业时代，新一代提供商已经能在爆炸性的数据扩张条件下管理交易进行的情况，成千上万的商家为提供贸易的宿主权而进行激烈的竞争，这个竞争推动了信息化的进程。还有一些公司在客户端配备复杂的软件来完成企业内部和外部之间处理过程的革命化变革。

（2）外包成了一个成熟的概念。产品提供商已经不再是顾客首先想到的解决问题求助者，经常是由于供应商满足不了顾客的实际需要导致客户关系的失败。这些失败对于所有参与其中的人员都是一个教训，它使得供应商不要承诺其提供不了的服务，客户也要采取更多实际一些的期望。

（3）真正的合作关系在逐渐地形成。在很多的情况下，公司愿意将一小部分供应链系统外包出去，作为对供应商能力的一个测验。而公司以后会继续把其他更多的部分交出去，让更加专业的公司去做，同时双方保持一种良好的交流合作关系，公司不会停止对全部处理过程的控制权利。

（4）没有保障的合作。合作关系已经到来，但也可以说可能很快又要结束或者溜开，有时是因为一些超越双方所能控制的原因，说到根本还是利益的所在。这样的结合有可能从开始就是一个不般配的。合并和收购可以改变公司长期的交易，成功的公司常常持续不断地再次评价其供应商，一个性能上的故障将很快结束一个合作关系。

（5）寻找真正的全球供应商的活动还在继续。由于有了 Internet 这个神奇的驱动，合作双方都在快速地向全球规模的合作前进。一些公司已经宣称找到了理想的合作伙伴，但实际上很少的公司真正达到了所有的要求。

（6）高质量客户服务是成功商业计划的重要部分。有这样一个事实，很少公司真正按照承诺实现所应该实现的，但不要太看重这一点。从整体上来说，所有的努力都集中在满足前端销售的服务，并提供相应的同等可靠的售后支持服务，这是向高质量客户服务进展的一个必要的过程。

8.5 学习目标小结

（1）供应链失调的原因。
（2）"牛鞭效应"的原因分析：需求预测修正、价格波动、人为增大需求、短缺博弈。
（3）"牛鞭效应"对经营业绩的影响。
（4）建立供应链合作伙伴关系的动力：核心竞争力、不断变化的顾客期望、外包战略。
（5）供应链协调的障碍因素：激励障碍、信息传递障碍、运营障碍、定价障碍、行为障碍；供应链协调中的解决方法。

讨论题：
（1）什么是"牛鞭效应"？它与供应链失调的关系如何？
（2）在供应链中建立合作伙伴关系与信任有何价值？
（3）供应链协调中的障碍因素有哪些？为什么？
（4）阐述供应链失调对经营业绩的影响。
（5）供应链合作伙伴关系如何建立？需要注意哪些问题？

案例分析

案例1 宝洁——"牛鞭效应"的医治

宝洁公司（P&G）在研究"尿不湿"的市场需求时发现，该产品的零售数量相当稳定，波动性并不大。但在考察分销中心向它订货的情况时，却发现波动性明显增大，分销中心称他们是根据汇总销售商订货的需求量订货的。宝洁公司进一步研究后发现，零售商往往根据对历史销量及现实销售情况的预测，确定一个较客观的订货量，但为了保证这个订货量是及时可得的，能够适应顾客需求增量的变化，他们通常会将预测订货量增大一些向批发商订货，批发商出于同样的考虑，也会在汇总零售商订货量的基础上再加一定增量向销售中心订货。这样，虽然顾客需求量并没有大的波动，但经过零售商和批发商的订货后，订货量就一级级地放大了。

在供应链的运作过程中,许多制造企业经常会发现一种商品的顾客需求较稳定,变化不大,但是上游供应商往往比下游供应商维持更高的库存水平。这种越往供应链上游走,需求波动程度越大的现象,正是供应链中的"牛鞭效应"。

解决方案:

1. 避免多头需求预测

在通常情况下,供应链中每一成员通过他们的计划传递其预测信息。当然,来自下游成员的需求输入,是由他的下游成员需求预测而产生的。对供应链中消费数据的重复过程的补救措施,是在下游到上游的可能状况中确定统一需求参数,一种有效方式是上游和下游实施信息共享,上游应力图获得下游运动过程的需求信息。

例如,在美国电脑业中,制造商需要来自分销商中心仓库存货的销售数据,尽管这些数据并非完全等于销售点(POS)数据,但制造商以这些数据作为与分销商保持联系的重要措施,这种措施可缩小供应链中上、下游在需求预测方面的差异。

2. 加强库存管理

避免人为地处理供应链上的有关数据,是使上游企业获得其下游企业真实需求信息的有效办法。IBM、惠普和苹果等公司在合作协议中,明确要求分销商将零售商中央仓库里产品的出库情况反馈回去,虽然这些数据没有零售商销售点的数据那么全面,但这仍然比把货物发送出去以后就失去对货物的信息要好得多。

使用电子数据交换系统(EDI)等现代信息技术对销售情况进行实时跟踪,也是解决"牛鞭效应"的重要方法,如 DELL 通过 Internet/Intranet、电话、传真等组成了一个高效信息网络,当订单产生时即可传至 DELL 信息中心,由信息中心将订单分解为子任务,并通过 Internet 和企业间信息网分派给各区域中心,各区域中心按 DELL 电子订单进行组装,并按时间表在约定的时间准时供货,从而使订货、制造、供应"一站式"完成,有效地防止了"牛鞭效应"的产生。

联合库存管理策略是合理分担库存责任、防止需求变异放大的先进方法。在供应商管理库存的环境下,销售商的大库存并不需要预付款,不会增加资金周转压力,相反地,大库存还会起到融资作用,提高资本收益率,甚至大库存还能起到制约供应商的作用,因此它实质上加剧了订货需求放大,使供应商的风险异常加大。联合库存管理则是对此进行修正,使供应商与销售商权利责任平衡的一种风险分担的库存管理模式,它在供应商与销售商之间建立起了合理的库存成本、运输成本与竞争性库存损失的分担机制,将供应商的全责转化为各销售商的部分责任,从而使双方成本和风险共担,利益共享,有利于形成成本、风险与效益平衡,也有效地抑制了"牛鞭效应"的产生和加剧。

3. 消除不合理的短缺博弈现象

当供应商面临短缺,不是根据订单来分配产品,而是按照比例定量分配订货,如美国通用公司在短缺供应时长期使用这一分配方法。当消费者毫无制造商供应信息时,短缺中的"博弈"现象达到最高峰。充分享有生产能力及存货信息,能帮助缓解消费者的不安,最终减少博弈中的需求。但是,当出现真正短缺时,享有生产能力信息又显得不足,制造商就可预先与消费者签订销售旺季的订单,这样他们就能调节生产能力,更好地安排生产时间。此外,由于制造商赋予零售商慷慨的退货政策扩大了博弈现象,在毫无惩罚的条件下,零售商将继续扩大他们的需求及取消订单，因此有必要实施更严厉的取消订单的政策措施，这对缓解"牛鞭效应"也是有益的。

4. 提前回款期限

提前回款期限，根据回款比例安排物流配送，是消除订货量虚高的一个好办法，因为这种方法只是将初期预订数作为一种参考，具体的供应与回款挂钩，从而保证了订购和配送的双回路管理。提前回款期的具体方法是将会计核算期分为若干期间，在每个期间（假如说一个月分为三个期间或者四个期间，每个期间10天或者7天）末就应当回款一次，对于在期间末之前积极回款者给予价格优惠等。

5. 实施渠道联合

在供应链中，除了信息共享外，还必须加强上游和下游之间在定价、运输、库存计划及所有权的有机整合，建立优先合作机制，如建立统一控制的库存系统。

综上所述，在供应链中的"牛鞭效应"是由"合理的决策"而引起的。人们能通过完全理解它产生的原因而采取措施来缓解它。当然，要想进一步消除它的影响，还必须不断实施管理创新。

思考题：

（1）宝洁公司是如何消除"牛鞭效应"的？

（2）结合案例阐述"牛鞭效应"产生的原因。"牛鞭效应"对企业经营有何影响？

案例2　克莱斯勒公司与洛克维尔公司的战略合作

克莱斯勒公司（Chrysler Corporation）与洛克维尔公司（Rockwell）之间达成一项协议，两个公司将在汽车的设计阶段进行紧密合作。洛克维尔公司负责总装厂与零部件厂的计算机控制部分的设计。如果计算机控制与汽车的设计不匹配，就会影响到汽车的质量和汽车进入市场的时间。根据协议，洛克维尔公司是为克莱斯勒公司的总装、冲件、焊接、电力设备等部门设计计算机控制的独家公司，它们之间是一种相互依赖的合作关系。它们（汽车制造商与计算机控制供应商）之间的合作是汽车行业内的首次。两个公司的工程师在汽车设计阶段的紧密合作中，洛克维尔公司的工程师设计开发相关计算机控制软件，以便能与克莱斯勒公司的工程师同时设计控制系统和整个汽车。计算机控制是汽车制造过程中的重要部分，合作双方都希望能够尽可能实现降低成本、缩短制造周期等目标，而且缩短进入市场的周期是克莱斯勒公司保持竞争优势的主要目标，以前的周期是26~28周，现在的目标是将它缩短至24周，克莱斯勒公司希望能通过与洛克维尔公司的合作实现这个目标。

思考题：

（1）克莱斯勒公司与洛克维尔公司的合作基础在哪里？为什么？

（2）克莱斯勒公司与洛克维尔公司合作后的效益表现在哪些方面？有哪些值得借鉴和学习的地方？

第九章

供应链绩效评价

学习目标

阅读完本章节后,你将能够:
※ 重点掌握供应链绩效评价的原则和指标体系
※ 掌握供应链绩效评价参考模型 SCPR 的指标体系与应用
※ 理解根据供应链绩效评价体系及模型

章前导读

弗莱克斯特罗尼克斯公司的供应链绩效管理

电子制造服务(EMS)提供商弗莱克斯特罗尼克斯公司曾在前些年便面临着一个既充满机遇又充满挑战的市场环境。弗莱克斯特罗尼克斯公司面临的境遇不是罕见的。事实上,许多其他行业的公司都在它们的供应链中面临着同样的问题。很多岌岌可危的问题存在于供应链的方方面面——采购、制造、分销、物流、设计、融资等。

与其他公司一样,弗莱克斯特罗尼克斯公司首要的业务规则是改善交易流程和数据存储。通过安装交易性应用软件,企业同样能快速减少数据冗余和错误。比如,产品和品质数据能够通过订单获得,并且和库存状况及消费者账单信息保持一致。第二个规则是将诸如采购、车间控制、仓库管理和物流等操作流程规范化、流程化。这主要是通过供应链实施软件诸如仓库管理系统等实现的,分销中心能使用这些软件接受、选取和运送订单货物。

控制绩效的两种传统的方法是指标项目和平衡积分卡。在指标项目中,功能性组织和工作小组建立和跟踪那些被认为是与度量绩效最相关的指标。不幸的是,指标项目这种方法存在很多的局限性。为了试图克服某些局限性,许多公司采取了平衡积分卡项目。虽然概念上具有强制性,绝大多数平衡积分卡作为静态管理"操作面板"实施,不能驱动行为或绩效的改进。弗莱克斯特罗尼克斯公司也被供应链绩效控制的缺陷苦苦折磨着。

弗莱克斯特罗尼克斯公司使用了供应链绩效管理的方法,使它能确认邮政汇票的异常情况,了解根本原因和潜在的选择,采取行动更换供应商、缩减过度成本、利用谈判的力量。绩效管理的方法包括了实施基于 Web 的软件系统加速供应链绩效管理的周期。弗莱克斯特罗尼克斯公司在8个月的"实施存活期"中节约了几百亿美元,最终在第一年产生了巨大的投资回报。

弗莱克斯特罗尼克斯公司实施供应链绩效管理带给业界很多启示:供应链绩效管理有许多基本的原则,可以避免传统方法的缺陷;交叉性功能平衡指标是必要的,但不是充分的;供应链绩效管理应该是一个周期,它包括确定问题、明确根本原因、以正确的行动对问题做出反应、连续确认处于风险中的数据、流程和行动。

弗莱克斯特罗尼克斯公司的成功,确认了供应链绩效管理作为供应链管理的基础性概念和实践的力量和重要性。

(资料来源:刘伟. 供应链管理教程 [M]. 上海:上海人民出版社,2008)

9.1 供应链绩效评价概述

供应链管理在实施过程中,需要耗费大量的人力、物力和财力,承受来自管理、组织和产品的风险,因此,必须进行严格绩效评价,才能实现企业资源和社会资源的最大化应用。如何确保供应链管理能够健康、可持续地发展,建立科学、全面的供应链绩效评价体系,已成为一个迫切需要解决的问题。

9.1.1 供应链绩效评价的概念及原则

绩效通常是指正在进行的某种活动或者已经结束的某种活动取得的成绩,因此,绩效不但可以看做是一个过程的表现,也可以看做是一个过程产生的结果。

对供应链绩效而言,也需将其概括为两个方面:过程和结果,即表现为供应链运营过程和运营结果。运营过程是指通过对供应链运营过程进行有效的管理和控制,达到供应链管理的目标;运营结果是指供应链的有效运行对企业目标的贡献度。对供应链运营过程的评价,有助于对供应链进行有效的管理和控制,以求供应链管理价值最大化;对供应链运营结果的评价,有助于看到采用供应链管理模式的价值。

从价值角度给出供应链绩效的定义为:供应链各成员通过信息协调和共享,在供应链基础设施、人力资源和技术开发等内外资源的支持下,通过物流管理、生产操作、市场营销、顾客服务、信息开发等活动增加和创造的价值总和。

供应链绩效评价是指围绕供应链的目标,对供应链整体、各环节(尤其是核心企业运营状况以及各环节之间的运营关系等)所进行的事前、事中和事后分析评价。评价供应链的绩效,是对整个供应链的整体运行绩效、供应链节点企业、供应链上的节点企业之间的合作关系所做出的评价。因此,供应链绩效评价指标是基于业务流程的绩效评价指标。

供应链的绩效评价要从以下三个方面考虑:

(1)内部绩效度量:成本、客户服务、生产率、良好的管理、质量等。
(2)外部绩效度量:用户满意度、最佳实施基准等。
(3)供应链综合绩效度量:用户满意度、时间、成本、资产等。

对供应链绩效进行评价时,应该思考以下问题:一方面要考虑供应链整体运营绩效,另一方面还要从节点企业出发,考虑基于节点企业的供应链运营绩效;对供应链绩效评价时,既要对供应链静态运营结果进行评价,又要对供应链的业务流程进行评价;评价指标应分出评价层次，在每一层次的指标选取中应突出重点，要对关键的绩效指标进行重点分析；评价方法选取上，尽可能采用实时分析与评价的方法，要把绩效度量范围扩大到能反映供应链实时运营的信息上去；定性衡量和定量衡量相结合，内部评价和外部评价相结合，并注意相互间的协调；财务指标和非财务指标并重，关注供应链长期发展和短期利润的有效结合，实现两个目标之间的有效传递。

因此，为了建立能有效评价供应链绩效的指标体系，应遵循如下原则：

（1）应突出重点，要对关键绩效指标进行重点分析。

（2）应采用能反映供应链业务流程的绩效指标体系。

（3）评价指标要能反映整个供应链的运营情况，而不是仅仅反映单个节点企业的运营情况。

（4）应尽可能采用实时分析与评价的方法，要把绩效度量范围扩大到能反映供应链实时运营的信息上去。

（5）在衡量供应链绩效时，要采用能反映供应商、制造商及用户之间关系的绩效评价指标，把评价的对象扩大到供应链上的相关企业。

9.1.2 供应链绩效评价的基本思路

供应链绩效评价是一项较为复杂的系统工程，是一个涉及范围广、技术含量要求高、考虑因素复杂的系统，要建立一套科学规范的供应链绩效评价体系。一套规范的供应链绩效评价体系应该遵循如下思路：必须明确供应链绩效评价的目的；评价贯穿供应链运营的整个生命周期，而不是仅仅对运营结果进行评价；根据评价需求尽量选用成熟的参考框架；选择合适的评价技术和方法，注重定量和定性评价的结合；将过程评价和管理控制结合起来，注重动态监控和管理；区分主体，不同的主体关系供应链绩效的不同层面，应该有不同的指标体系。

有效的绩效评价系统，可以解决供应链管理过程中存在的如下四方面的问题：

（1）评价企业原有供应链，发现原有供应链的缺陷和不足，并提出相应的改进措施。

（2）评价新构造的供应链，监督和控制供应链运营的效率，充分发挥供应链管理的作用。

（3）作为供应链业务流程重组的评价指标，建立基于时间、成本和绩效的供应链优化体系。

（4）寻找供应链约束和建立有效激励机制的参照系，同时也是建立标杆活动、标杆节点企业和标杆供应链体系的基准。

9.1.3 供应链绩效评价指标的分类

供应链绩效评价指标的分类：

（1）从供应、过程管理、交货运送和需求管理4个方面来划分，包括供应的可靠性、提前期、过程的可靠性、所需时间以及计划完成、完好订单完成率、补给提前期、运输天数、SC总库存成本、总周转时间。

（2）从定性和定量两个方面来划分：定性绩效评价指标包括顾客满意度、柔性、信息流与物流整合度、有效风险管理和供应商绩效。定量绩效评价指标又分为两类：一类是基于成本的指标，另一类是基于顾客响应的指标。

（3）从影响供应价战略、战术和运作层次绩效的关键绩效指标来划分：供应链绩效指标要涉及供应商、递送绩效、顾客服务和库存与物流成本。

（4）综合因素划分。供应链咨询机构 PRTM 在 SCOR（Supply Chain Operations Reference）模型中提出了度量 SC 绩效的 11 项指标，它们是：交货情况、订货满足情况（包括满足率和满足订货的提前期）、完好的订货满足情况、SC 响应时间、生产柔性、物流管理总成本、附加价值生产率、担保成本、现金流周转时间、供应周转的库存天数和资产周转率。

9.1.4 供应链绩效评价指标的特点

根据供应链管理运行机制的基本特征和目标，供应链绩效评价指标应该能够恰当地反映供应链整体运营状况以及上下节点企业之间的运营关系，而不是孤立地评价某一供应商的运营情况。例如，对于供应链上的某一供应商来说，该供应商所提供的某种原材料价格很低，如果孤立地对这一供应商进行评价，就会认为该供应商的运行绩效较好。若其下游节点企业仅仅考虑原材料价格这一指标，而不考虑原材料的加工性能，就会选择该供应商所提供的原材料，而该供应商提供的这种价格较低的原材料，其加工性能不能满足该节点企业生产工艺要求，势必增加生产成本，从而使这种低价格原材料所节约的成本被增加的生产成本所抵消。所以，评价供应链运行绩效的指标，不仅要评价该节点企业（或供应商）的运营绩效，而且还要考虑该节点企业（或供应商）的运营绩效对其上层节点企业或整个供应链的影响。

现行的企业绩效评价指标主要是基于部门职能的绩效评价指标，适用于对供应链运营绩效的评价，供应链绩效评价指标是基于业务流程的绩效评价指标（图 9－1、图 9－2）。通过示意图，可以看出它们之间的差异。

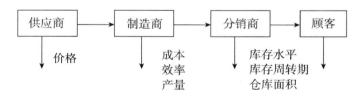

图 9－1　现行的基于部门职能的绩效评价指标示意图

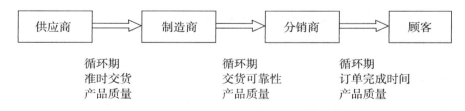

图 9－2　基于供应链业务流程的绩效评价示意图

9.1.5 现行企业绩效评价与供应链绩效评价的比较

现行绩效评价指标的缺陷：

（1）鼓励短期行为，例如为了获取短期利润最大化，企业决策者常常推迟资本投资，

从而造成企业发展后劲不足;

(2) 缺乏战略性考虑,无法提供产品质量、客户响应度等方面的信息;

(3) 鼓励局部优化,而不是全局最优化,如为了使员工和设备一直处于工作状况而设置生产缓冲库存;

(4) 鼓励管理人员千方百计地最小化标准偏差,而不是寻求持续改进的方案;

(5) 无法提供有关客户需求、竞争对手的运作方式、市场发展趋势等方面的信息,为企业决策提供的支持十分有限;

(6) 只能提供历史绩效信息,无法预测未来的绩效发展趋势,应用的范围受到限制。

经济学家也反对使用会计数据评价企业绩效,因为它忽略了机会成本和货币的时间价值。鉴于财务指标自身存在的缺陷,越来越多的学者倾向于引入非财务指标。这些学者认为,相对于财务指标,非财务指标具有如下优点:

①评价更加及时、准确、易于度量;
②与企业的目标和战略相一致,可以推动企业的持续改进;
③具有良好的柔性,能够适应市场和企业周围环境的变化;
④能够全方位、多角度地描述企业的经营状况。

供应链绩效评价指标有如下特征:

(1) 直接与生产战略相关联;
(2) 主要应用非财务指标;
(3) 这些指标在不同的应用环境有所不同;
(4) 可以在需要变化时,随时间而改变;
(5) 简单易用;
(6) 为操作者和管理者提供快速反馈;
(7) 相对于监视绩效的变化,它们更倾向于激励绩效的改善。

9.2 供应链绩效评价指标体系

9.2.1 反映整个供应链业务流程的绩效评价指标

在这里,整个供应链是指从最初供应商开始直至最终用户为止的整条供应链。基于指标评价的客观性和实际可操作性的思考,反映整个供应链运营绩效的评价指标有如下几个方面。

1. 产销率指标

产销率是指在一定时间内已销售出去的产品与已生产的产品数量的比值,即

$$R_{PS} = S/P$$

式中,S 表示一定时间内生产的已销售出去的产品数量;P 表示一定时间内已生产产品数量。因为 $S \leq P$,所以 $R_{PS} \leq 1$。

产销率指标又可分成如下三个具体的指标:

(1) 供应链节点企业的产销率 R_{JPS}。该指标反映供应链节点企业在一定时间内的经营状况,其表达式为

$$R_{JPS} = S_J/P_J$$

式中，S_J 表示一定时间内节点企业生产的已销售出去的产品数量；P_J 表示一定时间内节点企业已生产产品数量。

（2）供应链核心企业的产销率 R_{HPS}。该指标反映供应链核心企业在一定时间内的产销经营状况，其表达式为

$$R_{HPS} = S_H/P_H$$

式中，S_H 表示一定时间内核心企业生产的已销售出去的产品数量；P_H 表示一定时间内核心企业已生产产品数量。

（3）供应链产销率 R_{GPS}。其表达式为

$$R_{GPS} = S_G/P_G$$

式中，S_G 表示一定时间内供应链各节点企业已销售产品的数量之和；P_G 表示一定时间内供应链各节点企业已生产产品的数量之和。

该指标反映供应链在一定时间内的产销经营状况，其时间单位可以是年、月、日。随着供应链管理水平的提高，时间单位可以取得越来越小，甚至可以做到以天为单位。该指标也反映供应链资源（包括人、财、物、信息等）的有效利用程度，产销率越接近1，说明资源利用程度越高。同时，该指标也反映了供应链库存水平和产品质量，其值越接近1，说明供应链成品库存量越小。

2. 平均产销绝对偏差指标

$$D = \sum (P_i - S_i)/n$$

式中，N 为供应链节点企业的个数；P_i 为第 i 个节点企业在一定时间内生产产品的数量；S_i 为第 i 个节点企业在一定时间内生产的已销售出去的产品数量。

该指标反映在一定时间内供应链总体库存水平，其值越大，说明供应链成品库存量越大，库存费用越高；反之，说明供应链成品库存量越小，库存费用越低。

3. 产需率指标

产需率是指在一定时间内，节点企业已生产的产品数量与其上层节点企业（或用户）对该产品的需求量的比值。具体分为如下两个指标：

（1）供应链节点企业产需率：

$$R_{JPQ} = P_J/Q_J$$

式中，P_J 表示一定时间内节点企业已生产产品的数量；Q_J 表示一定时间内上层节点企业对该产品的需求数量。

该指标反映上、下层节点企业之间的供需关系。产需率越接近1，说明上、下层节点企业之间的供需关系协调，准时交货率高；反之，则说明下层节点企业准时交货率低或者企业的综合管理水平较低。

（2）供应链核心企业产需率：

$$R_{HPQ} = P_H/Q_H$$

式中，P_H 表示一定时间内核心企业已生产的产品的数量；Q_H 表示一定时间内用户对该产品的需求量。

该指标反映供应链整体生产能力和快速响应市场能力。若该指标数值大于或等于1，说明供应链整体生产能力较强，能快速响应市场需求，具有较强的市场竞争能力；若该指标数

值小于 1，则说明供应链生产能力不足，不能快速响应市场需求。

4. 供应链产品出产（或投产）循环期或节拍指标

当供应链节点企业生产的产品为单一品种时，供应链产品出产循环期是指产品的出产节拍；当供应链节点企业生产的产品品种较多时，供应链产品出产循环期是指节点企业混流生产线上同一种产品的出产间隔期。它可分为如下两个具体的指标：

（1）供应链节点企业（或供应商）零部件出产循环期：该循环期指标反映了节点企业库存水平以及对其上层节点企业需求的响应程度。该循环期越短，说明该节点企业对其上层节点企业需求的快速响应性越好。

（2）供应链核心企业产品出产循环期：该循环期指标反映了整个供应链的在制品库存水平和成品库存水平，同时也反映了整个供应链对市场或用户需求的快速响应能力。核心企业产品出产循环期决定着各节点企业产品出产循环期，该循环期越短，说明整个供应链的在制品库存量和成品库存量都比较少，总的库存费用都比较低；另一方面也说明供应链管理水平比较高，能快速响应市场需求，并具有较强的市场竞争能力。

5. 供应链总运营成本指标

供应链总运营成本包括供应链通信成本、供应链库存费用及各节点企业外部运输总费用。它反映供应链运营的效率，具体分析如下：

（1）供应链通信成本。供应链通信成本包括各节点企业之间的通信费用，如 EDI、因特网的建设和使用费用；供应链信息系统开发和维护费等。

（2）供应链总库存费用。供应链总库存费用包括各节点企业在制品库存和成品库存费用、各节点企业之间在途库存费用。

（3）各节点企业外部运输总费用。各节点企业外部运输总费用等于供应链所有节点企业之间运输费用总和。

6. 供应链核心企业产品成本指标

根据核心企业产品在市场上的价格确定出该产品的目标成本，再向上游追溯到各供应商，确定出相应的原材料、配套件的目标成本。

7. 供应链产品质量指标

供应链产品质量是指供应链各节点企业（包括核心企业）生产的产品或零部件的质量，主要包括合格率、废品率、退货率、破损率、破损物价值等指标。

9.2.2 反映供应链上、下节点企业之关系的绩效评价指标

1. 供应链层次结构模型

根据供应链层次结构模型，对每一层供应商逐个进行评价，从而发现问题，解决问题，以优化整个供应链的管理。在该结构模型中，供应链可看成由不同层次供应商组成的递阶层次结构，上层供应商可看成其下层供应商的用户。

2. 反映供应链上、下节点企业之关系的绩效评价指标

根据供应链层次结构模型，提出了相邻层供应商评价法，可以较好地解决如何选择供应商、如何评价供应商的绩效以及由谁来评价等问题。相邻层供应商评价法的基本原则是通过上层供应商来评价下层供应商。由于上层供应商可以看成下层供应商的用户，因此通过上层供应商来评价和选择与其业务相关的下层供应商更直接、更客观，如此递推，即可对整个供

应链的绩效进行有效的评价。为了能综合反映供应链上、下层节点企业之间的关系，可以使用满意度指标进行评价。

满意度指标是反映供应链上、下节点企业之间关系的绩效评价指标，即在一定时间内上层供应商 i 对其相邻下层供应商 j 的综合满意程度 C_{ij}。

（1）准时交货率是指下层供应商在一定时间内准时交货的次数占其总交货次数的百分比。供应商准时交货率低，说明其协作配套的生产能力达不到要求，或者是对生产过程的组织管理跟不上供应链运营的要求；供应商准时交货率高，说明其生产能力强，生产管理水平高。

（2）成本利润率是指单位产品净利润占单位产品总成本的百分比。在市场供需关系基本平衡的情况下，供应商的产品价格可以看成一个不变的量。因此，产品成本利润率越高，说明供应商的盈利能力越强，企业的综合管理水平越高。

（3）产品质量合格率是指质量合格的产品数量占产品总产量的百分比，它反映了供应商提供货物的质量水平。质量不合格的产品数量越多，对不合格的产品进行返修或报废的损失越大，这样就增加了供应商的总成本，降低了其成本利润率。同样，产品质量合格率指标也与准时交货率密切相关。

在满意度指标中，满意度指标值低，说明该供应商运营绩效差，生产能力和管理水平都比较低，并且影响了其上层供应商的正常运营，从而影响整个供应链的正常运营。

供应链最后一层为最终用户层，最终用户对供应链产品的满意度指标是供应链绩效评价的一个最终标准。可按如下公式进行计算，即

满意度 = α × 零售商准时交货率 + β × 产品质量合格率 + λ （实际的产品价格／用户期望的产品价格） × 产品成本利润率

9.3 供应链绩效评价体系模型

9.3.1 三种供应链绩效评价体系模型

在供应链绩效评价体系研究方面，B. M. Beamon（1998）认为，应用于供应链环境的绩效评价指标主要有两种类型：成本和客户反应。在成本中，主要包含库存和运输成本；客户反应包括提前期、出库率和完成率。D. Berry 和 M. Naim（1996）应用客户服务水平、库存和产品成本。Li 和 O. Brien（1999）应用利润、提前期、交货敏捷性和库存成本四项绩效评价指标。为了能够更加清晰地描述供应链绩效评价体系模型，下面介绍三种模型。

（1）Lummus 等人（1998）在描述制定战略供应链计划的七个步骤的同时，列举了供应链绩效的主要评价指标（表 9-1）。从供应、转换、交通运输和需求管理四个方面分析了供应链绩效的主要评价指标，供应链绩效的主要评价指标包括：可靠性、提前期、过程可靠性、加工时间、计划完成情况、订单完成率、补货提前期、运输天数、供应链总库存成本和总周转时间。

（2）Roger（1999）认为，现有的评价指标已经不能反映 21 世纪供应链的绩效，必须建立新的绩效评价系统。客户服务质量是评价供应链整体绩效的最重要的手段。具体地说，应从以下 10 个方面进行：

表 9-1 供应链绩效的主要评价指标

类型	评价指标
供应	可靠性、提前期
转换	过程可靠性、加工时间、计划完成情况
交通运输	订单完成率、补货提前期、运输天数
需求管理	供应链总库存成本、总周转时间

①有形体的外在绩效,该指标评价企业内的工具、设备、人事,甚至营销等实体的外在绩效。

②可靠性,该指标反映了供应链或者企业履行承诺的能力。例如,物流管理就是要度量其能否正确地满足客户的订货。

③响应速度,该指标反映了企业服务于客户的意愿和提供服务的迅捷性,时间是该指标的主要度量变量。

④能力,是指达到既定的服务水平,员工必须掌握的技能和知识。

⑤服务态度,与客户接触时,企业或者服务人员表现出来的礼貌性、友好性、考虑问题的周全性以及对客户的尊重。

⑥可信性,该指标反映了供应链或者企业按时交货的能力。

⑦安全性,该指标反映了企业抵御和避免风险、危险和冲突的能力。

⑧可接近性,即客户或者供应链外的组织与供应链成员的接触便捷性,如客户能够以多快的速度找到客户服务代表。

⑨沟通能力,企业与客户或者其他成员的交流能力,如标准的语言、符号等。

⑩理解客户能力,反映了企业对客户的理解能力,如企业是否真正地了解客户的需求。

(3) 供应链研究的权威机构美国波士顿的咨询公司在供应链参考模型中,提出了度量供应链基调的 11 项指标,还需要学者从其他角度对企业绩效评价进行研究。

9.3.2 建立绩效评价体系的步骤

建立和实施一个完整的绩效评价体系应包含以下四个步骤:

(1) 绩效评价指标的设计(包括判别关键目标和涉及评价指标);

(2) 评价指标的选取(分为初选、校对、分类/分析和分配四个步骤);

(3) 评价体系的应用(评价、反馈和纠偏行动);

(4) 战略假设的见证(反馈)。

9.3.3 供应链绩效评价方法

由于供应链运营过程中包含大量的模糊信息,这些信息很难用常规的方法进行度量和量化;另外,供应链本身的特点又决定了面临的决策要追求统筹兼顾、协调平衡和总体优化,这就使供应链中的绩效评价带有一些定性指标。因此,这就给供应链中的绩效评价带来一定的难度。目前在供应链绩效评价中应用的主要方法有层次分析法、模糊决策评价法和数据包络分析法等。

1. 层次分析法

层次分析法（Analytic Hierarchy Process，AHP）是对一些较为复杂、较为模糊的问题做出决策的简易方法，它特别适用于那些难于完全定量分析的问题。它是美国运筹学家 T. L. Saaty 教授于 20 世纪 70 年代初期提出的一种简便、灵活而又实用的多准则决策方法。

由于供应链绩效评价是典型的多目标决策问题，所以层次分析法在绩效评价中被广泛地应用。层次分析法也有其局限性，主要表现在：

（1）它在很大程度上依赖于人们的经验，主观因素的影响很大。它至多只能排除思维过程中的严重非一致性，却无法排除决策者个人可能存在的严重片面性。

（2）比较、判断过程较为粗糙，不能用于精度要求较高的决策问题。

2. 模糊决策评价法

针对 AHP 的缺点，许多学者进行了各种各样的改进和完善尝试，将模糊决策评价法，即层次分析法 AHP 在模糊条件下的扩展分别用于供应链绩效评价、战略伙伴的选择、供应商的选择。

3. 数据包络分析法

数据包络分析（Data Envelopment Analysis，DEA）是著名的运筹学家 C. Hames 等人，以相对效率概念为基础发展起来的一种效率评价方法。DEA 作为一种新的绩效评价方法，其优点主要表现在：

（1）适用于多投入多产出的复杂系统的有效性评价；

（2）具有很强的客观性；

（3）可用来估计多投入多产出系统的"生产函数"。

DEA 用于供应商的评价；将 AHP 与 DEA 的优点结合起来，用于供应商的选择。

9.4 几种常用的供应链绩效评价体系

9.4.1 基于供应链运作参考模型的评价体系

供应链运作参考模型（Supply Chain Operation Reference Model，SCOR 模型）是目前影响最大、应用面最广的参考模型，它能测评和改善企业内、外部业务流程，使战略地进行企业管理成为可能。

中国电子商务协会供应链管理委员会（CSCC）于 2003 年 10 月颁发的《中国企业供应链管理绩效水平评价参考模型（SCPR1.0）构成方案》，包括 5 个 1 级指标、15 个 2 级指标和 45 个 3 级指标，也与 SCOR 模型相似。

9.4.2 基于供应链均衡记分卡的评价体系

均衡记分卡模型，是由 Kaplan 和 Norton 于 1992 年提出来的。该体系提出了一套系统评价和激励企业绩效的方法，共由四组指标组成：财务角度、客户角度、运营角度和改进角度，客户满意度成为推动其他指标顺利完成的原动力。高效的运营过程保证了高水平的客户满意度，而持续的改进则提高了总的运作绩效。

均衡记分卡模型以其简单、易操作等优点获得了广泛的认可。

1. 客户角度

企业为了获得长远的财务业绩，就必须创造出客户满意的产品和服务。均衡记分法给出了两套绩效评价方法：一是企业为客户服务所期望达到的绩效而采用的评价指标，主要包括市场份额、客户保有率、客户获得率、客户满意度等；二是针对第一套各项指标进行逐层细分，制定出评分表。

2. 运营角度

这是均衡记分法突破传统绩效评价的显著特征之一，从满足投资者和客户需要的角度出发，从价值链上针对内部的业务流程进行分析，提出了四种绩效属性：质量导向的评价、基于时间的评价、柔性导向评价和成本指标评价。

3. 改进角度

均衡记分法实施的目的和特点之一就是避免短期行为，强调未来投资的重要性。同时并不局限于传统的设备改造升级，而是更注重员工系统和业务流程的投资。注重分析满足需求的能力和现有能力的差距，将注意力集中在内部技能和能力上，这些差距将通过员工培训、技术改造、产品服务得以弥补。相关指标包括新产品开发循环期、新产品销售比率、流程改进效率等。

4. 财务角度

企业所有的改善都应通向财务目标。均衡记分法将财务方面作为所有目标评价的焦点，其结果还是归于"提高财务绩效"。

9.4.3 SaT 体系

建立在"供应商—投入—加工—产出—顾客—成果"模型基础上的 Sink and Tuttle (SaT) 体系共包含七项评价指标，即效率（投入）、有效性（成果）、生产率（产出/投入）、盈利能力、质量（加工）、创新和工作环境质量。该体系的突出特点是将企业绩效的评价与战略计划过程紧密结合在一起。

9.4.4 评价指标家族模型

评价指标家族（Family of Measure，FOM）体系由五组指标组成，它们分别是盈利能力、生产率、外部质量（客户）、内部质量（效率、损耗）和其他质量（创新、安全、组织文化）。该体系强调 FOM 的概念和跨组织层次的评价指标的集成。企业对每个职能部门的指标均分为两类：一类指标是该部门自身特有的评价指标；另一类指标则成为下一层次的一项相关指标。

9.5 基于 SCOR 模型的绩效衡量方法与关键绩效指标的选择

由供应链协会（Supply Chain Council，SCC）主持开发的供应链运作的参考模型（SCOR 模型）将业务流程重组、标杆管理及最佳业务分析集成为多功能一体化的模型结构，为企业供应链管理提供了一个跨行业的普遍适用的共同标准。

SCOR 模型按标准流程描述供应链时，把供应链分为定义层、配置层、流程元素层等几个层次，每一层的每一个过程都有明确定义的业绩表现衡量指标和最佳业务表现。SCOR 模型提供的供应链业绩评价方法，其客观性、完整性、科学性、可操作性受到全球众多企业的一致认同。当企业在制定绩效评价指标时，一定要充分了解供应链的目标和相关策略，并与企业的战略目标相结合，才能够使运营与管理同步。SCOR 模型制订的指标，从周转时间、成本、服务/品质、资产利用等方面评估供应链管理绩效，设计了供应链管理绩效计分卡。

SCOR 模型在选择绩效评价指标时遵循以下基本原则：衡量指标必须与企业的业务指标相结合，必须有可重复操作性，必须能对如何改善供应链提出有效的见解，要与所分析的流程相符合。正如要用某一标准指标来描述一段方木物理特征（如长度、高度和宽度等），供应链同样也需要用一些标准的特征来描述。

SCOR 模型的绩效衡量指标分为 5 个方面：供应链的配送可靠度、供应链的反应能力、供应链的柔性、供应链的总成本和供应链资产管理，每一个方面都表明供应链的一个典型特征。

表 9-2 对每一个指标的范畴做了定义，并列出了所对应的第一层次评价指标。表 9-3 是第一层次指标的计算公式。

供应链管理绩效的提高代表企业整体价值链竞争力的提升，运用关键绩效指标协助业绩衡量、追踪与改进，对于供应链绩效的持续改进在理念上与实际上都有重要意义。

表 9-2　SCOR 模型绩效范畴的定义以及相对应的第一层次衡量指标

绩效范畴	绩效范畴定义	第一层次衡量指标
供应链的配送可靠度	供应链配送的性能特征：正确的产品，到达正确的地点，正确的时间，正确的产品包装，正确的质量和正确的文件资料，送达正确的客户	配送性能 完成率 完好订单的履行
供应链的反应能力	企业将产品送达到客户的速度	订单完成提前期
供应链的柔性	供应链面对市场变化获得和维持竞争优势的灵活性	生产的柔性 供应链响应时间
供应链的总成本	供应链运营所耗成本	产品销售成本 供应链管理总成本 增值生产力 担保成本
供应链资产管理	一个组织为满足需求利用资本的有效性，包括各项资本的利用：固定资本和运营资本	现金周转时间 存货的供应天数 资产周转

表 9-3　SCOR 模型定义的指标计算公式

衡量指标	计算公式
配送性能	准时足额发货的订单数量/全部订单总数
完成率	收到订单 24 小时内从仓库发货的订单数/收到订单的总数
订单的完好履行	（准时足额发货的订单数量 - 文档资料有错误的订单 - 有运送损坏的订单）/（全部订单总数）

续表

衡量指标	计算公式
履行订单的提前期	（所有订单运输的实际提前时间）/（运送订单的总数）
供应链响应时间	（订单履行提前期 + 原材料周转时间）
生产柔性	向上的柔性——在无事先计划下增产20%所需要的天数；向下的柔性——在没有存货和损失的情况下能够承受30天的提前运送订单减少的百分比
供应链管理总成本	成本总数（MIS + 财务和计划 + 库存运转 + 材料采购 + 订单管理）/收入
商品销售费用	（开始库存 + 产品的生产成本 − 期末库存）/（总收入）
增值生产率	（总收入 − 总材料采购费）/总雇员数
担保费用	材料、人工和问题诊断工具的所有费用
库存的供应天数	（库存总值）/（商品销售成本/365）
现金周转时间	（库存的供应天数 + 应收款账龄 − 应付款账龄）
资产周转	（产品销售总额）/（总资产净值）；（产品销售总额）/（总流动资金）

9.6 未来供应链绩效评价研究展望

9.6.1 供应链绩效评价内容界定

对供应链绩效进行评价，首先需要明确评价目的是什么，评价哪些内容，供应链绩效评价目的及其内容的界定有赖于供应链战略目标的确定。面对日益趋紧的外部环境，供应链应该以对环境变化能做出快速响应为重点，还是以降低营运成本为重点，还是以保证产品可供货为重点等，这些都将对供应链绩效及其内容的界定产生影响。

9.6.2 绩效评价与供应链整体优化相结合

目前对供应链绩效的研究大多集中在现有供应链的局部优化或某些因素对供应链绩效的影响分析方面，而很少考虑到供应链绩效综合评价问题，将绩效评价与供应链整体优化相结合的则更少。供应链绩效评价必须紧紧围绕供应链战略目标来进行，不仅要反映供应链当前的运行情况，还要能预测未来的发展潜力，为供应链整体优化提供决策依据。

9.6.3 基于电子商务的供应链绩效评价

电子商务的迅猛发展改变了企业赖以生存的外部环境，众多企业争相建立自己的电子商务网，期待电子商务能够降低采购成本、减少存货、缩短生产周期、提高用户服务效率及满意度、降低营销费用、创造市场机会、提高企业知名度等。如何科学、客观、全面地分析和评价电子商务环境中供应链的绩效是一个迫切需要解决的课题。

9.6.4 绿色供应链中环境管理绩效评价

1996 年，美国密歇根州立大学的制造研究协会在进行一项"环境负责制造（ERM）"研究中首次提出了"绿色供应链"的概念，它旨在综合考虑环境影响和资源优化利用的制造业供应链发展，其目的是使整个供应链对环境的负面影响最小、资源利用效率最高。绿色供应链的评价体系应能解决如下内容：通过研究供应链中公司、供应者和消费者的资源和环境性能影响，建立供应链及其组成部分"绿色度"的评价指标体系，研究其量化评估方法和面向"绿色制造"的供应链伙伴的选择方法，研究面向"绿色制造"的供应链优化技术。

9.6.5 供应链绩效评价体系和方法的研究

供应链管理是通过前馈的信息流和反馈的物料流及信息流将供应商、制造商、分销商直到最终用户联系起来的一个整体模式的管理。供应链在多层次性、多因素性、多变性、各节点企业之间以及供应链与外部环境之间的相互作用过程中产生了大量的模糊信息，同时这些信息很难用常规的方法进行度量和量化。因此，包括系统的结构化、系统与环境的集成（全局与局部）、人的经验与数据的集成、通过模型的集成、从定性到定量的综合集成技术应用是供应链绩效评价体系与方法中一个有待探索的问题。

9.7 学习目标小结

在掌握绩效评价基本概念的基础上，能够深入理解供应链绩效评价的基本概念；在供应链管理环境下，深入理解供应链绩效评价体系及其作用；在深入理解绩效评价管理理念的基础上，能够理解供应链绩效评价体系和评价模型。

讨论题：
（1）供应链绩效评价的作用和意义是什么？
（2）供应链绩效评价有哪些评价方法？
（3）供应链绩效评价指标体系如何构建？
（4）供应链绩效评价未来的发展趋势是什么？

案例分析

英国航空公司的餐饮供应链改进

英国航空公司（BA）是世界上最大的国际客运航空公司。最新数据显示，其主要航线网络遍及 160 个国家和地区的 535 个目的地，拥有 340 架飞机，平均每天可提供 1 000 多架航班的服务。2000 年，英航共运送旅客 4 800 多万人，起落航班 52 万多架，是运送国际旅客最多的航空公司。多年来，英航通过追求优质和创新的顾客服务，建立和维持着"全球最受欢迎的航空公司"的地位。

英国航空餐饮公司，是 BA 客户服务部门的一部分，20 世纪 90 年代末期，它以供应链管理的近期和远期改进为公司目标——增长客运收入、改进资产利用率、降低运营成本，做出了自己的贡献。

BA 餐饮公司每年负责运送由基地设在伦敦希思罗和盖特威克机场的第三方餐饮承办商或其他分布在世界各地的 150 家由第三方运营的小型的 BA 供应站提供的 4 400 万件食品。其经营规模相当大，仅伦敦食品加工厂每年就需要大约 250 吨鸡肉、73 吨鸡蛋和 38 000 箱酒。BA 餐饮公司并不负责向食品加工厂供应这些易腐物品，它负责管理"向上"运送完工的食品和许多其他的"非食用物品"，包括盘子、玻璃杯、塑料纸、垫布和不易腐烂的"干食品"，以及用于途中移送和盛载食物的设备。当每架喷气式飞机起飞时，约有 4 000 件物品通过这个供应链。

在世界各地，共有 250 家供应商为其供应 1 400 种物品，其中绝大多数是通过希思罗配送中心来发送的。有关调查表明，希思罗配送中心持有的缓冲库存的价值约达 1 500 万英镑。存货的根源在于季节波动，但进一步的调查显示，在小型供应中心的网络中普遍也保持着相当数量的缓冲库存（总价值差不多）。在需求拉动的基础上，物品可以自由地从配送中心调派到供应基地，但是在餐饮承办商合同中缺少对库存管理的核算责任，导致了习惯性的存货过剩，反过来产生了大量的逆向物流（指过期物品的回收处理）。

餐饮承办商持有缓冲库存以预防不可靠的供给系统的波动，偶尔会有较长的运送提前期。问题的根本在于，早期的带有良好初衷的降低成本运动虽然实现了即期的目标，但是它的实施并没有考虑到更大范围的供应链效益。例如，为使海外基地供应的运送成本最小化，BA 餐饮公司利用了 BA 货机的剩余吨位，费用虽然很优惠，但这意味着运送的时间安排是以货机的可用性为依据，而不是以顾客为依据。同样，把配送中心活动外包使得以成本为中心的经营者通过餐饮承办合同卸下存货包袱，从而降低了自身的库存成本。但是综合地考虑一下这些问题，配送中心上游的劣质采购则会造成机场餐饮运送的不及时和不合格。

为逐步改变 BA 餐饮公司的绩效，需要建立新的存货管理系统，但是执行和安装要花费大量的时间。同时设计一个三点计划，以求在短期内提高运作效率，为更根本性的改革铺平道路。这个计划旨在重新调整 BA 餐饮公司中服务与成本之间的不平衡，同时缩短供应链的时间并提高经营伙伴之间的协作水平。

提前期的缩短成为改革的起始点。通过提高运送的频度、准确度和可靠度，餐饮承办商被说服同意降低缓冲库存，腾出昂贵的存储空间给那些食品准备活动。在三个月之内，在服务水平提高的同时，由于使用了过剩的库存而使配送中心下游的需求减少，从而节省了 100 万英镑。最重要的是，从长期来看这种做法向 BA 餐饮公司自己的物料管理团队展示了供应链提前期、准确性和成本之间的联系。同时也说明了不必以牺牲服务水平为代价来获取成本的降低，从而鼓舞了团队的自信心，为实行更复杂的新供应链管理系统做好准备。

BA 餐饮公司新的支持系统的安装始于 1997 年，其采用了软件供应商麦特迈忒克的 ESS 系统。新的系统是 BA 餐饮公司供应链项目中至关重要的一个环节，这个项目在五年之内将会节省 5 000 万英镑。而且，这个系统在满足职能化需求进而不断提高效率之外，还可以带来更大的价值。ESS 系统能够集成 BA 餐饮公司的供应链计划软件和 BA 餐饮公司的生产管理与乘客俱乐部数据库，使得航空公司能够平衡两者的力量。通过把关键的供应商集入系统，并依据乘客簿系统地监测库存水平，BA 餐饮公司就能够随时将它的存货调整至最佳水平，并能按照终点站、航班和最终顾客来跟踪存货。随着系统进一步扩展至所有的非食用物品，其将会完善顾客服务，提高对顾客的偏好的反应能力。也许，乘客俱乐部"金卡"会员会在旅途中收到一杯他最喜爱的酒或者一本特别的杂志。重要的是，这个系统使BA能够准确地计算出提供这种或其他服务的真实成本，从而更周密地计划如何管理未来服务变革的方向和要求。

（资料来源：林玲玲. 供应链管理（第2版）[M]. 北京：清华大学出版社，2008）

思考题：

（1）BA餐饮公司是如何提高供应链管理绩效水平的？

（2）结合该案例阐述建立供应链绩效评价体系的原则。

第十章

供应链中的网络设计

学习目标

阅读完本章节后,你将能够:
※ 理解网络设计的重要性
※ 掌握供应链网络设计的影响因素
※ 了解供应链模型
※ 掌握供应链网络设计的步骤

章前导读

供应链管理在中国企业运用的典范——神州数码

作为中国最大的 IT 分销商,神州数码在中国的供应链管理领域处于第一的地位,在 IT 分销模式普遍被质疑的环境下,依然保持了良好的发展势头,与 CISCO、SUN、AMD、NEC、IBM 等国际知名品牌保持着良好的合作关系。e-Bridge 交易系统 2000 年 9 月开通,截至 2003 年 3 月底,实现 64 亿元的交易额。这其实就是神州数码从传统分销向供应链服务转变的最好体现。本着"分销是一种服务"的理念,神州数码通过实施渠道变革、产品扩张、服务运作,不断增加自身在供应链中的价值,实现规模化、专业化经营,在满足上下游客户需求的过程中,使供应链系统能提供更多的增值服务,具备越来越多的"IT 服务"色彩。

10.1 供应链模型

SCOR 模型是第一个标准的供应链流程参考模型,是供应链的诊断工具,它涵盖了所有行业。SCOR 模型使企业间能够准确地交流供应链问题,客观地评测其性能,确定性能改进的目标,并影响今后供应链管理软件的开发。

SCOR 模型主要由四个部分组成:
(1) 供应链管理流程的一般定义;
(2) 对应于流程性能的指标基准;

（3）供应链"最佳实施"的描述；
（4）选择供应链软件产品的信息。

供应链建模的意义在于对供应链进行合理描述，便于对其进行分析、交流、仿真、设计。供应链是典型的复杂系统，SCOR 模型的根本在于提供了一套规范易用的、跨行业的供应链建模方法，清晰地描述了供应链的运作过程，便于分析供应链的现状，易于不同部门、不同组织之间对供应链运作的理解沟通。供应链模型成为业务流程重组、绩效衡量、标杆管理、最佳表现分析等的基础。

目前，SCOR 模型已经发展得非常完善，范围从供应商的供应商到客户的客户，具体来说包括：所有与客户之间的相互往来，从订单输入到货款支付；所有物料实体的传送，包括原材料、在制品、成品、配件、设备、软件等；所有与市场之间的相互影响，从对总需求的把握到每项订单的完成；以及退货的管理等。

供应链运作参考模型用层次化、模块化的标准流程来定义供应链，把供应链分为 5 个基本管理流程：计划、采购、制造、配送和退货。主要功能表现在以下三个方面：
（1）为基本流程的建立提供支持；
（2）对基本流程中各类信息进行管理；
（3）控制并改善基本流程的运作质量。

支持系统包括计划支持、采购支持、制造支持、配送支持、退货支持 5 个部分。

10.2 供应链的设计

10.2.1 怎样选择供应链

在了解了公司可能需要多条供应链后，那么你该为自己的业务配备几条供应链呢？考虑这个问题的关键，是去考察你的客户和产品——你必须把客户的需求作为根本，并结合自己的产品特性进行思考。你必须和客户，以及供应链上的各方作充分沟通，以了解客户的需求，了解供应链上各方在设备、技术水平等方面的准备度，最后进行综合判断。有时候不同的业务需要配备不同的供应链；而有时候，业务虽然不同，但是它们对供应链的要求比较相近，因而可以共用一条供应链。

1. 客户需求是根本

你需要了解的信息包括客户对产品需求的具体要求、客户规模、客户地理位置等，这些因素决定了供应链的设计方式。其中产品需求起着最主要的作用，它包括客户要求的产品种类与数量、订单下达的特性、要求交货的周期等。

2. 考虑产品特性对供应链的影响

在设计供应链时，你不仅要考虑客户的需求，还要考虑产品的特性，如产品的数量、体积、重量、保鲜要求等因素，因为这些因素会对供应链的结构产生直接的影响，并对运输和库存成本发生影响。

3. 了解供应商及合作伙伴

在一条供应链上，可能存在诸多供应商及其他合作伙伴，他们的效率直接决定了供应链的效率，因此在为自己的业务设计供应链之前，你需要了解有关供应商及合作伙伴的各方面问题，包括：有哪些供应商及物流合作伙伴可供选择？他们各自有什么特点和能力？供应链的相关各方在哪些方面可以进行有效整合？

以上是设计供应链需要了解的基本信息。然而在设计过程中，我们还要意识到一个基本指导思想的作用，那就是如何在满足客户要求与供应链复杂化程度之间取得平衡。在这个问题上，有一些基本原则需要我们遵守。最主要的原则就是看你在进行供应链细分上的投入与细分供应链后的收益。在做这种计算时，可能不仅仅局限于当前和短期内的收益，它涉及对公司未来收益的计算、对公司战略性目标的影响等，需要进行综合考虑。另一个原则是需要采用相关的技术手段，这样既提高了客户满意度，又不增加成本，或者只是很小幅地增加成本，如现已在许多企业应用的大规模定制、跨企业的信息系统共享等。

如果企业的供应链设计不合理，结果往往会导致客户服务质量低，资产不能得到充分利用，最终会降低企业销售额、让企业失去发展的基础。目前在企业中存在的问题大多是供应链过少而不是过多，这往往是由于管理层从节约成本出发造成的，殊不知这样做的结果却是实际上提高了成本，并且有可能让企业丧失种种商机，对于这样的企业来说，需要下决心对供应链进行改造。

比如有一家数码相机代工厂，随着这几年数码相机整个市场的快速发展，其代工业务也蒸蒸日上，它感觉自己的供应链无法很好地满足各方面的需求，于是请了外部顾问进行咨询。通过咨询发现，该厂虽然代工的对象都是世界著名的电子相机厂商，包括佳能、索尼等，技术、设计在业内都属一流水平，但在供应链管理方面却比较落后。比如：它在企业内部的采购到生产只有一条供应链，这样就容易引发一些问题，例如其设计中心所需要的零配件有时会被调用到批量生产的生产线上，影响新产品的设计进度，进而影响到从上游厂商那里获取新订单。咨询顾问为此建议该企业为其设计中心设立一条单独的供应链。针对设计中心的需求，在采购端由产品设计人员、公司采购人员及供货商共同参与产品设计工作，对设计中心使用的材料采购工作通过便捷的采购程序进行，同时鼓励供货商将各类新样品寄备在工厂以便灵活及时使用。在原材料的仓储管理使用等环节上对设计中心和批量生产的使用进行区分，以避免批量生产过程中将设计中心所需的原材料占用。采用了这样的设计后，该厂商明显改进了设计中心的多方面工作，除了在原材料满足率上有提高外，还加强了与上游厂商和下游零件供应商之间的沟通，缩短了研发时间。

10.2.2 根据亿博咨询的研究，供应链设计失败的主要原因

（1）供应链企业间的合作与信任程度较低；
（2）缺乏对用户服务的明确定义；
（3）信息系统效率低；
（4）库存控制策略过于简单；
（5）配套企业订单完成缺乏协调；
（6）运输渠道分析不够；
（7）库存成本评价不正确；
（8）组织间的障碍；
（9）产品/流程设计不完整；
（10）没有度量供应链的绩效标准；

（11）供应链不完整。

10.2.3　设计供应链主要解决的问题

（1）供应链的成员组成（供应商、设备、工厂、分销中心的选择与定位、计划与控制）；

（2）原材料的来源问题（包括供应商、流量、价格、运输等问题）；

（3）生产设计（需求预测、生产什么产品、生产能力、供应给哪些分销中心、价格、生产计划、生产作业计划和跟踪控制、库存管理等问题）；

（4）分销任务与能力设计（产品服务于哪些市场、运输、价格等问题）；

（5）信息管理系统设计；

（6）物流管理系统设计等。

10.2.4　基于产品的供应链设计

1. 两种不同类型的产品

不同类型的产品对供应链设计有不同的要求，高边际利润、不稳定需求的革新性产品的供应链设计就不同于低边际利润、有稳定需求的功能性产品。

功能性产品需求具有稳定性、可预测性。这类产品的寿命周期较长，但它们的边际利润较低，经不起高成本供应链折腾。功能性产品一般用于满足用户的基本要求，如生活用品（柴米油盐）、男式套装、家电、粮食等，其特点是变化很少；功能性产品的供应链设计应尽量减少链中物理功能的成本。

革新性产品的需求一般难以预测，寿命周期较短，但利润空间高。这类产品是按订单制造，如计算机、流行音乐、时装等。生产这种产品的企业没接到订单之前不知道干什么，接到订单就要快速制造。革新性产品供应链设计应少关注成本而更多地关注向客户提供所需属性的产品，重视客户需求并对此做出快速反应，因此特别强调速度和灵活性。

2. 两种不同功能的供应链

供应链从功能上可以划分为两种：有效性供应链和反应性供应链。有效性供应链主要体现供应链的物理功能，即以最低的成本将原材料转化成零部件、半成品、产品；反应性供应链主要体现供应链的市场中介功能，即把产品分配到满足用户需求的市场，对未预知的需求做出快速反应等。

3. 供应链设计应当与产品特点相匹配

产品分为两种类型，功能性产品具有用户已接受的功能，能够根据历史数据对未来或季节性需求做出较准确的预测，产品比较容易被模仿，其边际利润低。与功能性产品相匹配的供应链应当尽可能地降低链中的物理成本，扩大市场占有率。因此，对于功能性产品，应采取有效性供应链。

革新性产品追求创新，不惜一切努力来满足用户差异化需求。这类产品往往具有某些独特的、能投部分用户所好的功能，由于创新而不易被模仿，因而其边际利润高，在产品供货中强调速度、灵活性和质量，甚至主动采取措施，宁可增加成本大量投资以缩短提前期。对创新功能产品的需求是很难做出准确预测的，因此，追求降低成本的有效性供应链对此是不适应的,这时只有反应性供应链才能抓住产品创新机会,以速度、灵活性和质量获取高边际利润。

10.2.5 基于产品生命周期的供应链设计

对于一种产品来说,从其产生投放市场直到过时淘汰,一般都要经历几个典型的生命阶段,即导入期、成长期、成熟期、衰退期四个阶段。

一般对于产品生命周期的讨论,以市场销售的观点也可分为四个阶段,如图10-1所示。

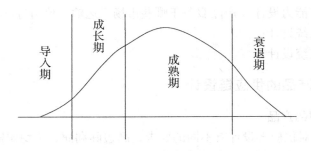

图 10-1 产品生命周期

(1) 导入期:指产品刚推出市场,销售成长缓慢的时期。
(2) 成长期:指产品逐渐被市场接受,销售成长迅速的时期。
(3) 成熟期:指产品已经被多数的购买者接受,销售成长缓和且呈现稳定状态的时期。
(4) 衰退期:指产品销售急速下降,最终被其他替代性产品所取代的时期。

在产品生命周期的各个阶段,产品有其明显区别于其他阶段的特征,对供应链的要求也有所不同。因而对同一产品在其生命周期的不同阶段,要注意控制供应链的内容和侧重点,采取相应的供应链策略,见表10-1。

表 10-1 产品生命周期各阶段的供应链策略

产品生命周期	特点	供应链策略
导入期	● 无法准确预测需求量 ● 大量的促销活动 ● 零售商可能在提供销售补贴的情况下才同意储备新产品 ● 订货频率不稳定且批量小 ● 产品未被市场认同而夭折的比例较高	● 供应商参与新产品的设计开发 ● 在产品投放市场前制定完善的供应链支持计划 ● 原材料、零部件的小批量采购 ● 高频率、小批量的发货 ● 保证高度的产品可得性和物流灵活性 ● 避免发生缺货 ● 避免生产环节和供应链末端的大量储存 ● 安全追踪系统,及时消除安全隐患或追回问题产品 ● 供应链各环节信息共享

续表

产品生命周期	特点	供应链策略
成长期	• 市场需求稳定增长 • 营销渠道简单明确 • 竞争性产品开始进入市场	• 批量生产,较大批量发货,较多存货,以降低供应链成本 • 做出战略性的顾客服务承诺,以进一步吸引顾客 • 确定主要顾客并提供高水平服务 • 通过供应链各方的协作增强竞争力 • 服务与成本的合理化
成熟期	• 竞争加剧 • 销售增长放缓 • 一旦缺货,将被竞争性产品所代替 • 市场需求相对稳定,市场预测较为准确	• 建立配送中心 • 建立网络式销售通路 • 利用第三方物流公司降低供应链成本,并为顾客增加服务 • 通过延期制造、消费点制造改善服务 • 减少成品库存
衰退期	• 市场需求急剧下降 • 价格下降	• 对是否提供配送支持及支持力度进行评价 • 对供应链进行调整以适应市场的变化,如对供应商、分销商、零售商等数量的调整及关系的调整等

10.3 供应链网络设计

供应链网络设计,又称供应链设施决策,是指供应链上的生产厂、存储库、运输相关设施等的布局架构和能力安排。与其相关的主要概念包括四项:设施担当角色、设施布局选址、设施能力安排和设施的需求供给分析。具有实际应用价值的供应链网络设计决策,应当给予以上四个关键点同等的重视。

设施:供应链设施包括对材料、在制品、产成品进行物料处理作业和进行存储作业的一切设施,所有的零售商店、成品仓库、制造工厂和材料储备仓库都属于供应链设施。

设施与设施网络的选择,决定了供应链在成本与服务方面的竞争能力。

供应链设施决策也称供应链网络设计决策,包括生产、储藏或运输相关设施的区位及每样设施的容量和作用。

10.3.1 供应链网络设计的概念架构

1. 设施担当角色

设施担当角色是指供应链上网点设施的具体用途、相应安排的工作职责和流程。设施角色的定义对整个供应链的运作弹性有至关重要的作用。

以丰田汽车公司为例,它几乎在全球的每一个重要市场都安排了生产分厂。原先这些分厂的角色职责仅仅是满足所在市场的客户需要,这种性质单一的角色定义简化了分厂生产流程,便于日常管理,同时也降低了运作成本。在1977年,当全球性的经济危机波及亚太地区时,当地汽车市场需求量骤然减少,随即当地生产分厂的生产力大量过剩,而它们又无法为亚洲以外市场提供产品支持，这使丰田遭受重大经济损失。到20世纪70年代末，丰田公司对全球各分厂所担当角色做了重新定义，这些分厂以满足其所在市场需求为主，而同时又被安排了额外的生产弹性，即同时也能为其他市场提供产品。这种富有弹性的设施角色定义，难免会增加各分厂的工作流程，使链上管理复杂化，但是它却更有利于丰田公司适应全球各市场的需求随机变化。

2. 设施布局选址

选址的重要性：设施的地址一旦确定，将会在相当长一段时间内不发生变化，选址决策对供应链的运作影响就会一直持续。

优化的选址决策便于降低供应链的流通成本，缩短运输路径，加快整个系统的反应速度，如果再考虑到土地升值，那么从长远来看其效益是无法限量的。

选址的技术性：选址问题本身的复杂性使大批学者深入其中，创造了一系列复杂的数学模型和解决算法，如重心法、混合—整数线性规划方法等。而随着当代计算机技术的高速发展、大规模运算成为可能，越来越多的研究人员趋向于采用遗传算法、进化算法、神经网络等启发式算法来达到或逼近该问题的最优解。启发式算法的一个特点在于求解近似性，对于选址NP-难题，各有各的较优解，却都无法给出一个普适的最优解。

供应链的运作效率会受到选址决策的深远影响，丰田汽车公司在北美设的列克星敦汽车生产分厂是一个成功案例。在20世纪80年代末90年代初日元对美元汇率升值时期，丰田在日本本土生产的汽车由于造价过高而无法在北美市场赢得竞争优势。而列克星敦分厂没有受到国际汇率的影响，它的产品延续了丰田汽车物美价廉的一贯特征，使丰田公司保持住了在北美市场的销售地位。

3. 设施能力安排

对于生产性设施，设施能力指产品的生产供给能力；

对于存储性设施，其能力包括货物存储容量、货物保鲜能力和货物出入吞吐量等方面；

对运输路径上的其他设施，如销售网点等，其能力表现为商品的容纳品种和容纳量等方面。

4. 设施的需求供给分析

供应链上的每一个设施都有其相应固定的上游货源供应和下游市场需求，这种相对固定性并不是天生就有的，一般是通过设施的供给需求分析得出的部署方案。设施供给需求分析的出发点：一端是终端客户的需求变动，然后由供应链下游设施向供应链上游设施逐级递推影响；另一端是供应链最上游原材料供应商的供给变动，然后从上游设施到下游设施逐级递推影响。伴随设施的下游需求变化和上游供给变化，该设施的需求供给分析也应该相应更新。设施需求供给分析指导了供应链生产、库存、运输、销售的全程部署，因此它对供应链系统的整体绩效有直接影响。

在此以亚马逊网上书店的供应链网络为例。这家总部位于美国西雅图的高科技公司，原本只在当地设有一座配送仓库。随着公司业务向全美各地的高速拓展，仓储设施匮乏成为公司发展的瓶颈，于是亚马逊公司相应在全美各主要市场新盖了一系列配送仓库。每当新盖一座仓库，公司都要对供应链全部设施重新做需求供给分析，目的是择优规划各仓库设施的供给源、需求市场和运营能力。这样做不仅降低了公司整体运营成本，同时还提高了公司对终端客户的响应速度。

5. 设施决策的作用
（1）设施功能决策：决定了供应链在满足客户需求中的灵活性大小。
（2）设施区位决策：对供应链的运营有长期影响，废弃或迁移设施的代价是十分昂贵的。好的设施区位能帮助企业在较低成本下保证供应链的运营。
（3）容量配置决策：不易改变，合理的容量配置能降低成本，提高设施利用效率，提升对需求的反应能力。
（4）设施的供应源及市场配置决策：会影响供应链为满足客户需求所引发的生产、运输、库存等成本。

10.3.2 供应链网络设计的影响因素细分

供应链网络设计决定了供应链体系的具体配置，对库存、运输路径、信息、资金等重要指标给以量化规定，以确保供应链整体的运作成本最低，客户响应速度最快。基于以上四点关键的概念架构，可以细分出如下几项供应链网络设计的影响因素。

1. 战略因素

一个企业的竞争战略对供应链的网络设计决策有重要影响。

强调生产成本的企业，趋向于在成本最低的区位布局生产设施，这样做会使生产工厂远离其市场区。强调反应能力的企业，趋向于在市场区附近布局生产设施。这种布局能使它们对市场需求变化迅速做出反应，甚至不惜以高成本为代价。

全球化的供应链网络，通过在不同国家布局不同职能设施，能更好地支持其战略目标的实现。

基于成本战略的公司，考虑的是尽量降低公司运营成本，于是设施选址首要考虑的因素是地价和劳动力，并使其达到最低。基于客户战略的公司，它们一般认为使客户享受最满意的服务、在最短时间内响应客户需求才是公司战略的根本，于是这类公司会把设施选址在最方便到达客户的地方，即便这意味着代价较高的地租；基于混合型战略的跨国供应链网络，可能在某些地区以成本战略为指导，而在另外一些地区则采用客户战略。

2. 技术因素

产品技术特征对网络设计有显著影响。如果生产技术能带来显著的规模经济效益，布局少数大容量的设施是最有效的。相反地，如果设施建设的固定成本较低，就应该建立为数众多的地方性生产设施，因为这样做有助于降低运输成本。

生产技术的灵活性影响到网络进行联合生产的集中程度。如果生产技术很稳定，而且不同国家对产品的要求不同，产品就必然在每一个国家建立地方性基地为该国的市场服务。相反，如果生产技术富有灵活性，在较少的几个大基地进行集中生产，就显得简单易行。

不同技术水平的产品，其相应的供应链网络设计侧重点也不同。对于高科技精密制造产业，例如 CPU 芯片制造业，存在巨大的规模效应，这是因为产品创新的成本很高，唯有大规模生产的生产线才可以取得较低的平均成本；同时由于技术要求高，开设新厂的投资代价非常高。这类产业供应链的生产性设施具有地域高度集中的特征，主要通过原有生产设施的扩张来扩大生产能力。与之形成对比的是技术含量相对较低产品的供应链特征，例如可口可乐的汽水罐装厂遍布全球。我们可以用经济学的"弹性"来更客观地描述技术因素对供应链网络设计的影响,如果产品技术弹性低,即不同市场对产品的技术要求各不相同(例如中国与美国的可口可乐市场在四类产品可乐、芬达、雪碧、醒目的销售组合上不同),那么这类产品的供应链就有必要在各个市场分别开办生产分厂。反之,如果产品技术弹性高,即同一种产品在不同市场都适用(全球各市场都使用相同的英特尔奔腾处理器和超威新速龙处理器),那么这类产品的生产性设施会比较集中。

3. 宏观经济因素

(1)关税。关税对供应链网络布局决策有很大影响。如果一个国家关税高,企业要么就放弃这个国家的市场,要么就在该国建设生产厂以规避关税。高关税导致供应链网络在更多的地方进行生产,配置在每个地方的工厂生产能力都较小。对全球企业来说,关税降低导致了生产基地的减少和每一基地生产能力的扩大。

(2)税收减让。税收减让是指国家、州和城市的关税或税收的削减,以鼓励企业布局于某一特定区域。许多国家不同地区之间的税收减让不一样,以鼓励企业在发展水平较低的地区投资。对许多工厂来说,这种减让往往是布局决策的最终决定因素。

(3)汇率。汇率波动对服务世界市场的供应链的利润有显著影响。设计良好的供应链网络,提供了利用汇率波动增加利润的机会。一个有效的方法是,在网络中多规划一部分生产能力,以使生产能力具有灵活性,从而能满足不同市场的需求。这种灵活性使企业可以在供应链中改变产品的流向,并在当前汇率下成本较低的基地生产更多的商品。

(4)需求风险。供应链网络设计还必须考虑由于经济波动而导致的需求波动。

4. 周边基础条件

供应链设施理想的周边基础条件包括高素质而价格低廉的劳动力资源、充足而价格合理的土地和矿产资源、优良的海陆空交通条件以及齐备的城市基础建设。例如,在华各大跨国企业都喜欢把其对华事业总部设在北京、天津、上海这样的特大城市,原因关键在于这些地区的周边基础发展历史最长、条件相对最优越,尽管这种特大城市的地价要比我国其他城市高出很多。

5. 竞争对手因素

企业在设计供应链网络时必须要考虑到竞争对手的战略、规模和设施布局。如果市场竞争氛围是倡导共赢,则企业会把设施建在竞争对手的旁边,这种情况的一个好例子是思科公司,这家总部位于美国硅谷的公司是世界最大的网络产品供应商,它的竞争特点很大程度上影响了整个网络产品市场的竞争氛围。该公司并不热衷于野蛮吞并周边的中小型竞争企业,相反地,它会主动向市场上的新秀企业提供技术和财力支持,壮大起来的新秀企业都乐意与这家公司开展广泛的技术共享,结果是促进了共赢发展。如果处在瓜分市场为主题的竞争环境下,企业会尽量把设施建在尚待开发的新市场中,这样做的目的首先是避免其他已瓜分市场的进入风险,其次是尽快抢占新市场的市场份额,形成对竞争对手的无形进入壁垒。

6. 客户因素

企业服务市场的客户特点也是供应链网络设计的决定因素之一。同样是在亚洲,丰田对中国大陆和对韩国、中国台湾的供应链构建战略就存在区别。中国大陆的居民收入水平相对较低,汽车的配套装备、设施,如汽油品质、道路铺设水平都相对较低,针对这个市场的生产分厂以低价位和耐磨损的产品为主打。韩国、中国台湾市场的消费水平较高,客户更看重汽车的外形、时尚，针对这个市场的生产分厂以相对高档、造型豪华的产品为主打。耐克公司在亚洲的供应链构建策略与丰田类似，中国大陆市场的销售潜力很大，但居民的平均消费水平低，耐克对这个市场采用的开发战略是成本战略，耐克还将自己在亚洲的最大生产基地设在了中国青岛，就是考虑到这里无可限量的经济潜力和充足廉价的劳动力市场。与之形成对比的是韩国、中国台湾、日本市场，这里的居民更加富有，他们在消费上不仅要求满足基本的物质需要，还要求更高层次的精神需要，耐克公司对这一市场采用客户战略，产品高档、售后齐全。

7. 政治因素

政治稳定因素的考虑在布局中起着重要作用。企业倾向于将企业布局在政局稳定的国家，这些国家的经济贸易规则较为完善。拥有独立和明确法制的国家使企业觉得，一旦它们需要就能在法庭获得帮助，这容易使得公司在这些国家投资建厂。政治稳定很难量化，所以企业在设计供应链时只能进行主观的评价。

8. 基础设施因素

良好的基础设施是在特定区域进行布局的先决条件。关键的基础设施因素包括场地的供给、劳动力的供给、靠近运输枢纽、铁路服务、靠近机场和码头、高速公路入口、交通密集和地方性公用事业等。

9. 对客户需求的反应时间

设计供应链网络时，企业必须考虑到客户要求的反应时间。企业的目标客户若能容忍较长的反应时间，那么企业就能集中力量扩大每一设施的生产能力。相反地，如果企业的客户群认为较短的反应时间很重要，那么它就必须布局在离客户较近的地方。这类企业就应当设有许多生产基地，每个基地的生产能力较小，由此来缩短对客户需求的反应时间，增加供应链中设施的数量。

10. 物流和设施成本

当供应链中的设施数量、设施布局和生产能力配置改变时，就会发生物流和设施成本。

（1）库存成本。当供应链中设施数目增加时，库存及由此引起的库存成本就会增加。为减少库存成本，企业经常会尽量合并设施以减少设施数量。

（2）运输成本。进货运输成本是指向设施运进原材料时发生的成本。送货运输成本是指从设施运出货物时发生的成本。单位送货成本一般比单位进货成本高，因为进货量一般较大。因此，增加设施数量就能减少运输费用，但如果设施数量增加到一定数目，使得批量进货规模很小时，设施数量的增加也会使运输费用增多。

例题 1：生产商的平均单票货量为 500 磅，运输费率为 7.28 美元/百磅，那么直接运费为 36.4 美元；假设单票运送 20 000 磅以上的运输费率为 2.40 美元/百磅，在市场区域的本地运送费率为 1.35 美元/百磅，所以，总费率约为 3.75 美元/百磅；运送 500 磅，需要 18.75 美元。

那么，如果建立仓库的运作成本低于：36.4 − 18.75 = 17.65（美元/百磅），该仓库在经济上就具有合理性。

设：

P_v——批量运输的操作成本；

T_v——批量运输的运输成本；
W_x——平均每票货物的仓储成本；
L_x——平均每票货物的本地送货成本；
N_x——每个批量运输所含平均的单票运输的数量；
P_x——平均每票货物的操作成本；
T_x——平均每票货物的直接运输成本。

$$\sum (P_v + T_v)/N_x + W_x + L_x \leq \sum (P_x + T_x)$$

11. 设施（建设和运营）成本

设施相关成本包括设施新建成本、设施运营成本等，从根本上可以把这类成本分为两类：固定成本和可变成本。固定成本具有一次性投入、数额巨大、长期返本的特点，如新建设施的购买土地、厂房、机器等成本；可变成本则是伴随产品的每一个流动周期发生的生产、加工、包装、售后服务等成本，具有反复性投入、数额较小、短期返本的特点。对设施相关成本的评估一定要把眼光放长远，全面考虑投入产出比。以客户服务外包作为案例，美国许多企业鉴于国内薪资水平较高，纷纷在海外英语国家开办客户服务分公司，招用当地员工从事电话咨询工作，从而降低了薪酬成本；但是，经过一段时间的考察显示许多公司的发展速度放慢了，客户服务状况令人担忧，客户源大大减少。原因在于海外员工与本国客户之间的巨大文化差异造成了严重的沟通障碍，员工在这方面的素质不是短期可以提高的，而客户对此极为不满。从长远来看，这些公司做了错误的决策。

10.3.3 供应链网络设计决策的步骤

（1）明确供应链战略。第一步的目标是，明确企业的供应链战略。详细说明供应链应该具备哪些功能，以支持企业竞争战略的实现。管理者必须在企业竞争战略、竞争分析以及所有的限制条件基础上决定供应链战略。

（2）明确地区性设施的构架。第二步的目标是，选择设施布局的区域，明确设施的潜在作用及其最大容量。要进行需求预测；分析规模经济的作用；明确需求风险、汇率风险、政治风险；掌握关税和税收减免情况；进行竞争环境分析。

（3）选择合适的地点。第三步的目标是，在将要布局设施的区域范围内选择一系列的地点。地点的选择应当依据基础设施的状况进行，以便确保预想的生产方式能正常进行。硬件设施要求包括供应商的存在、运输服务、通信、公用事业以及仓储设施。软件设施要求包括可供雇佣的熟练劳动力、劳动力转换以及当地社区对工商业的接受程度。

（4）选择布局区位。这一步的目标是选择精确的设施布局区位，并为每一设施配置容量。我们应从第二步选出的一系列理想的地点中进行筛选，找出布局区位。网络设计是为了实现供应链总利润最大化，并考虑每个市场的预期边际效益和需求以及不同的物流和设施成本。

10.3.4 网络设计决策框架

网络设计决策框架如图10-2所示。

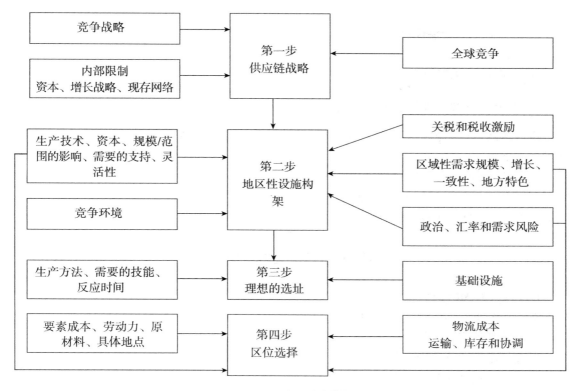

图 10-2 网络设计决策框架

10.3.5 网络设计优化模型

1. 管理者进行设施布局和容量配置的目标

管理者进行设施布局和容量配置的目标应当是：使整个供应链网络的利润最大化。在制定这一决策前，应该掌握：

（1）供应源和市场的位置；
（2）潜在的设施地点的区位；
（3）市场需求预测；
（4）每一地点的设施成本、劳动力成本和原材料成本；
（5）每两个设施布局地点之间的运输成本；
（6）每一地点的库存成本及其与设施数量的关系。

2. 供应链网络的最小总成本设计

（1）变量：订货量、发运量、运输方式、选定位置。
（2）约束条件：
①市场需求；
②所期望的库存服务水平；
③设施备选位置。

3. 供应链网络设计的其他模式

在设计时可以考虑以下基本目标：

（1）最大限度的服务水平；
（2）差异化的竞争优势；
（3）最大利润；
（4）最小化的资产配置。

10.3.6 网络优化模型的运用

供应链网络设计包括供应商、生产商、仓储管理、库存控制等，因此可以考虑的网络优化模型如下：
（1）需求量在工厂之间的分配模型；
（2）生产能力既定的工厂布局模型；
（3）工厂和仓库同时布局模型。

10.4 学习目标小结

1. 理解 SCOR 模型

SCOR 模型主要由四个部分组成：

供应链管理流程的一般定义；

对应于流程性能的指标基准；

供应链"最佳实施"的描述；

选择供应链软件产品的信息。

SCOR 模型是第一个标准的供应链流程参考模型，是供应链的诊断工具，它涵盖了所有行业。SCOR 模型使企业间能够准确地交流供应链问题，客观地评测其性能，确定性能改进的目标，并影响今后供应链管理软件的开发。

2. 理解设施决策在供应链网络设计中的作用

设施决策包括设施布局、设施作用和设施容量，这些决策在本质上是战略性的。

好的供应链网络设计决策能够增加供应链的利润，不适合的供应链网络设计确实是减少企业利润的致命所在。

3. 明确供应链网络设计的影响因素

网络设计的影响因素主要有宏观经济因素、政治因素、战略因素、技术因素、基础设施因素、物流与营运成本因素等。

4. 理解供应链设计失败的原因以及掌握设计供应链主要解决的问题

5. 熟练掌握产品生命周期各阶段的供应链策略

讨论题：

（1）全球供应链网络中的生产性设施起着哪些不同的作用？

（2）考察一个制造企业，列出该公司的供应链网络现状并做出优劣分析。

（3）日本的 7-11 超市在全世界拥有多少家经营门店？为什么该超市能够适应现代社会和经济发展的需求？

（4）在供应链网络设施设计中，需要考虑哪些因素？为什么？

案例分析

利丰集团：参透供应链的秘密　成就虚拟帝国

36年前，冯国经和弟弟冯国纶经手的利丰还是一家"夕阳公司"。

今天，利丰集团的网络覆盖全球：它以我国香港为总部，通过在40个国家的67个采购办公室协调货物生产。2001年的营业额为330.29亿港币，利润7.82亿。10年来，利丰集团的股票在香港证券交易所表现上佳。尽管利丰集团越来越大，覆盖越来越广，业务不断更新，但是核心目标没有改变。正如公司网站lifung.com所称："利丰集团不拥有生产设备，而是管理质量高、成本低并且交货及时的大量制造商。"而且，利丰集团一如既往，秉承冯柏燎一个世纪以前创始的理念：将出口贸易商的角色专业化。利丰集团的故事，对放眼世界市场的中国商人有特别的意义。

利丰集团市值超过140亿美元，员工来自41个国家，它已成为全球最大的采用虚拟生产模式的民生消费品供应商。也许你对利丰并不熟悉，但你手中的圆珠笔却是由它最早引入中国的，当时叫原子笔，风靡神州。正是这原子笔的小小创意，让利丰获得丰厚利润，百年基业得以开拓。

炒原子弹概念，靠原子笔创意掘金

1906年的广州，外资洋行把持着中国商品的进出口业务。利丰从一个小小的铺位起家，开始了与外国洋行的竞争。创办人冯柏燎靠着能说流利外语，把瓷器、古董和工艺品卖给外国人。在当时，利丰是中国第一家华资出口贸易公司，货物主要出口到欧洲与北美。

1937年，利丰创立31年，为了有更好的前景，冯柏燎决定把公司迁往交通运输更为便利的香港。抗战胜利后，利丰重整旗鼓。

利丰故事的转折，发生在1972年，他们运用从哈佛学到的西方先进管理经验和理论，对利丰进行了一次哈佛案例式的研究。

在逐步完善内部管理的同时，利丰大力转变业务模式，确立了"客户主导"的理念。利丰的业务逐步清晰化，主要介入产品生产过程的前端和后端。在前端，利丰做市场开发、客户关系、产品设计和市场资源管理；在后端，利丰做产品的检测、包装和运输这几个环节的管理。利丰没有生产过程中的最重要的环节——工厂，把制造工作完全交给别人去完成。但自己对原料采购、产品生产和交货全过程都进行严格有效的管理，这样，利丰从一个传统的介于买家和卖家之间单纯的中间人角色，转变成复杂的、新型的产品供应专家。利丰的这些管理思路，许多都来源于哈佛，并有冯氏兄弟自己的创新。正是哈佛商学院的经验和理论以及他们自己的创新，使利丰实现飞跃。

成功转型，建一个虚拟帝国

利丰不像百年福特或是丰田，强调"一条龙"的垂直生产和销售。利丰的供应链好比X光，从香港发散、穿透到全球各地，完完全全打破原来由上到下、环环相扣的直线型生产制造和销售模式。

利丰与全球客户直接签订供货合约，向买家直接提供产品。但利丰没有工厂，而是通过向厂家下订单来生产供应产品。利丰负责统筹并严格管理整个生产流程，从事从产品设计、原材料采购、生产管理与控制，到物流、客户服务以及一切客户支持工作。

这个虚拟生产王国，既无工厂，更没有直接聘用任何一名生产工人，但它却构筑起一个既广且深的网络,这个网络囊括了全球四大洲、41个国家、上万家工厂。在这个网络中,全球有超过200万人为它工作。

当客户向利丰下一个生产订单时,利丰可以在自己的虚拟生产网络中,迅速找到最适合的生产者,组织出一座虚拟工厂。每天,利丰要处理上千张订单,每张订单都变成一间虚拟工厂。形象地说,利丰每天都靠订单组织起上千家虚拟生产工厂。可以说利丰是一家贸易公司,也可以说它是一家虚拟化经营的信息公司。

下面的故事,最能说明利丰的经营模式:

一家美国零售商向利丰下了一张30万件男性斜纹工作短裤的订单。利丰没有工厂、没有纺织机、没有面料、没有染料、没有拉链,也没有雇用任何一位裁缝师。然而,这笔订单竟然在一个月后出货了!短裤的纽扣来自中国,拉链是日本制造,棉纱的原料棉花来自印度,是在巴基斯坦纺成棉纱,然后在中国织成面料并染色,最后,成品则是在孟加拉缝制完成。因为客户要求的时间很急,所以利丰一接到订单,就分给孟加拉三家工厂承接,同步处理,最后每件短裤质量都完全统一,看起来像同一家工厂制造的。

如果同一笔订单推迟两个星期出现,利丰就会从自己的全球网络中,挑选也许完全不同的工厂来完成。强大的计算机管理的供应链是利丰竞争的法宝,它可以从遍布全球的一万家供应商中挑选出最优秀的合作厂商来达到交货最快、质量最好、价格最便宜。

虚拟生产王国的秘密

虚拟生产王国的形成,源于冯氏两兄弟的成本方程式和"软三元"理论。他们认为,全世界生产成本可以用这样的方程式来计算:产品成本=工厂生产成本(占25%)+供应链成本(占75%)。在上述方程中,工厂生产成本这一项非常刚性,很难降低成本,榨不出太多的利润。他们把工厂生产成本称为"硬一元"成本,意即单纯而很难降低。

而由物流、信息流和资金流组合而成的供应链,由于占总成本的75%,降低成本的空间弹性非常大,如果管理得当,很容易省下大量成本。由于供应链成本弹性很大,又由三个要素组成,所以被冯氏兄弟称为"软三元"。他们大力压缩供应链成本的理论,被称为"软三元"理论。

利丰就是充分利用自己最优秀的供应链,从全球搜寻最佳原料,送到劳动力成本最低廉、生产质量最高的厂家完成生产工作。

虚拟生产王国的实现,来源于利丰长年打造的信息网络系统,在公司强大的供应链网络系统中,利丰可以实现三种互联:一是将公司与全球数百家大客户互联,形成全球化的接单经营模式;二是将公司内部的资金、人才、产品与商机互联,商机出现时能迅速调动所需产品数据,安排采购、生产、配送和融资,并做出相应的人力资源配置;三是与客户及全球上万家生产供货商的信息流和物流互联,能够迅速为客户提供"一站式"服务。

利丰的供应商遍布全球,为什么这些供货商心甘情愿为利丰留下利润空间?因为利丰有庞大稳定的客户群,有极强的产品开发设计能力,有强大的客户和产品供货商服务体系,这样就会帮助生产产商从造低档产品升级为造高档产品,并获得适当的利润。所以,上万家生产供货商都愿意与利丰保持良好的关系,自己赚钱也让利丰赚钱。

利丰和生产供货商长期稳定的合作,彼此信任、共生双赢,反过来又提高了利丰在客户中的信誉度。利丰的全球虚拟化生产供应链有独特竞争力,最难被模仿、拷贝。这就是客户和供货商都必须依赖利丰的秘密,也是利丰赚钱的秘密。正是靠着虚拟化生产的独特竞争力,利丰成功地从夕阳公司转化成冉冉升起的朝阳产业。

(资料来源:IT商业新闻网)

思考题:

(1)利丰集团现在称自己为"全球供应链管理者",为什么?

(2)利丰给中国企业有哪些启示?

(3)利丰的供应链网络设计有哪些特点?

第十一章

信息技术在供应链中的运用

学习目标

阅读完本章节后，你将能够：
※ 理解信息和信息技术在供应链中的重要性
※ 识别和了解供应链中运用的不同信息技术
※ 讨论供应链中如何运用信息技术
※ 掌握实践中的几种常用信息技术

章前导读

生鲜供应链龙头鲜易控股——总理赞赏的"河南传统企业转型的样本"

由中物联冷链委组织评选的"2016年中国冷链物流企业百强"名单中，鲜易供应链名列第二。鲜易控股是河南众品食业股份有限公司、河南鲜易供应链有限公司重组企业，该企业定位于构建智慧生鲜供应链生态圈，开始了产业互联网转型之路，使公司转变为集供应端、食品安全管理、电商平台、物流配送于一体的产业互联网公司。2014年，鲜易控股公司主营业务收入达到135亿元。2015年以来，公司的整体增速同比提升16%，鲜易控股也成了传统企业与互联网融合发展的样板。

鲜易网络链构建和拓展

2013年，完成了私有化的鲜易开始拥抱互联网进行战略转型，使自己从服务企业向生态平台企业过渡，在2年时间内，打造了一条生鲜电商产业链，涵盖了食品产业链整合能力、标准食品安全保障能力、冷链仓储配送能力、供应链金融服务能力等，如今已形成了以产业互联网定位的发展方向，以鲜易控股为统领的公司架构，以线上平台加线下产品和服务的O2O2O发展模式。

鲜易为了构建自己的生鲜生态圈，在线上主要布局了两张网，在线下主要从产品维度和服务维度布局了三张网，形成了从产业链到供应链，从产品维度到服务维度再到互联网维度的综合运营平台。

线上互联网平台

在线上，鲜易布局了两张网，运营着三个电子商务平台：B2B 平台——鲜易网，B2C 平台——日日鲜商城，冷链资源交易平台——冷链马甲。

鲜易网是一家垂直生鲜食材 B2B 电商交易平台，是首批酒店餐饮生鲜食材采购批发、肉禽水产批发平台，该平台面向餐饮、团膳、生鲜便利店和食品分销商等产业链中小创业者，致力于为中国生鲜食品企业用户提供信息发布、品牌传播、网络营销、担保交易、金融服务、仓储物流等多方位、全流程的电子商务服务。鲜易网现已成为全国最大的生鲜食品 B2B 交易平台。网站采取 B2B + O2O 的运作模式，通过行业上、下游资源的整合，向广大从事生鲜食品生产、贸易、流通的企业、团体、个人提供产品展示、批发交易、物流配送、金融服务等。并将客户分为大 C 和小 B 类型，通过线上线下一体化的服务，在细分中找到突破口。鲜易网注册用户数已达 58.6 万个，日订单数 30 000 多单，年交易额过 120 亿元。

日日鲜商城是 B2C 交易电子商务平台，定位于社区大厨房，主要客户是 C 端客户，是社区的居民和消费者，产品包括冷鲜肉、肉制品、水果蔬菜、料理调味以及进口食品、地方特色农产品等百姓厨房生鲜食材。消费者可通过移动端、PC 端线上下单，既可以选择在规定时间内送货上门，也可以到线下实体店取货。

鲜易供应链运营的"冷链马甲交易平台"是国内第一家冷链物流线上综合性公共服务交易平台，提供温控供应链专业服务和增值服务。此外，鲜易控股在全国建设 15 个销地生鲜物流配送中心和 10 个产地生鲜加工配送中心，物流服务和市场网络覆盖全国 26 个省、自治区。目前，平台注册车辆 3.8 万辆，冷库 1 960 万 m^3，注册用户数 4.07 万个，交易额近 35 亿元，平台活跃用户节约物流成本 10% 以上。

线下供应链平台

在线下，鲜易打造了三个联动系统——360 集采分销平台、温控供应链和食品产业链，进一步深化了供应链和食品产业链的协同作用，使自己的业务模式转变为 O2O2O。

鲜易基于"买全球、卖中国"的理念，构建了稳定的进出口渠道，并在全国五大区域 360 个城市进行集采分销网络布局，构建分销平台和分销系统。不仅如此，依托于 360 集采分销平台，通过 360 集采平台、360 深度分销平台、360 服务平台，鲜易还构建了自己的流通供应链，使自己能够实现全产业链的"产品+服务+数据"一体化解决方案服务能力。

线上，鲜易网、日日鲜、冷链马甲等 3 个电子商务平台组成"天网"；线下，由众品食业的食品产业链和鲜易供应链运营的流通加工、冷链物流配送、360 集采分销、国际集采贸易等组成"地网"。"天地网"结合，"线上下"联动，形成开放共享、共生共赢的智慧生鲜供应链生态圈，使上万个供应商、采购商、生产商、品牌商、运营商、配送商、服务商成为生态圈中的在线员工，共享金融、数据、技术、标准、信息等资源要素，进入公司的创新创业体系，将创业与就业、线上与线下相结合，降低创业门槛和成本。

（资料来源：搜狐财经）

11.1 信息技术在供应链中的作用

20 世纪 90 年代，一些计算机的制造商如惠普（HP），或生产家庭用品的宝洁（P&G）

开始将信息系统做上、下游整合,希望通过正确和快速的信息传递、分析和整合,达到对市场的需求作快速反应并降低库存等目的。因此,有效的供应链管理是建立在高质量的信息传递和共享的基础上的。信息的作用就是,能很好地将供应链的驱动要素紧密结合起来,创造一个统一、协调的供应链。

11.1.1 现代信息技术的发展

信息对供应链的运营至关重要,因为它提供了供应链管理者赖以决策的事实依据。没有了信息,决策者就无法了解顾客的需要、库存数量以及什么时候应当生产更多的产品并运送出去(图11-1)。

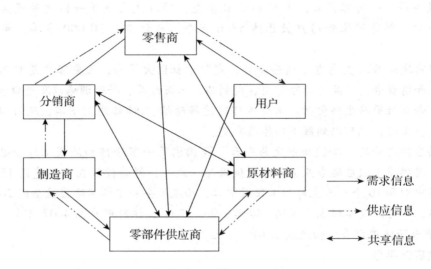

图11-1 供应链管理下的信息流

现代信息技术奠定了信息时代发展的基础,任何一个新的发现、新的产品、新的思想、新的概念都可以立即通过网络、通过先进的信息技术传遍世界。现代信息技术是一个内容十分广泛的技术群,它包括微电子技术、光电子技术、通信技术、网络技术、感测技术、控制技术、显示技术等。

11.1.2 信息技术在供应链管理中的应用

IT在供应链管理中的应用可以从两个方面理解:一是IT的功能对供应链管理的作用(如Internet、多媒体、EDI、CAD/CAM、ISDN等的应用);二是IT本身所发挥的作用(如CD-ROM、ATM、光纤等的应用)。IT特别是最新IT(如多媒体、图像处理和专家系统)在供应链中的应用,可以大大减少供应链运行中的不增值行为。

供应链管理涉及的主要领域有产品、生产、财务与成本、市场营销/销售、策略流程、支持服务、人力资源等多个方面,通过采用不同的IT,可以提高这些领域的运作绩效,见表11-1。

表 11-1 相关信息技术列表

序号	技术名称	序号	技术名称
1	因特网（Internet）	21	条码/扫描技术
2	企业网（Extranet）	22	准时制（JIT）
3	广域网（Wide Area Network）	23	多媒体技术（Multi-media Technology）
4	局域网（Local Area Network）	24	配送需求计划（DRP）
5	可视化技术（Visual Technique）	25	供应链管理信息系统（SCMIS）
6	网格（Net Grid）	26	应用服务提供（ASP）
7	计算机辅助软件工程（CASE）	27	企业资源计划（ERP）
8	电子邮件（Electronic Mail）	28	工作流自动化（Work Flow Automation）
9	专家支持系统（ESS）	29	图像处理技术
10	电子数据交换（EDI）	30	前台处理技术（POS）
11	面向对象的编程技术（OOT）	31	决策支持系统（DSS）
12	电子商务（Electronic Business）	32	超级文本传输协议（HTIP）
13	地理信息系统（GIS）	33	文件传输协议（FIP）
14	全球卫星定位（GPS）	34	计算机病毒防范技术
15	WWW 技术	35	计算机网络安全技术
16	卫星通信（Satellite Communication）	36	客户/服务器模式（C/S）
17	并行系统（Parallel System）	37	浏览器/服务器模式（B/S）
18	神经网络（Neural Network）	38	计算机集成制造系统（CIMS）
19	物料需求计划（MRP）	39	人工智能（AI）
20	制造资源计划（MRP Ⅱ）	40	数据库技术

（资料来源：邓汝春. 供应链管理［M］. 大连大连理工大学出版社，2008）

EDI 是供应链管理的主要信息手段之一，特别是在国际贸易中有大量文件传输的条件下。它是计算机与计算机之间的相关业务数据的交换工具，它有一致的标准以使交换成为可能。典型的数据交换是传向供应商的订单。

CAD/CAE/CAM、EFT（Electronic Funds Transfer）和多媒体的应用可以缩短订单流的提前期。如果把交货看做一个项目，为了消除物料流和信息流之间的障碍，就需要应用多媒体技术、共享数据库技术、人工智能、专家系统和 CIM。这些技术可以改善企业内和企业之间计算机支持的合作工作，从而提高整个供应链系统的效率。

企业的内部联系与企业外部联系是同样重要的。比如在企业内建立企业内部网络（Intranet）并设立电子邮件（E-mail）系统，使得职工能便捷地相互收发信息。像 Netscape 和 WWW 的应用可以方便地从其他地方获得有用数据，这些信息使企业在全球竞争中获得成功，使企业能在准确可靠的信息帮助下做出准确决策。信息流的提前期也可以通过 E-mail 和传真的应用得到缩短。信息时代的发展需要企业在各业务领域中适当运用相关的 IT。

战略规划受到内部（生产能力、技能、职工合作、管理方式）和外部的信息因素的影响。而且供应链管理强调战略伙伴关系的管理，这意味着要处理大量的数据和信息才能做出正确的决策去实现企业目标。如电话会议、Netscape、多媒体、网络通信、数据库、专家系统等，可以用以收集和处理数据。决策的准确度取决于收集的内、外部数据的精确度和信息交换的难易度。

产品设计和工程、流程计划可被当做一个业务流程，产品本身需要产品、工程、流程计划的设计，这些阶段可以用 QFD、CE、CAD/CAE 和 CAPP 集成在产品开发中，考虑缩短设计提前期和在产品周期每个阶段的生产中减少非增值业务。

市场营销和销售是信息处理量较大的两个职能部门。市场营销和销售作为一个流程需要集成市场研究、预测和反馈等方面的信息，EDI 在采购订单、付款、预测等事务处理中的应用，可以提高用户和销售部门之间数据交换工作效率，保证为用户提供高质量的产品和服务。

会计业务包括产品成本、买卖决策、资本投资决策、财务和产品组决策等。技术分析专家系统（Expert System for Technology Analysis，ESTA）、财务专家系统能提高企业的整体投资管理能力，而且在 ESTA 中应用人工智能（AI）和神经网络技术可以增强某些非结构性问题的专家决策。AI 的应用可以提高质量、柔性、利用率和可靠性，EDI 和 EFT 应用在供应链管理当中可以提高供应链节点企业之间资金流的安全和交换的快速性。

生产过程中的信息量大而且繁杂，如果处理不及时或处理不当，就有可能出现生产的混乱、停滞等现象，MRP Ⅱ、JIT、CIMS、MIS 等技术的应用就可以解决企业生产中出现的多种复杂问题，提高企业生产和整个供应链的柔性，保证生产及供应链的正常运行。

客户/服务技术可以应用于企业之间的信息共享，以改善企业的服务水平，同时各种网络新技术的应用也可以改善企业之间的信息交互使用情况。信息自动化系统提高了分销、后勤、运输等工作的效率，减少了纸面作业，从而可降低成本和提高用户服务水平。

供应链设计当中运用 CIM、CAD、Internet、E-mail、专家支持系统等技术，有助于供应链节点企业的选择、定位和资源、设备的配置。决策支持系统（DSS）有助于核心企业决策的及时性和正确性。

人类行为工程（Human Performance Engineering，HPE）开始在企业管理当中得到应用，它的主要职能是组织、开发、激励企业的人力资源。在企业系统的工作设计、培训、组织重构中应用 HPE 可以帮助企业提高从最高领导层到车间的人力效率，同时多媒体、CAD/CAM 和 Internet 等技术的应用可以改善职工之间的合作水平与降低工作压力。

11.2 供应链中信息的重要性

今天，信息成了决定企业生存与发展的关键因素，任何一个企业都要面对如何集成信息的问题。信息既有来自上下游企业的纵向信息，也有来自企业内部的横向信息，还有来自宏观层面上的信息。如何传递和共享这些信息，将上下游企业的经济行为以及企业内部各部门、各岗位的职能行为协调起来，就是供应链管理所要解决的核心问题。处于供应链核心环节的企业要将与自己业务有关（直接和间接）的上下游企业纳入一条环环相扣的供应链中，使多个企业能在一个整体的信息系统管理下实现协作经营和协调运作，把这些企业的分散计划纳入整个供应链的计划中，实现资源和信息共享，增强了该供应链在市场中的整体优势，同时也使每个企业均可实现以最小的个别成本和转换成本来获得成本优势。这种网络化的企业运作模式拆除了企业的围墙，将各个企业独立的信息孤岛连接在一起，通过网络、电子商务把过去分离的业务过程集成起来，覆盖了从供应商到客户的全部过程。对供应链中的企业进行流程再造，建立网络化的企业运作模式是建立企业间的供应链信息共享系统的基石。

这种企业间的供应链信息共享系统可以给企业带来如下好处：
（1）缩短需求响应时间；
（2）减少需求预测偏差；
（3）提高送货准确性和改善客户服务；
（4）降低存货水平，缩短订货提前期；
（5）节约交易成本；
（6）降低采购成本，促进供应商管理；
（7）减少生产周期；
（8）增强企业竞争优势，提高客户的满意度。

11.3 供应链中信息技术支撑体系

供应链信息系统的建立是需要大量信息技术来支撑的，我们从供应链管理涉及的主要领域来谈信息技术在其中的作用。它是以同步化、集成化生产计划为指导，通过采用各种不同的信息技术来提高这些领域的运作绩效（图 11-2）。

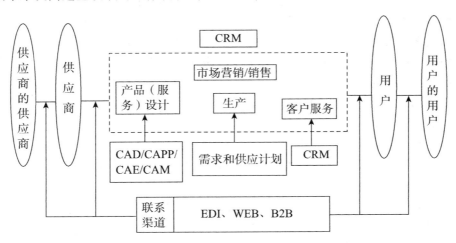

图 11-2　信息技术在供应链管理中的应用

信息技术对供应链的支撑可分为两个层面。

第一个层面是由标识代码技术、自动识别与数据采集技术、电子数据交换技术、互联网技术等基础信息技术构成。

（1）标识代码技术。统一的信息编码是实现供应链中各企业间的数据交换与共享的基础。没有它，自动识别技术与电子数据交换就不可能实现。通过将信息编码标准化技术应用到供应链管理系统中，实现供应链活动中的自动数据采集和系统间的数据交换与资源共享，从而在实践中真正做到"货畅其流",促进供应链各项活动的高效运转。

(2) 自动识别与数据采集技术。自动识别和数据采集(AIDC)技术是供应链管理过程中处理物流信息的理想技术。通过自动数据识别和数据采集,可保证供应链各环节高速准确的数据获取及实时控制。目前,供应链管理中,最常用的 AIDC 技术是条码技术。条码技术中的条形码是用一组数字来表示商品的信息,它是有关厂家、批发商、零售商、运输业等经济主体进行订货和接受订货、销售、运输、保管、出入库检验等活动的信息源。由于在活动发生时能即时自动读取信息,因此便于及时捕捉到消费者的需要,提高商品销售效果。

(3) 电子数据交换(EDI)技术。EDI 技术是实施快速响应(QR)、高效消费者响应(ECR)、高效补货等方法必不可少的技术。目前,几乎所有的供应链管理的运作方法都离不开 EDI 技术的支持。

(4) 互联网技术。互联网技术的蓬勃发展为供应链成员信息共享和交流提供了相对方便、快捷和廉价的方式。供应链成员可以不受空间限制地从事商业活动。

第二层面是基于信息技术而开发的,用以支持企业生产。在具体集成和应用这些系统时,不应仅仅将它们视为一种技术解决方案,而应深刻理解它们所折射的管理思想。

(1) 销售时点信息系统(POS)。POS 是指通过自动读取设备(收银机)在销售商品时直接读取商品销售信息,并通过通信网络和计算机系统传送至有关部门进行分析加工,以提高经营效率的系统。

(2) 电子自动订货系统(EOS)。EOS 是指企业间利用通信网络(VAN 或 Internet)和终端设备以在线(ON-LINE)方式进行订货作业和订货信息交换的系统。相对于传统的订货方式,EOS 系统可以缩短从接到订单到发出订货的时间,缩短订货商品的交货期,减少商品订单的出错率;有利于减少企业的库存水平,提高企业的库存管理效率;对于生产厂家和批发商来说,通过分析零售商的商品订货信息,能准确判断畅销商品和滞销商品,有利于调整商品生产和销售计划。

(3) 计算机辅助设计(CAD)、计算机辅助工艺规划(CAPP)、计算机辅助工程(CAE)和计算机辅助制造(CAM)。CAD/CAPP/CAE/CAM 等计算机辅助技术主要用于支持新产品设计与制造。随着产品数据管理(PDM)的发展,有效地建立了 CAD、CAPP、CAE、CAM 之间的信息集成,实现供应链上各企业之间正确而快速的数据交换,从而进一步加快产品开发时间,降低了费用。

(4) 企业资源计划(ERP)、制造资源计划(MRPⅡ)、及时生产制(JIT)。ERP/MRPⅡ/JIT 等主要用于企业生产控制和库存控制。当然 ERP 的范围更广,已体现出了供应链管理的思想,其应用领域从传统制造业拓展到其他类型的行业。ERP/MRPⅡ/JIT 等技术的应用可以解决企业生产中出现的多种复杂问题,促进企业业务流程、信息流程和组织结构的变革,提高企业生产和整个供应链的柔性,保证生产及供应链的正常运行。

(5) 客户关系管理(CRM)。CRM 是指在企业的运营过程中不断累积客户信息,并使用获得的客户信息来制定市场战略以满足客户个性化需求。CRM 最主要的功能模块是客户服务、市场营销、销售。通过将 CRM 应用于企业之间的信息共享,可以提升供应链上各企业之间的服务水平,提高客户满意度,维持较高的客户保留,对客户收益和潜在收益产生积极的影响等。

（6）电子商务。电子商务是各参与方之间以电子方式而不是通过物理交换或直接物理接触完成的任何形式的业务交易，它包括电子数据交换、电子支付手段、电子订货系统、电子邮件、传真、网络、电子公告系统、条码、图像处理、智能卡等。在供应链管理中，电子商务一般为企业对企业（B2B）和企业对消费者（B2C）两种类型。电子商务在供货体系管理、库存管理、运输管理和信息流通等方面提高了企业供应链管理运作的效率。

总之，当决策者拥有和良好的信息，使其具有全球性视野时，他们便能了解整条供应链。有了这一视野，他们就能对供应链做出最好的决策。因此，信息是供应链成功的关键，正如图 11-3 描述的那样。

图 11-3　信息在供应链中的作用

11.4　未来决定供应链中信息技术格局的趋势

随着全球经济日渐一体化，供应链已经成为国际经贸活动必需的配套环节，而近来技术的急速发展也使得供应链的效率大幅度提高，例如一个供应链外勤服务供应商结合使用移动计算、打印及全球定位系统（GPS）等技术，其每个员工团队每日可以节省 40 分钟工时。本章节所列的 10 大主流技术是美国易腾迈公司与其世界各地数以千计的客户、行业分析师、研究人员、IT 业界及解决方案供应商等合作伙伴深入交流后得出的结论。

1. 全方位连接技术

近年各种无线连接技术仿如雨后春笋，这包括个人局域网用的蓝牙技术、802.11 无线局域网、支持语音及数据通信的蜂窝式无线广域网等，它们在供应链领域的最新应用趋势是汇聚在同一种设备里，提供多样化的无线通信服务，这为用户以及相关的 IT 管理人员带来便利。

2. 语音及 GPS 技术

供应链方案的发展趋势是手持式电脑结合了语音通信及 GPS 功能，令它可以同时支持数据采集、数据通信及手机通信。随着广域无线通信的覆盖面（包括 GPRS、GSM、CDMA 等）日趋广阔及通信价格不断下调，越来越多的公司能负担使用实时数据访问系统的费用，提高供应链的效率。

3. 语音识别

语音识别技术使得手持式电脑的使用者不需分心留意屏幕，在 IT 产业提倡开放系统的大潮下，目前语音合成、识别功能已经能轻易地融合在多种旧的供应链应用软件里，包括仓库管理、提货及存放、库存、检验、品质监控等，这主要得益于终端仿真（TE）语音识别技术的面世。

根据一项对大批量配送中心所作的调研结果显示，使用条码数据输入方法的准确性比传统语音技术高 5%，但使用条码处理需要多 26 个全职工人。如果使用结合条码和 TE 语音识别技术的系统，其准确性与单纯使用条码技术相当，但可以少用 22 个全职工人。

4. 数码成像

企业级移动计算机增添了数码成像技术，不少运输和配送公司已经使用整合了数码照相机的移动计算机，使得他们的送货司机能采集配送完成的证明、存储已盖章发票并将未能完成送货的原因记录在案。

5. 便携式打印技术

目前移动打印机是打印行业中发展最为迅速的一环。销售、服务及配送人员使用便携式打印设备可以立即为客户提交所需文件，同时马上建立一个电子记录文档，不需另行处理纸张文件。在工业环境中使用便携式打印设备，可以节省工人前往打印中心提取标签、提货单或其他输出文件的时间。

6. 二维条码

二维条码的效益早已获市场肯定，但由于使用环境不同会导致有些标识难以读取，所以其广泛性还是有待进一步提高。但随着自动对焦技术的面世，二维条码逐渐成为物品管理、追踪及其他运营工作的主流支持技术。大多数的机构需要使用不同的条码应用软件来处理各式各样的标识、尺寸以及编码数据。

7. 资产管理系统（RFID）

RFID 的应用也日趋普及，它在资产管理及供应链领域所能发挥的价值尤为明显，例如，美国海军在一项存储管理关键任务使用 RFID 支持数据输入，操作时间节省了 98%。TNT 物流部使用 RFID 来自动记录装载于拖车上的货品，确认程序所需时间节省了 24%。

8. 实时定位系统（RTLS）

RTLS 能将无线局域网扩展至资产追踪系统，其中一个很大的市场驱动力是思科系统的 Wireless Location Appliance（无线定位设备），它可以通过思科的无线局域网进行资产追踪，任何一台和无线局域网连接的设备都可以被追踪和定位。一个应用就是通过车载计算机的射频来追踪叉车。无线定位设备和支持软件可以实时追踪射频的定位，高效地支持存储、路由、生产力数据收集及资产使用率分析等操作。

9. 远程管理

使用无线局域网来追踪仓库和工厂资产是远程管理的一个例子，其实远程管理的应用范围十分广泛，包括对条码读取器及打印机、RFID 设备、坚固耐用计算机以及其他工业数据采集设备和通信器材进行配置、监控及问题修复等工作，大幅度降低供应链设备管理工作所需的时间及成本。

10. 安全措施

更高的安全性是支持供应链技术的另一个主要的业务趋势和需求。例如，可以为移动计算机加锁，所以即使设备丢失或被盗窃，客人的信息和其他数据也不会被别人窃取。无线计算机和数据采集设备也支持许多领先的企业级无线网络用的安全措施，其中包括 802.11i、802.1x、WPA、WPA2、LEAP、FIPS-140、RADIUS 服务器及 VPNs 等。

供应链技术将越来越重要。随着供应链的全球化进程的加速，供应链将越来越复杂，竞争越来越激烈，只有先进的 IT 系统才能提供企业需要的供应链功能。因此，IT 对未来供应链的重要性只会增加。但是 IT 在未来供应链中的作用将很难预测。在不远的将来，三大趋势将影响供应链软件业的发展：

第一，同类最优与单一整合；

第二，平台技术的变迁；

第三，供应链管理与 B2B 交易场所的融合。

11.5 实践中的供应链信息技术

信息技术的发展和应用使得供应链中大量的事务处理已完全信息化、自动化，供应链中的任何人员在任何时间、任何地点都有可能获得所需要的信息，大大降低了信息的获得成本，拓宽了信息传播渠道。信息技术可以将上下游企业的经济行为以及企业内部各部门、各岗位的职能行为协调起来；同时，企业应向顾客提供以信息技术为基础的增值服务，同顾客建立稳定的长期联系，以获得竞争优势。

供应链技术将越来越重要。只有先进的信息技术系统才能提供企业所需要的供应链功能。因此，信息技术系统对未来的供应链的重要性必将更大，本节我们可以通过学习沃尔玛供应链管理中的信息技术运用，来认识实践中的供应链信息技术，进一步认识供应链信息技术对企业的支持。

实现供应链的基础是信息共享，沃尔玛在运用信息技术支撑信息共享方面一直都不遗余力，走在许多零售连锁集团的前面。如，最早使用条形码（1980 年），最早采用 EDI（1985 年），最早使用无线扫描枪（1988 年），最早与宝洁公司等大供应商实现 VMIECR 产销合作（1989 年）等。

1985 年，沃尔玛开始利用电子交换系统（EDI）与供应商建立了自动订货系统，通过网络系统，向供应商提供商业文件，发出采购指令，获取收据和装运清单等，同时也让供应商及时准确把握其产品的销售情况。

在 1985—1987 年，沃尔玛投资 4 亿美元由休斯公司发射了一颗商用卫星，从此公司总部与全球 2400 多家分店、100 个配送中心以及数千家供应商通过卫星和共同的计算机系统进行联系。它们有相同的补货系统、相同的 EDI 条形码系统、相同的库存管理系统、相同的会员管理系统、相同的收银系统。位于全球的门店通过全球网络可在 1 小时之内对每种商品的库存、上架、销售量全部盘点一遍。

20 世纪 90 年代初，沃尔玛在总部建立了庞大的数据中心，全集团的所有店铺、配送中心每天发生的一切与经营有关的购销调存等详细信息，都通过主干网和通信卫星传送到数据中心。沃尔玛每销售一件商品，都会及时通过与收款机相连的计算机记录下来，每天都能清楚地知道实际销售情况，管理人员根据数据中心的信息对日常运营与企业战略做出分析和决策。

数据中心还与全球供应商建立了联系，实现了快速反应的供应链管理库存 VMI。供应商通过这套系统可以进入沃尔玛的计算机配销系统和数据中心，直接从 POS 得到其供应的商品流通动态状况，或查阅沃尔玛产销计划。这套信息系统为生产商和沃尔玛两方面都带来了巨大的利益。

1995 年，沃尔玛及其供应商 Warner Lambert，以及它的管理软件开发商一起联合成立了零售供应和需求链工作组，进行合作计划、预测与补给，即 CPFR（Collaborative Planning Forecasting and Replenishment），研究和应用获得很大成功。在供应链运作的整个过程中，

CPFR 应用一系列技术模型，对供应链不同客户、不同节点的执行效率进行信息交互式管理和监控，对商品资源、物流资源进行集中的管理和控制。通过共同管理业务过程和共享信息来改善零售商和供应商的伙伴关系，提高采购订单的计划性，提高市场预测的准确度，提高全供应链运作的效率，控制存货周转率，并最终控制物流成本。

此外，沃尔玛还十分注重为员工提供信息，将公司的经营理念灌输给每个人。20 世纪 90 年代建立了覆盖整个公司的内联网——Pipeline，并在分店里都设有计算机，员工可以随时上网查阅公司或个人的信息、动态。

先进的商业管理思想和信息技术的结合，使沃尔玛摆脱了传统零售业分散、弱小的形象，并创造了零售业工业化经营的新时代。

沃尔玛成功的供应链信息技术运用告诉我们：

第一，选择一种能强调公司成功的关键因素的信息技术系统；

第二，使信息技术系统的先进性与企业对信息系统先进性的要求保持一致；

第三，使用信息技术系统帮助决策而不是制定决策；

第四，与时俱进，时刻关注先进的信息技术的未来。

11.6 学习目标小结

1. 理解信息与信息技术在供应链中的重要性

信息是决定企业生存与发展的关键因素，信息技术提供了整合分析信息、制定企业科学的经营决策的工具。

现代信息技术是一个内容十分广泛的技术群，它包括微电子技术、光电子技术、通信技术、网络技术、感测技术、控制技术、显示技术等。

2. 理解供应链信息技术的分类

3. 供应链信息共享系统可以给企业带来的好处

（1）缩短需求响应时间；

（2）减少需求预测偏差；

（3）提高送货准确性和改善客户服务；

（4）降低存货水平，缩短订货提前期；

（5）节约交易成本；

（6）降低采购成本，促进供应商管理；

（7）减少生产周期；

（8）增强企业竞争优势，提高客户的满意度。

讨论题：

1. 信息技术在供应链管理中的作用是什么？举例说明。
2. 供应链中的信息技术有哪些？具体的运用领域有哪些？
3. 企业如何建立适宜的供应链信息技术系统？
4. 供应链信息技术的未来发展有何趋势？

案例分析

案例1 中石化：化繁为简的供应链

中国石油化工集团公司（下称中石化集团）在《财富》2006年度全球500强企业中排名第23位。其主营业务范围包括：实业投资及投资管理；石油、天然气的勘探、开采、储运、销售和综合利用；石油炼制；汽油、煤油、柴油的批发；石油化工及其他化工产品的生产、销售、储存、运输；自营和代理各类商品和技术的进出口等。

中石化集团作为一个巨无霸型超大企业，如何对其体系庞大，分支多样的供应链系统进行有效监管？如何提升信息化管理在公司决策等方面的价值？

管理诉求

中石化集团希望实现公司全国范围内的数据集中式管理，通过构建集中式决策支持平台，支持全国范围的业务决策多级扩展，使得公司内部的资源可以充分共享，总部可以更加关注诸如资源流向、调运计划、运力资源等有限关键资源，物流部可以实现对区域内的生产企业仓库、配送中心以及网点库的物流资源实行集中管理，最终达到总部可以全面控制供应链各环节的管理要求。

中石化集团也希望建立以订单处理、业务协同为核心的管理机制，通过加强对物流业务协同的核心经营管理，实现外部单一物流订单向内部多个作业执行指令的转变。当订单处理结束下达以后，各协同机构都可以看到与某订单有关的作业指令单，及时安排责任范围内的操作。同时实现对物流全过程的业务监控，对运输配送的订单和调拨订单进行全程跟踪，对订单执行过程中的业务异常情况进行实时反馈至调度中心，调度中心根据实际情况进行相应决策，并对业务进行及时调整。

项目实施

中石化集团作为中国石油化工行业的龙头老大，其信息化发展一直走在行业的最前沿，它的ERP系统项目是由世界知名公司SAP完成的。如今选中上海博科资讯股份有限公司，也是看重博科强大的技术实力以及丰富的行业经验和完善的项目管理实施能力，尤其是在物流供应链软件方面拥有众多成功的知名实施案例。

中石化集团对此次物流系统项目的要求极其严格，要求项目完成的时间仅有3个月。博科项目小组面对中石化庞大的营销网络和复杂的物流调度决策体系，仅仅2个多月就顺利完成项目调研和现场开发。中国石化物流调度决策支持信息系统项目于2007年2月14日成功上线，目前已在全国全面推广使用。

项目实施所应用的软件平台为上海博科资讯股份有限公司自主开发的Himalaya（喜马拉雅）软件平台，通过平台提供的开放RIA架构，结合J2EE和.NET双重体系的优点，实施人员可以充分保证应用的可扩展性。

应用效果

此次物流供应链管理决策支持项目上线后，中石化集团建立起了更加完备的现代化物流体系，通过现代化信息技术，企业优化了资源流向，保证了化工产品安全高效的运送，完全达到了项目建设初期提出的"稳定渠道、在途跟踪、提高效率、降低成本"的系统目标。截至目前，本项目已经成为除了SAP系统之外支撑中石化集团化工销售业务板块的第二大管理信息系统。

从应用效果的层面看，该系统支撑了中石化集团全国近千亿化工产品的销售和物流配送，支撑了中石化全国各地数百个信息点同时在线操作，实现了中石化全国各分公司信息的充分共享，为中石化整个供应链各环节提供了数百个业务功能。通过系统的实际应用，中石化目前已节约了大量的交通运输费用，平均每笔业务交货周期也缩短了数天。

物流多元

由于中石化物流供应链管理决策支持系统的成功上线，中石化集团从2007年起采用三种物流模式，这三种物流模式分别为用户到石化厂自行提货，用户到网点（区域代理商）提货，销售分公司直接将货送到用户手中。三种模式执行三种不同的价格，到石化厂自行提货享受厂价，网点提货为区域价，送货上门模式采用送货价。此举目的旨在降低物流成本，提高配送效率，增强对用户的服务。

三种物流模式对中石化而言，可谓前所未有的变革。此前数十年，中石化采用的都是用户到石化厂自行提货或用户到网点提货两种模式。

（资料来源：现代物流报）

思考题：

（1）什么是供应链信息技术？供应链信息技术对企业的重要意义何在？

（2）中石化物流供应链管理决策支持系统是如何运作的？该系统的实施效益表现在哪些方面？

案例2　甲骨文的供应链谋略：——与"市"俱进

甲骨文为什么将更多精力用在供应链管理上？甲骨文的供应链管理解决方案有哪些亮点？2006年的一份市场调查报告显示，全球企业在供应链管理的资金投入已由2005年的17%提高到2006年的32%。根据调查，2006年，企业在信息化领域花费最多的是ERP。在2007年，企业在ERP上的投入有所下降，在供应链领域的关注则有所提高。

随着甲骨文等众多厂商不断推出供应链管理解决方案，大量新用户已开始不断涌现，这使供应链管理的蓬勃发展成为必然。

早在7年前，甲骨文就开始不断完善和发展Oracle供应链管理方案。尤其是近两年，甲骨文供应链管理得到了快速的发展。权威市场调查公司Gartner的数据表明，根据2005—2006年亚太区总体供应链管理软件收入分析，在2006年，甲骨文的供应链管理软件收入增长与2005年相比涨幅高达80%，是亚太区增速最快的供应链管理厂商。同时，甲骨文公司也是亚太区排名第一的供应链执行软件厂商。甲骨文已成为亚太区增速最快的供应链管理厂商。

"越来越多的客户选择用Oracle供应链管理解决方案建立以信息为主导的价值链，以提高竞争力和赢利。"Oracle供应链解决方案帮助企业从关注财务、ERP、供应链管理计划等内部需求，转变为重视需求驱动、管理创新、多企业协同等外部需求，即通过供应链生态的全面整合，从而有效提高企业的竞争优势与经营业绩。其供应链业务平台较以往的企业价值链中创造价值的部分更加完善，其更注重客户与供应商的和谐配合。可以说，Oracle供应链解决方案打造了一套全球性的、跨组织的、延伸的价值链。

基于此，如果各行业的客户采用Oracle的供应链管理组合，就能更好地对供应商和客户完成供应和需求链的规划。另外，在产品生命周期管理方面，Oracle供应链管理组合可以使客户更好地完成财务管理、资产生命周期管理、人力资源管理、销售及服务管理等方面的工作。

值得一提的是，Oracle 供应链管理解决方案所拥有的杰出的产品开发、需求管理、销售和运营规划、制造、运输以及供应管理功能，在得到客户广泛认可的同时也得到了业界的高度肯定。在"2007 新加坡 SCMLogistics World"博览会期间举办的"供应链杰出奖"颁奖大会上，甲骨文再次荣获"亚太最佳供应链软件解决方案提供商"奖。

在满足了各种行业业务需求的同时，甲骨文供应链管理也得到更广泛的推广应用。目前，Oracle 供应链管理解决方案被广泛应用于工业制造、汽车、物流、航天和国防、通信、旅游、运输、公用事业、石油、天然气、自然资源、公共部门、医疗、保健、教育、研究、金融服务、专业服务、零售、批发工程和建设等领域。

"企业要发展壮大，就要扩展出去跟供应商、客户做协同，企业要从整个供应链，从研发、制造、到配送，整条供应链都去专注，才能最后取得竞争的优势。"

（资料来源：现代物流报）

思考题：
（1）试比较 ERP 与甲骨文的 Oracle 供应链管理方案。
（2）甲骨文不断完善和发展 Oracle 供应链管理方案的核心是什么？该方案的优点在哪里？为什么？

案例3 信息管理技术是消除牛鞭效应的利器

雀巢公司与家乐福公司在确立了亲密伙伴关系的基础上，采用各种信息技术，由雀巢为家乐福管理它所生产产品的库存。雀巢为此专门引进了一套 VMI 信息管理系统，家乐福也及时为雀巢提供其产品销售的 POS 数据和库存情况，通过集成双方的管理信息系统，经由 Internet/EDI 交换信息，就能及时掌握客户的真实需求。为此，家乐福的订货业务情况如下：每天 9:30 以前，家乐福把货物售出与现有库存的信息用电子形式传送给雀巢公司；在 9:30—10:30，雀巢公司将收到的数据合并至供应链管理 SCM 系统中，并产生预估的订货需求，系统将此需求量传输到后端的 APS/ERP 系统中，依实际库存量计算出可行的订货量，产生建议订单；在 10:30，雀巢公司再将该建议订单用电子形式传送给家乐福；然后在 10:30—11:00，家乐福公司确认订单并对数量与产品项目进行必要的修改之后回传至雀巢公司；最后在 11:00—11:30，雀巢公司依照确认后的订单进行拣货与出货，并按照订单规定的时间交货。这样，由于及时地共享了信息，上游供应商对下游客户的需求了如指掌，无须再放大订货量，有效地消除了牛鞭效应。

（资料来源：中国交通技术网）

思考题：
（1）如何评价雀巢公司与家乐福公司在消除牛鞭效应上的选择？
（2）试述信息技术在供应链管理中的重要性。
（3）该案例对中国公司的启示有哪些？

第十二章

电子商务与供应链

学习目标

阅读完本章节后，你将能够：
※ 理解电子商务在供应链中的作用
※ 识别和理解供应链电子商务价值的影响因素
※ 讨论电子商务对供应链成本的影响
※ 了解电子商务环境下，供应链如何提高企业的服务价值与绩效

章前导读

汽车产业的供应链管理

如何整合汽车厂商上下游的关系？加强供应链管理是一个不错的举措。"国内某些汽车厂商的产品出口到海外的问题不少，在配件方面就出现订单与发货不符的现象，如对右舵车国家提供左舵的方向盘和仪表盘。"一位业内资深人士如此评论国内汽车厂商的供应链管理。

近十年来，中国汽车制造业在飞速发展，增长点主要来自零配件、售后服务，这也就对于汽车厂商如何更加有效地控制企业成本，提出了更高的要求。其中，供应链管理又是重要的一环。汽车供应链系统是环环相扣的，汽车制造商和零部件供应商必须加强供应链协作，共同追求整体利益最大化，以形成共同经济利益，才能提升供应链的整体竞争力。但由于供应商与汽车制造商沟通不顺畅、信息不对称、生产与供应流程不协调、缺乏信任等原因，造成供应商与汽车制造商之间的供应链无法紧密协作。在目前的发展状况下，国内汽车制造商和零部件厂商需要相互配合的事情太多，比如都需要提升或变革内部管理体制，加强信息交互，需要加强关键零部件的库存状况和内部生产计划等信息的共享，使双方的业务与合作达到共赢。

（资料来源：王绍军. 电子商务与物流（第2版）[M]. 上海：上海交通大学出版社，2007）

12.1　电子商务在供应链中的作用

所谓电子商务（Electronic Commerce）是利用计算机技术、网络技术和远程通信技术，实现整个商务（买卖）过程中的电子化、网络化和数字化。人们不再是面对面地、看着实实在在的货物靠纸介质单据（包括现金）进行买卖交易，而是应用网络，通过网上琳琅满目的商品信息、完善的物流配送系统和方便安全的资金结算系统进行交易（买卖）。

IBM 公司认为，电子商务简单地说，是一种存在于企业与客户之间、企业与企业之间的以及企业内部的联系网络。电子商务的运用可以帮助企业：

（1）提供整条供应链信息；
（2）与客户、供应商协商价格合约、签订合同；
（3）实现顾客网上下订单；
（4）实现顾客网上跟踪订单。

例如：戴尔公司作为一家电脑直销企业，它能够在销售收入上超过"制造业之王"的汽车工业，超过全世界所有的银行、保险公司等金融机构，超过引领"新经济"的信息企业。从现代管理学意义上讲，戴尔的成功就是建立起了一条高速、有效的供应链。直销模型和在供应链中通过网络进行的不间断信息调整，是戴尔供应链成功的关键。

仔细分析戴尔直销模式的实现方式，可以清楚地观察到戴尔特色供应链的脉络。一方面，戴尔通过电话、网络以及面对面的接触，和顾客建立起良好的沟通和服务支持渠道；另一方面，戴尔也通过网络，利用电子数据交换连接，使上游的零件供应商能够及时准确地知道公司所需零件的数量和时间，从而大大降低库存，这就是戴尔所称的"以信息代替存货"，这样，戴尔也和供应商建立起一个虚拟的企业。

戴尔的供应链中没有分销商、批发商和零售商，而是直接由公司把产品卖给顾客，这样做的好处在于一次性准确快速地获取了订单信息。由于是在网上支付，所以还解决了现金流问题（戴尔几乎无须用自有现金来支持其运转）。

电子商务的发展为供应链中的信息流动方式带来了一场革命。供应链电子商务是指借助互联网服务平台，实现供应链交易过程的全程电子化，彻底变革传统的上下游商业协同模式。它对企业的主要作用：

供应链业务协同：完善企业的信息管理，通过平台帮助企业快速地实现信息流、资金流和物流的全方位管理和监控；同时，利用供应链电子商务，将供应链上下游的供应商、企业、经销商、客户等进行全面的业务协同管理，从而实现高效的资金周转。

转变经营方式：帮助企业从传统的经营方式向互联网时代的经营方式转变。互联网技术的深入应用、网上交易习惯的逐渐形成，使企业的经营模式也需要做出相应转变。借助供应链电子商务平台，可以帮助企业分享从内部管理到外部商务协同的一站式、全方位服务，从而解放了企业资源、显著提升企业的生产力和运营效率。

12.2　B2B 引起企业供应链变革

电子商务发展的真正突破是 B2B 的电子商务，即企业对企业的电子商务，它是在上下游企业之间从事的网络商务活动,是网络经济的基础。从参与企业的数量、涉及的金额、交互信息的规模上来说,B2B 都将成为电子商务的主体。在这种环境下,企业不仅要协调企业内计划、采购、制造、销售的各个环节,还要与包括供应商、承销商等在内的上下游企业紧密配合。

B2B 模式的电子商务面向企业整个供应链管理,并带来了供应链的变革,使企业降低交易成本、缩短订货周期、改善信息管理和提高决策水平,从质量、成本和响应速度三方面改进企业经营,增强企业竞争能力。

12.2.1 B2B 电子商务模式引起企业供应链的变革概述

(1) 企业内部存在着物流、信息流、资金流的流动,企业与企业之间也存在着这样的流动关系。在日趋分工细化、开放合作的时代,企业仅仅依靠自己的资源参与市场竞争往往处于被动,必须把同经营过程有关的多方面纳入一个整体的供应链中。

(2) B2B 的电子商务模式弥补了传统供应链的不足。它不再局限于企业内部,而是延伸到供应商和客户,甚至供应商的供应商和客户的客户,建立的是一种跨企业的协作,覆盖了从产品设计、需求预测、外协和外购、制造、分销、储运和客户服务等全过程。

(3) B2B 的电子商务模式带来了供应链管理的变革。它运用供应链管理思想,整合企业的上下游的产业,以中心制造厂商为核心,将产业上游供应商、产业下游经销商(客户)、物流运输商及服务商、零售商以及往来银行进行垂直一体化的整合,构成一个电子商务供应链网络,消除了整个供应链网络上不必要的运作和消耗,促进了供应链向动态的、虚拟的、全球网络化的方向发展。它运用供应链管理的核心技术——客户关系管理(CRM),使需求方自动作业来预计需求,以便更好地了解客户,给他们提供个性化的产品和服务,使资源在供应链网络上合理流动来缩短交货周期、降低库存,并且通过提供自助交易等自助式服务以降低成本,提高速度和精确性,提高企业竞争力。

(4) B2B 实现了整个产业在供应链网络上的增值。在供应链上除资金流、物流、信息流外,最根本的是要有增值流。各种资源在供应链上流动,应是一个不断增值的过程,因此供应链的本质是增值链。从形式上看,客户是在购买企业提供的商品或服务,但实质上是在购买商品或服务所带来的价值。

12.2.2 电子商务对供应链运营业绩的影响

如果一家公司想要充分利用电子商务这一优势,它就必须了解互联网与其他销售渠道在信息流、产品流、资金流上的区别。在电子商务时代,公司运用电子商务业务时,必须明确电子商务创造的价值。

供应链电子商务的最大好处是:

节约交易成本:用 Internet 整合供应链将大大降低供应链内各环节的交易成本,缩短交易时间。

降低存货水平:通过扩展组织的边界,供应商能够随时掌握存货信息,组织生产,及时补充,因此企业已无必要维持较高的存货水平。

降低采购成本,促进供应商管理:由于供应商能够方便地取得存货和采购信息,应用于采购管理的人员等都可以从这种低价值的劳动中解脱出来,从事具有更高价值的工作。

减少循环周期：通过供应链的自动化，预测的精确度将大幅度地提高，这将导致企业不仅能生产出需要的产品，而且能减少生产的时间，提高顾客满意度。

收入和利润增加：通过组织边界的延伸，企业能履行他们的合同，增加收入并维持和增加市场份额。

1. 电子商务对收入的影响

电子商务对公司或供应链收入创造了一系列的机会，主要包括：

（1）为顾客提供直销；
（2）从任何区位提供 24 小时服务；
（3）汇集各种渠道的信息；
（4）提供个性化和个人化的信息；
（5）加速进入市场的时间；
（6）实施弹性定价；
（7）实现价格和服务的区别对待；
（8）便于有效资金的转移。

2. 电子商务对成本的影响

电子商务对成本的有利影响：

（1）通过缩短供应链的长度，降低产品的管理成本；
（2）将产品的差异化延至订单发生后发生；
（3）通过可下载产品节省运输成本和时间；
（4）降低设施和流通加工成本；
（5）通过信息共享提供供应链的协调性。

电子商务对成本的不利影响：

（1）集中库存会导致运输成本增加；
（2）如果顾客参与度降低，管理成本就会增加；
（3）信息基础设施需要大量初始投资。

12.2.3　基于电子商务的供应链管理的核心思想

核心思想主要有协同电子商务、电子企业和业务外包三种。

（1）协同电子商务。协同电子商务是电子商务时代供应链管理的核心。企业通过建立自己的电子商务网将自身业务流程、客户、供应商及其他业务伙伴集成起来，使企业在本身的市场领域降低了交易成本，提高了竞争力。美国 Gartner Group 咨询公司的调查显示，一个实施协同电子商务的企业，能实际有效地降低企业开发成本的 25%、交易成本的 30%～70% 和库存成本的 25%～40%，为企业大大扩展了利润空间。

（2）电子企业。电子企业是指把现实资产和网络结合在一起并很好加以平衡的企业，它是电子商务发展的最高阶段。在电子企业里面，每个雇员会像重视关系到企业生存的战略任务那样重视互联网。不是某一个专家管理着员工，而是靠详细的分析和投资回报率指导着企业的领导者。网络应用程序会受到重视，最有价值的资产将是那些把网络科技和商业结合在一起为公司服务的科技人员。

（3）业务外包。业务外包是企业将自己的业务集中在拥有核心技术、能够增加最大附加值的环节，而把不属于核心竞争力的功能弱化或独立分离出去，以便获取最大的投资回报，它体现了企业在新的竞争形式下，通过不断发掘进而强化自身核心竞争力。充分利用业务已是企业重要的经营战略。耐克公司作为世界上最大的运动鞋制造商，没有生产过一双完整的鞋；波音公司作为世界上最大的飞机制造公司，自己却只生产座舱和翼尖，波音747飞机的450多万个零部件，大多是由世界上几十个国家的有关企业提供；通用汽车公司居世界500强前列，仍把年营业额高达200亿美元的生产汽车零配件的Delphi公司分离出去。这些厂商或拥有设计、品牌，或在销售上具有独特竞争优势，所以他们将生产过程外包给了其他厂商，从而获取了更大的利润。

12.3 电子商务供应链的实践和发展

12.3.1 电子商务和供应链管理集成的必要性分析

1. 增强企业的竞争力

根据有关资料统计，集成化管理的实施可以使企业总成本下降10%；供应链上的节点企业按时交货率提高15%以上；订货—生产的周期缩短25%～35%；供应链上的节点企业生产率增值提高10%以上；等等。这些数据说明，在电子商务环境下，供应链企业在不同程度上都取得了发展，其中以"订货—生产的周期缩短"最为明显。

2. 可有效地实现供求的良好结合，刺激消费需求

通过生产企业内部、外部及流通企业的整体协作，大大缩短了产品的流通时间、加快了物流配送的速度，并将产品按消费者的需求生产出来，快速送到消费者手中。它还能使物流服务功能系列化，在传统的储存、运输、流通加工等服务的基础上，增加了市场调查和预测、采购及订单处理、配送、物流咨询、物流解决方案的选择与规划、库存控制的策略建议等增值服务。

3. 可降低社会库存

可以对组成供应链的各个环节加以优化，建立良好的相互关系，减少各个环节的信息延迟，消除信息扭曲现象，促进产品需求信息的快速流通，以减少盲目生产和社会库存量，避免库存浪费和减少资金占用。以此，减少由于信息不对称造成的库存积压。

4. 可有效地降低采购成本

可以帮助企业减少供应商的个数且使企业伙伴减少订单流程的成本以及循环时间；可以在采购过程中去除中间不必要的流通环节，精心计划流通路线，从而有效地降低流通费用。

12.3.2 电子商务环境下的SCM模式的发展

迅猛发展的电子商务时代，供应链管理的核心任务可归纳为：动态联盟的系统化管理，生产两端的资源优化管理，不确定性需求的信息共享管理以及生产的敏捷化管理。在这种要求下，供应链的管理必然要适应电子商务的特点，开发出集成化的供应链管理模式。

1. 价值链驱动模式

价值链（Value Chain）概念是 1985 年 Michael E. Porter 在《竞争优势》中提出的。为理解成本行为与现有的和潜在的歧异性的来源，价值链将一个企业分解为战略相关的基本价值活动和辅助价值活动。1995 年，Jefferu F. Rayport 和 John J. Sviokla 提出了虚拟价值链的观点，他们认为现今的企业都在两个世界中竞争，即管理者可感知的物质世界及由信息构成的虚拟世界。两条价值链的经济原理、管理、价值增值的过程都不同。因特网的出现，使实物价值链与虚拟价值链得以并行，实物价值链上的每个环节都可与虚拟价值链相结合，而电子商务的出现，使两条价值链的边界变得更为模糊。

价值链驱动（VCI）的最终目标是向世界各地任何规模的交易伙伴实时传递相关的动态数据流，以此来影响供应链的电子商务市场。一个 VCI 的固化软件程序可以实时地与其他的软件程序传递数据，进行交流。例如，当某个用户发出的订单自动地传送到仓库管理系统时，系统不仅将记录放入仓库管理后台数据库中，还将同时触发一个物流配送系统进行运输，如果仓储低于库存下限，则同时会触发生产制造系统，发送产品生产的指令。

2. 合作、预测与供给模式

合作、预测与供给（Collaborative Forecasting and Replenishment，CFAR）模式是由国际著名的商业零售连锁店 WalMart 及其供应商 Warner – Lambert 等 5 家公司联合成立的零售供应链工作组合作研究和探索的，它应用一系列的处理和技术模型，提供覆盖整个供应链的合作过程，通过共同管理业务过程和共享信息，改善零售和供应商的伙伴关系，以达到显著改善预测准确度，降低成本、库存总量和现货百分比，发挥出供应链的全部效率的目的。

CFAR 模式具有以下三条指导性原则：

（1）合作伙伴框架结构和运用过程以消费者为中心，面向供应链进行运作。

（2）合作伙伴共同开发单一、共享的消费者需求预测系统，该系统驱动整个供应链计划。

（3）合作伙伴均承诺共享预测并在消除供应过程约束方面共担风险。

CFAR 模式是一个更为具体的基于电子商务的集成供应链管理模式，它的实施能够使供应商加强对存货的管理以及不断地修补对企业整体的预测。通过 CFAR 模式，各方利用网络的方式来交换一系列的书面协议、促销计划以及预测，这使参与方通过关注预测数据的不同来协调整体的预测。

12.3.3 集成化电子供应链的体系结构

集成化电子供应链的主要特征是企业价值链的虚拟化、市场的趋同性和产销关系的变化。电子商务对供应链上的信息流、物流、商流进行优化和整合，促进了企业之间的沟通，有利于新产品的开发，改进流程效率，维持低库存零退货。由于电子商务的介入，供应链的体系结构相应也发生了变化。

图 12-1 给出了基于电子商务的供应链体系结构。可以看出，电子商务企业的供应链利用 Internet 技术实现企业内部和企业之间的信息集成和信息协作，利用 Internet 上国际市场进行信息与资金流的交换。这些信息技术的全力支持，使供应链上各成员真正实现围绕物流和

资金流进行信息共享和经营协调，真正实现柔性的和稳定的供需关系。

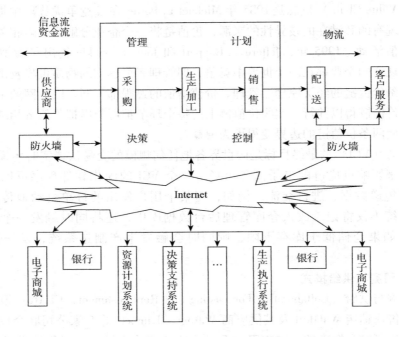

图 12-1 基于电子商务的供应链体系结构

12.3.4 基于供应链管理的电子商务模式——以汽车行业为例

电子商务的应用改变了供应链的稳定性和影响范围，也改变了传统的供应链上信息逐级传递的方式，例如汽车行业，基于供应链管理的电子商务模式不仅可以提高供应链运营的效率，提高顾客的满意度，而且可以使供应链管理的组织模式和管理方法得以创新，并赋予供应链更高的柔性。

汽车工业按照本身的生产与市场的发展规律，其行业的体系结构具有一个基本模式，即汽车工业形成了从原材料供应、汽车零件加工、零部件配套、整车装配到汽车分销乃至售后服务的一整套供应—制造—销售—服务供应链体系结构。

近年来，全球汽车业发生着巨大的变化，主要表现在汽车工业市场的全球化与制造的全球化，包括原有设备制造商（Original Equipment Manufacturer，OEM）技术转移、全球化的生产加工和材料采购、世界范围的分销渠道；同时由于客户需求直接并强烈地驱动着产品的开发、生产、销售与服务的全过程，因此更加注重客户关系管理（Customer Relationship Management，CRM），注重客户对产品的越来越趋于多样化、复杂化和个性化需求。

汽车制造企业的管理已突破了单一企业的范围，将客户、营销网络和供应商等的相关资源纳入了管理的范围，利用 Internet/Intranet/Extranet 建立虚拟公司的扩展供应链，即全球网络供应链的集成管理，以信息的形态及时反映物流活动和相应的资金状况，真正实现物流、资金流、信息流的实时、集成、同步的控制，从而保证"增值"的实现。

此种模式有如下特点：

（1）通过电子商务平台，汽车制造商与上游供应商（汽车部件供应商、零件供应商、原材料供应商）将组成一个有效的上游零部件产品供应链。汽车制造商将致力于汽车的设计和研发，几乎不生产汽车部件的企业，将供应商送来的汽车部件进行最后组装，然后打上自己的品牌。例如，通用汽车公司也已经将庞大的德尔福（Delphi）汽车部件生产系统公司分拆出去。

（2）当网上支付体系、安全保密、认证体系非常完善以后，网络用户数量增加很大，大量网络用户个性化需求明显，通过汽车制造商的 CRM 系统快速形成"批量订制"已经成为可能。已形成的"批量订制"订单触发汽车制造商的 ERP 系统，拉动其"批量生产"。

（3）原材料及汽车零部件供应商、汽车制造商的物流配送体系与其主业剥离，社会化、专业化的物流体系逐步完善，第三方物流配送中心完成汽车产品供应链物流配送功能。信息流为：上游供应商的 CRM—第三方物流系统—汽车制造商的 iProcurement，汽车制造商的 CRM—第三方物流系统—客户需求。

（4）汽车制造商的 ERP 系统定位于企业内部资金流与物流的全程一体化管理，即实现从原材料采购到产成品完成整个过程的各种资源计划与控制，主要目标仍是以产品生产为导向的成本控制。基于 Internet 技术，企业在应用 ERP 系统实现内部资金流、物流与信息流一体化管理的基础上，借助 iProcurement、ERP 与 CRM 集成一体化运行便可以帮助企业实现对整个供应链的管理。

（5）网络经济是一个非常强大和健康的经济体系，它无情打击低效率和浪费，自动攻击不合理的利润与迫害性的垄断。随着网络经济不断发展，分销商经销渠道逐步萎缩，其汽车销售功能由电子商务销售平台替代，信息收集、反馈和处理由汽车制造商的 CRM 完成，物流配送功能由专业化的第三方物流公司完成。

12.4 学习目标小结

1. 电子商务、供应链电子商务的定义、内容

电子商务是利用计算机技术、网络技术和远程通信技术，实现整个商务（买卖）过程中的电子化、网络化和数字化。

供应链电子商务是指借助互联网服务平台，实现供应链交易过程的全程电子化，彻底变革传统的上下游商业协同模式。

它对企业的主要作用：

供应链业务协同：完善企业的信息管理，通过平台帮助企业快速地实现信息流、资金流和物流的全方位管理和监控；同时，利用供应链电子商务，将供应链上下游的供应商、企业、经销商、客户等进行全面的业务协同管理，从而实现高效的资金周转。

转变经营方式：帮助企业从传统的经营方式向互联网时代的经营方式转变。

2. 理解电子商务环境下的 SCM 模式

（1）价值链驱动模式。

（2）合作、预测与供给模式。

3. 讨论供应链电子商务对供应链运营业绩的影响，对企业成功的影响

（1）电子商务对收入的影响：电子商务给公司或供应链收入创造了一系列的机会。

（2）电子商务对成本的影响：电子商务对成本的有利和不利影响。

Internet 前所未有的发展使之成为一种大众传媒，为商品化提供了机会。如果正确实施，它能为主要的商业活动带来收益，它通过降低成本、缩短时间等对原有的商业模式造成了巨大冲击。因此，基于 Internet 的电子供应链管理系统（e-SCM），实质上已将整个世界连接成为一个巨大的价值链。

讨论题：
(1) 如何理解电子商务的定义及特征？
(2) 供应链电子商务模式有哪些？划分的标准是什么？
(3) 为什么说电子商务的发展对供应链中的信息流动方式带来了一场革命？
(4) 现代企业在激烈竞争中取胜的关键是什么？
(5) B2B 交易场所的出现将给供应链信息技术系统带来哪些影响？

案例分析

案例 1　电子商务在宝钢供应链管理中的应用

宝钢推行电子商务的背景

在钢铁产品同质化和市场价格趋同的态势下，宝钢和国内外竞争对手从产品之争、价格之争转向深层次的服务之争。钢铁行业的下游用户小批量、多品种、高品质、短交货期的要求日益严格，上游战略物资供应日益紧张。宝钢历经 20 余年企业信息化建设，已建成较为完善的企业制造管理系统（ERP）、庞大的企业数据仓库系统。

置身于全球化竞争日益激烈的环境，宝钢及时地确立"以客户为中心"的经营理念，从注重企业内部业务的集成转向注重企业间业务的协同，利用互联网技术开展电子商务，提升全程供应链的竞争力。宝钢建设了以"宝钢在线"网上营销服务系统（www.baosteel.net.cn，以下简称"宝钢在线"）为代表的电子商务平台，整合以宝钢为核心的供应链资源，开展销售、采购、物流、客户服务等网上业务。

宝钢电子商务的工作目标

"宝钢在线"是宝钢进行采购、销售、客户服务、物流、电子单据传递等电子商务活动的平台。作为宝钢钢铁主业信息化战略的重要组成部分，"宝钢在线"以电子商务手段整合外部配套服务资源，致力于统一宝钢与外部企业之间的数据交换标准，促进宝钢与上下游外部企业之间的供应链协同，提高宝钢的核心竞争力和企业形象。

"宝钢在线"通过灵活的技术架构和开发模式将供应商、客户及第三方服务机构复杂多变的业务需求所带来的不稳定因素有效地屏蔽在 ERP 系统之外；通过完善的软硬件安全体系，把外部供应商、客户通过互联网与宝钢内部业务单元互动所带来的不安全因素有效地屏蔽在 ERP 系统之外，使宝钢内部主体业务单元能够在稳定、安全的系统网络环境下与外部供应商、客户充分互动并提供全方位的服务。

宝钢电子商务的企业效益

"宝钢在线"为宝钢运用电子商务手段建立贯穿钢铁主业从采购到销售全程的供应链提供了有效的支撑。2003 年，宝钢核心企业宝钢股份在荣获中国企业信息化 500 强第一名的同时，还荣获最佳电子商务应用单项奖。2004 年，"宝钢在线"实现在线交易额 81 亿元，较 2003 年同期增长 36%；2005 年，"宝钢在线"在线交易额达到 100 亿元。

(1) 共享的专业与基础服务。"宝钢在线"既需要安全认证、电信服务、GPS 跟踪等基础环境，也离不开工商税务、银行金融、海关商检等社会环境。"宝钢在线"的专业与基础服务定位于整合宝钢实现电子商务所需的所有外部配套资源，并基于统一的平台提供服务。

（2）对采购供应体系的支撑。通过"宝钢在线"，供应商可以及时了解宝钢的采购动向，吸引更多的供应商参与招标和咨询报价采购活动，提高了采购的公正性和透明度，宝钢从中也可以发现新的更有竞争力的供应商。通过与供应商系统的衔接，为实现宝钢与供应商之间的协同，降低采购总成本创造了条件。

根据不同类物品采购的市场特点，宝钢采取了与之相适应的采购策略和电子商务模式。从2000年年底开始，持续将维修运行（MRO）类资材备件在网上进行招标，招标总金额已超过24亿元。

（3）对销售服务体系的支撑。通过"宝钢在线"，客户可以询单、订货，可以查询合同的生产进度、发货和在途运输、质保书和结算信息，缩短了沟通时间，提高了客户满意度。

"宝钢在线"通过数据集成交换平台实现与钢厂制造管理系统、地区/专业贸易公司ERP、加工配送中心MIS、第三方物流、银行、海关等供应链上系统的初步信息共享，支持销售服务体系的有效运作。

（4）对物流服务体系的支撑。通过"宝钢在线"，宝钢与物流服务商、物流作业实体之间实现了电子单据和物流计划的信息交换，GPS/GIS平台支持宝钢采购业务中对远洋轮船和销售业务中对近海江河船舶的可视化跟踪，支持物流过程监控，为物流方案制定、决策提供支持，提高了面向客户的物流服务能力，同时缩短了物流在途运输周期，降低了物流成本。

（资料来源：http://edu.wuliu800.com/2009/0107/12442.html）

思考题：
1. 结合宝钢实施的供应链电子商务策略，简述什么是供应链电子商务。
2. 宝钢已经将电子商务与企业业务进行结合，这一策略产生了哪些优势？
3. 电子商务模式在其他行业将如何具体运用？

案例2　亚马逊公司与电子商务

从1995年6月到1997年5月，亚马逊在默默地进行着探索、积累，在1997年后下半年完成了质的飞跃。这就是邦诺书店后来虽然上网，但并没有成为最大的网上书店的原因。

那时的亚马逊，在那个领域里没有劲敌。原因很简单，这是个全新的市场，亚马逊是"第一个吃螃蟹的人"。3年以后，亚马逊被《福布斯》杂志称为世界上最大的网上书店。1999年的销售额是30亿美元，2000年吸引价值80亿美元交易。4年后，这家公司拥有了1 310万名顾客，书目数据库中含有300万种图书，超过世界上任何一家书店，成为网上零售先锋。1999年亚马逊书店创办人贝索斯当选美国《时代》周刊本年风云人物，这位年轻的企业家对一家网络大书店的远见，掀起了全球网上购物的革命。

亚马逊网络公司（Amazon.com）在互联网上出售书籍、音乐及其他产品。它拥有200多亿美元的市场份额，是最大的电子商务网站之一。如果考虑到该公司在1994年才成立，上述销售业绩就特别令人难忘。1999年，该公司年销售额达16亿美元。

亚马逊网络公司总部设在西雅图，它根据顾客订单，从分销商处购进图书，完成订单，以此起家。这种网上售书活动不同于传统的书店，后者根据顾客需求预测直接从出版商处购进图书并储存起来。今天，亚马逊公司已经拥有数家库存仓库。它储存最畅销的书籍，有时也从分销商处购进其他图书。公司利用美国邮政服务和其他包裹快递，如美国联合包裹递送中心（United Parcel Service，UPS）和联邦速递，将所订图书送达顾客。

传统的图书经销商，如博德斯（Borders）与班尼斯诺博（Barnes and Noble），也开始采用互联网来销售图书。班尼斯诺博建立了 Barnes and Noble.com，它作为一家单独的公司存在。然而，这两条供应链可以在一定程度上共用仓储和运输系统。

思考题：

1. 为什么亚马逊公司在成长过程中建设了许多仓库？
2. 互联网售书比传统书店有哪些优势？存在哪些劣势？
3. 为什么亚马逊公司在储存畅销书的同时也从分销商处购进其他书籍？
4. 互联网零售图书能为像博德斯这样的书商或像亚马逊网络公司这样的电子商务网站创造更大价值吗？
5. 像班尼斯诺博这样的传统书商是否应该将电子商务引入它们现在的供应链，或者将其作为单独的供应链进行管理呢？

附 录

实训一　供应链管理的认识

（2 课时）

一、任务与要求

1. 实训任务

老师事先准备不同的企业资料，并进行编号，学生抽签决定各组阅读及案例分析的具体内容。然后每组成员各自推选主讲代表进行小组案例分析汇报。汇报的内容是小组讨论结果。

2. 实训要求

每位学生必须认真阅读案例资料并积极参与小组讨论，小组讨论结果最后要形成文字的案例分析报告并上交。

二、实训条件

教室：多媒体教室或者大教室，便于分组讨论。

三、实训步骤

（1）全班分组，由同学推选组长或者事先确定。通过抽签选取本组的案例资料。
（2）由每组成员自行根据案例进行分析与讨论。
（3）每组在学生阅读案例资料的基础上展开讨论，并写出汇总的案例分析报告。
（4）每组推荐一名同学进行案例分析报告汇报。
（5）由老师进行点评。

四、成果要求

每组都要由组长组织成员完成案例分析报告，在实训过程中，要求每位同学必须参与讨论，并将其计入学生个人平时成绩进行考核。

五、考核评价

考核方式采用参与积极性、案例演示与书面报告相结合的方式,其中参与积极性占10%,案例演示占50%,书面报告占40%,对于表现突出的成员可以给予适当加分。

六、作业

完成以下思考题:
(1) 为什么现在的企业都积极实施供应链管理?
(2) 简述供应链管理在管理过程中的重要意义。
(3) 供应链管理策略有哪些?成功企业的实施经验有哪些值得借鉴和学习?

七、参考资料

[1] 森尼尔·乔普瑞,彼得·梅因德尔. 供应链管理 [M]. 北京:社会科学出版社,2003.

[2] 丹尼尔·L,伍德,等. 现代物流学 [M]. 北京:社会科学出版社,2003.

实训二　经典供应链管理实施企业案例分析

（2 课时）

一、任务与要求

1. 实训任务

老师事先准备不同的企业实施供应链管理的经典案例，并进行编号，学生抽签决定各组案例分析任务。然后每组成员各自进行案例讨论及确定案例分析报告汇报的同学，每组以 PPT 格式制作案例分析报告并进行汇报讨论。

2. 实训要求

各组成员必须对案例资料进行认真分析，从资料中真实地感受供应链管理理论的价值所在。按照案例分析的格式和方法等基本过程，针对案例资料中的各种问题积极发言，要求每组同学人人发言。组长负责案例讨论记录及总结报告撰写，实现本次任务的目标。

二、实训条件

教室：多媒体教室。

三、实训步骤

（1）全班分组，通过抽签选取本组的案例。
（2）由每组成员自行根据案例进行分析与讨论。
（3）根据分析结果进行准备与排练。
（4）每组进行案例演示。
（5）由老师进行点评。

四、成果要求

每组都要由组长组织成员完成实习案例分析报告，对于在实训过程中知识的运用情况及每位成员的个人感悟进行总结。

五、考核评价

考核方式采用参与积极性、案例演示与书面报告相结合的方式，其中参与积极性占 10%，案例演示占 50%，书面报告占 40%，对于表现突出的成员可以给予适当加分。

六、作业

完成以下思考题：
（1）这些企业实施供应链的原因有哪些？评述一下。
（2）不同类型的企业如何实施有效的供应链管理？其效益何在？
（3）其他行业或者企业的供应链实施方案可能会有哪些？

七、参考资料

资料一　红塔集团供应链运作方案设计

背景资料：

1. 企业背景

玉溪卷烟厂建立于1956年，在改革开放中，以优质原料作保障，率先高起点引进国际先进技术及装备，辅以现代化管理，生产建设出现了大幅度的跳跃，企业步入良性发展之路。

玉溪卷烟厂名列1996年中国工业企业前10名（按销售收入排序），经济效益和社会效益连续多年居全国烟草行业之冠，实现利税连续多年居全国众多大型企业的前茅，成为全国烟草行业中唯一的国家一级企业。生产各种型号的优质卷烟，先后分别荣获省优、行（部）优、国优等许多质量奖励。

2. 市场背景

国有企业的经营目标是在国有资产保值增值的前提下实现利润最大化，为了增加利润，绝大多数企业都千方百计地提高市场占有率、降低消耗（即第一、第二利润源泉），但随着市场竞争的日益激烈，企业在可控性强的生产领域内降低成本的空间已越来越小，大规模扩张市场份额也越来越困难。在这种形势下，特别是随着我国正式加入WTO，在国内烟草行业中占有重要地位的玉溪红塔集团跟国内其他国有企业一样，面临着更加严峻的挑战，入世后企业面临的市场环境、体制环境、政策环境都会发生重大变化。国内市场国际化趋势会更加明显，企业会面对更多的竞争对手，市场竞争主体的类型将趋于多样化，社会和市场的划分会越来越细，专业化程度也会越来越高，因此，从市场和生产领域外的采购、运输、仓储、配送等环节上着手，实行供应链管理，挖掘现代物流——第三利润源泉，已经成为包括红塔集团在内的国有企业提高利润的重要途径，这是我们在当前严峻形势下必须高度重视和亟待研究的一个新课题。

3. 主要产品及业务

红塔集团立足云南、立足西部、面向全国，形成了五大产业支柱，即能源交通企业群、烟草配套企业群、建材木业企业群、金融证券企业群、酒店房地产企业群；多元化发展实现了跨地区、跨行业、跨国、跨所有制经营，在北京、上海、深圳、珠海、黄山、重庆、成都等地设立了公司；在云南省内的昆明、玉溪、大理、思茅、西双版纳、怒江、红河、曲靖、临沧等地进行了投资。各投资企业生产的产品主要有电力、白卡纸、水松纸、卷烟纸、铝箔纸、纸箱、商标印刷、轻型汽车、水泥、中密度纤维板、铝型材、铝塑管、塑钢型材、油墨、建筑涂料及各种木制品等，在回馈社会、促进地方经济发展、替代进口、节约外汇、开辟就业渠道等方面，为云南经济的发展和西部的开发做出了贡献。

4. 供应链基本资料

红塔集团分步实施ERP信息系统工程，红塔引进的ERP SAPR/3系统是一个具有国际先进水平的、基于客户/服务器结构的企业资源计划系统，其功能覆盖企业的供应、生产、销售和分销、财务、人力资源管理等各个方面。SAPR/3系统以模块化的形式提供了一整套优化的业务解决方案,并具有高效率、集成化、规范化、灵活性、开放性、界面友好等优点。SAPR/3系统中的物料管理模块基本覆盖了一个企业内部供应链中物料管理所涉及的内容,该系统能控制物料从计划到采购、收货、入库、付款的详细流程,能对供应商进行评估,对其报价进行管理和比较,同时对价格进行控制,以取得最佳效益。

目前红塔 ERP 系统第一期工程已于 2002 年 1 月正式上线,企业的现代化管理从此进入了一个崭新阶段,它为红塔带来了深刻的变化,不仅有管理技术和方式方法上的变革,更重要的是还为红塔带来了思想观念上的冲击,这为实现供应链管理打下了良好的基础、创造了有利的条件。当然,红塔集团还有其他许多优势和有利条件可以利用。现在正是实行供应链管理的最好时机。

5. 存在的问题

尽管如此,红塔集团要真正实现供应链管理仍然面临着较大的困难,有观念问题,有专业人才缺乏等问题,也有供应链管理经验不足以及链上个别企业物流管理水平偏低等。

6. 参考资料

在规划设计过程中存在资料不足问题可以在网上寻找,主要网址:http://www.hong-ta.com,或者选其他网址资料,也可以自行假设有关条件。

资料二 班博集团供应链运作方案设计

背景资料:

1. 集团简介

班博集团旗下拥有多家全资、控股、参股的企业,包括陕西班博软件有限公司、陕西班博材料新技术有限公司、陕西艾比科技开发有限公司、香港蓝维集团有限公司、上海班博服饰公司、广东班博服饰公司等系列公司,其产业领域涵盖品牌休闲服特许连锁经营、高科技纳米技术研发、现代企业管理软件等。全系统内共有员工 2 000 余人,平均年龄 26 岁,其中 90% 以上为大专以上学历。

该集团在国家工商局注册有"班博""www.boboo.com"等中英文系列商标。在陕西省内获得多项荣誉。

班博集团是具有丰富经营管理经验的现代型企业,集团经营模式呈哑铃型,重两头、轻中间,即重源头设计研发、重终端商务销售而轻中间生产外包,是以特许连锁经营模式运行的品牌运营集团企业。目前班博特许专卖店遍布全国 20 多个省、市、自治区的大中城市,多达 300 多家,并正在以平均每月开业 12 家的速度向全国扩展。

2. 营销供应链建设的背景

进入 2000 年以来,班博作为一家以加工销售休闲服饰为主的特许经营连锁企业,沐浴着西部大开发的春雨,抓住千载难逢的商机,开拓奋进,各项事业蓬勃发展。但是伴随着市场经济的深化和企业的不断扩大,班博面临的紧迫问题已经不是生产效率问题了,而是如何更好地捕捉消费需求,更快地进行货品周转。传统的进销存系统已经不能满足企业的管理需求和集团快速增长的需求了,因此,班博集团领导人决定引进先进的营销供应链思想及信息系统,强化营销网络的管理,促进销售能力和新品研发和更新换代能力,以增强企业核心竞争力,迎接未来的挑战。

3. 目前存在的主要问题

（1）经营管理部门对市场的响应迅速慢。因为传统的 C/S 结构技术落后，不能更好、更快地采集信息。

（2）无法实时采集数据。大多数运作依靠的还是传统的手工单据和电子邮件，通常是每周传真销售和库存报表，运作效率低下。

（3）不同经营主体信息不能共享。数据不能迅速被集团各相关职能部门掌握，存在"信息孤岛"现象。

（4）人工作业工作量大，不能提供动态业务监控，难以产生有价值的决策数据。

4. 参考资料

班博网站：www.boboo.com

资料三　彩虹集团供应链运作方案设计

背景资料：

1. 企业背景

咸阳彩虹彩色显像管厂是新中国第一只彩色显像管的诞生地。彩虹总厂地处陕西渭河之滨，是中国彩管行业的龙头企业。该企业近 20 年生产的 6429 万只彩色显像管，遍布祖国大江南北，甚至远销国外，企业年利税达 12 亿元，创下了骄人的业绩。彩虹集团是经国务院批准的国有独资公司，是中央企业工委管理的 180 家国有骨干企业之一。彩虹集团以原陕西彩色显像管总厂为主体，由 15 个有内在经济技术联系的企业、科研院所参加，形成紧密层、半紧密层、松散层构架，于 1989 年 4 月 12 日，经机械电子工业部批准在陕西省咸阳市揭牌成立。

彩虹集团公司成立于 1995 年 9 月，注册地址：北京海淀区上地信息路 11 号；法定代表人：马金泉；注册资本：100 000 万元；经济性质：全民所有制；经营范围：彩色显示器、显像管、电子器件等的研究、开发与经营。彩虹集团是以彩色显示器件为主业、实施多元化经营的特大型企业集团，下属全资子公司、控股公司及合资公司共 20 多家，集团现有总资产 88 亿元，员工 22 400 人。彩虹集团主产品为彩色显像管，其品种有 37cm、54cm 平面直角、64cm 平面直角、64cm 纯平、74cm 纯平及 40cm 彩色显像管、16cm 投影管等，现彩管年生产能力 1 000 万只。目前，彩虹已成为我国最大的、自配能力最强的彩色显像管生产基地。公司从建成投产至今，共生产彩色显像管 7 604 万只，产品累计销售收入 616 亿元，实现利税 78.8 亿元，出口创汇 9.07 亿美元，取得了显著的经济效益和社会效益。

彩虹彩色显像管总厂（简称彩虹总厂）成立于 1995 年 11 月，注册地址：陕西咸阳彩虹路；法定代表人：马金泉；注册资本：100 000 万元；经济性质：全民所有制；经营范围：彩色显示器、显像管、电子器件等的研究、开发与经营；机械加工、修理及运输、气体粗苯及焦油、技术开发、技术培训、技术服务；爱瑞克纯净水的生产、销售。

彩虹显示器件股份有限公司（简称彩虹股份）于 1992 年 6 月募集设立，经中国证监会证监发审字〔1996〕34 号文批准，公司原内部职工股占用额度转为社会公众股，经上海证券交易所上证上字〔1996〕024 号文批准，于 1996 年 5 月在上海证券交易所上市。注册地址：西安市高新产业开发区西区；法定代表人：马金泉；注册资本：42 114.88 万元；经济性质：股份有限公司；经营范围：彩色显示器、电子产品及零部件、原材料的生产、开发与经营、房地产开发经营。

2. 市场背景

彩虹股份是国内最大的彩管基地，随着彩电价格大战的深入，彩管价格持续下滑，同时原材料却供不应求，使成本大幅上升，从而导致公司业绩出现大幅滑坡。

彩管业的命运并不与彩电业完全同步，一些发达国家仍有空白、在国内不被看好的已退出市场的小尺寸彩管，在国外又发现了新的市场，英国许多酒店在房间里仍在使用 14 英寸彩电，这给彩虹股份又带来了新的订单。而随着中国加入 WTO，各电视机厂家的彩电出口随之大增，国内彩管市场迅速启动，市场需求增大。由于彩虹股份目前的主导产品均为市场主流品种，这无疑使公司迎来快速发展的又一轮机遇。

3. 主要产品

彩虹总厂主要产品：显像管、偏转线圈、荧光粉、电子玻璃制品、显示器、电子枪、电视机等。

典型产品名称：64cm 平面直角彩色显像管，型号：64SX505Y22；54cm 平面直角彩色显像管，型号：54SX538Y22；74cm 纯平彩色显像管偏转线圈，71cm 纯平 16∶9 彩色显像管偏转线圈。

4. 供应链基本资料

目前没有形成供应链物流管理系统；设自有仓库 1 处、外租仓库（3 处），并分散在较大范围。

5. 其他资料

要求："彩虹要研究、开拓国际市场，挖掘出口潜力，树立战略性思路，在国际市场上争取更大的份额"。

2001 年以来，由于世界经济发展速度减缓和国际彩管市场供大于求，使彩管出口面临严峻形势。面对激烈的竞争，彩虹集团坚定信心，实施"成本"战略，采取多种措施，保住老市场，开拓新市场。近年来产品出口取得了可喜的成绩。

网址：http：//www.ch.com.cn

实训三 ××企业供应链一体化方案设计

(10课时)

一、任务与要求

1. 实训任务

通过本次课程设计,加深对供应链管理学习中的基本概念、原理认识与理解,熟悉供应链物流网络设计程序和掌握设计方法,进一步理解物流高级化到供应链管理的发展过程;通过课程设计掌握约束理论、并行工程在供应链管理方案规划设计中的应用,以达到全面系统地学习、巩固理论知识,加深实践体验的学习要求。

2. 实训要求

各组成员必须对自己抽取的冲突类型进行认真分析,分析这种冲突产生的原因,然后再采用不同的人际冲突处理技巧,来化解冲突,最终达到顺利沟通的目的。

二、实训条件

教室:多媒体教室。

学生必须对所提供的案例资料进行认真分析,按照课程设计的基本过程、方式与要素,应用相关的理论知识,然后再采用不同的沟通策略,最终达到顺利完成的目的。

三、实训步骤

每组同学确定一个具体的企业作为目标企业,通过对该企业相关数据的收集、分析以及对相关资料的查询,建立相应的信息库和数据资料库,并用物流管理的专业理论知识去解决该企业供应链一体化过程中的相应任务,包括客户关系管理、生产计划与控制、采购管理、物流配送管理、库存管理等模块,设计一个符合企业发展的完整的供应链管理方案,进行系统分析,绘制相应的系统流程图和模块图。

具体操作步骤可参见下图:

(1) 在不同的行业(第三方物流企业、汽车制造业、家电制造业、服装制造业、快销品等)中选一个企业作为目标企业,了解该企业的背景,包括企业的名称、类型、经营范围和性质等。

(2) 从宏观上了解"供应链一体化"的实质和核心内容,理解供应链一体化的流程,制定供应链一体化的任务流程,并根据制定的任务流程来对供应链一体化的设计任务进行分解,建立相应任务模块,即明确供应链一体化设计的操作步骤。具体地,在该层面上的思路可以分解到:供应链一体化需要做哪些具体的工作?其工作流程是怎样的?每一部分的工作需要完成哪些任务?

(3) 在明确了供应链一体化具体需要完成的任务后,进一步分析完成这些任务模块分别需要哪些数据和资料,对这些需要的东西进行统计和总结。

(4) 根据所确定的具体企业资料以及行业背景去寻找、设计需要的具体数据和信息。

(5) 根据确定的任务模块,结合所建立的数据库去一步一步完成设计任务。

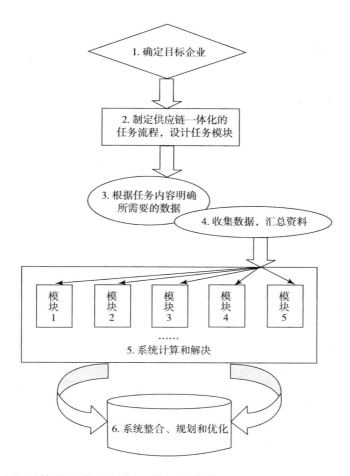

(6) 对设计进行整体的整合和规划，甚至是优化。
(7) 每组进行案例演示。
(8) 由老师进行点评。

四、成果要求

1. 方案设计内容

（1）××企业供应链方案设计的指导思想、经营战略、物流运作模式、区域物流中心或配送中心数量和规模的确定、供应链库存管理等具体实施方案。

（2）明确供应链物流过程涉及的不同经营主体。根据所给资料结合所学的相关知识为该企业设计出科学、高效的供应链管理运作方案的基本流程（涉及不同企业、部门、人员及其作业内容要点）。

（3）用供应链管理理论及方法对该企业现有的供应链过程进行重新整合优化，使企业尽早突破影响供应链管理战略规划实施及未来深层次发展的瓶颈。

（4）分析供应链管理可能给××企业带来的效益，通过本次供应链管理方案的规划设计与实施，企业能最终达到运用全新的供应链管理思想重新整合现有资源，培养和提升自身核心竞争力的目的。

2. 材料要求

（1）方案应满足以下条件：

①理论联系实际，所规划的方案有针对性（目标明确，方案科学可行，能够解决实际问题）；

②采用可行的供应链物流运作模式设计角度（如企业自营物流、第三方物流、1+3模式或咨询机构等）；

③着重体现供应链管理体系的战略与战术构思；

④应包含完整的供应链组织设计和供应链技术设计（组织机构优化及可行的技术方案）；

⑤在规划设计中若需要更多的理论知识及背景资料，除重点参考推荐资料外可登录到相关网站查询，有关设计条件不足的部分可自行假设。

（2）提交小组成员分工表，装订于方案首页。

（3）提交的任务书为纸质稿件，并准备电子稿。

（4）本设计在一周内完成。

五、设计原理

供应链管理设计要点有以下几点：

1. 竞争优先权和制造战略

在消费者产品产业中，零售库存通常是供应链的控制者。零售库存的目的是保证顾客来商店购物时所需要的商品就在货架上。生产商品的工厂也成为供应链的一员，与零售商店竞争。

供应链在成本、质量、时间和柔性基础上的竞争能力受到它的四个长期结构因素的控制，包括生产能力、技术、设备以及纵向集成，同时也受到四个基础设施因素的控制，包括职工、质量、生产计划/控制以及组织。基础设施因素对企业的竞争力的影响正逐渐增强。

制造战略将制造系统分成五种主要类型：单项生产、单件小批生产、批量生产、流水线、连续生产。这五种主要制造系统用来满足按库存生产、按订单组装、按订单配置、按订单生产等不同的市场要求。这几种战略都表明了市场竞争中的竞争优先性。

按库存生产是指在库存中保留产品，以备即刻发货之需，这样可以将交货时间减到最短。这属于推动式供应链模式。先预测需求，在获得真正需求信息之前就进行排产。

相反地，按订单生产是指在制造商获得订单之后再少量生产定制产品。按订单生产的商品通常批量较小，技术要求较高，要求产品性能设计较好，以及有可靠的交货期。

按订单组装和按订单配置是应对大量最终产品装配的战略，也是批量定制的一种选择。按订单组装和按订单配置的产品使用标准配件和零件，要求在装配过程中实现高效和低成本生产，在组装和配置阶段具有柔性，以便满足客户的个性化需求。

2. 有效供应链和响应供应链

供应链失败的一个原因是缺乏对需求本质的了解。缺乏这样的了解通常会导致供应链设计与产品特性不一致。费希尔提出两个别具特色的供应链设计方法：反应性供应链；有效性供应链。

反应性供应链的目的是对市场需求迅速做出反应。这个供应链模型较适于需求预测性较差，预测错误率较高，产品周期短，新产品引进频繁，以及产品多样性较强的情况。反应性供应链设计符合重视快速反应、开发速度、迅速交货、定制和产量柔性等竞争优先。反应性供应链的设计特点包括：柔性和中间流程，根据需要设定库存以便快速交货，大大缩短提前期。

有效性供应链的目的是协调物料流和服务流，使库存最小化，最终获得供应链上的制造商和服务提供商的效率最大化。这个供应链模型较适合需求预测性较高，预测错误率较低，产品周期长，新产品引进不频繁，产品多样性较弱的情况。生产的输出一般存入库以满足需求，交付订单的周期短。有效性供应链设计符合重视低成本运作和准时交货等竞争优先。有效性供应链设计特点包括流水线，低库存缓冲，低库存投资。

3. 钟点时脉

费恩提出每一个行业都有不同的发展速度，这在某种程度上取决于它的生产的钟点时脉：流程钟点时脉和组织钟点时脉。

供应链设计应该反映产品钟点时脉的本质：了解要求可以使企业更有可能拥有一个有效的供应链。分析产品、流程和组织钟点时脉，可以使我们更清楚、更准确地看到客户的未来需要。

4. 牵引式和推动式供应链

供应链的所有流程可以分成两大类：牵引式和推动式。在推动式中，产品的生产根据预测，并在客户订货前进行生产。推动式流程的不确定性很低，但提前期较长，按库存生产是主要的生产方式。在牵引式中，产品的生产受客户的需求触发，这种流程的需求不确定性很高，周期较短，主要的生产战略是按订单生产、按订单组装和按订单配置。

牵引式和推动式在设计供应链中很重要。供应链的首要目的是理解客户的需求，以及如何根据客户的需要按照恰当的时间将恰当数量的产品送到恰当的地点；第二个目的是生产能力的问题，牵引式要求灵活的生产能力。

5. 供应链管理的难点

（1）供应链的集成问题。

（2）供应链的管理者面临的问题。

（3）数据、信息和知识的共享的问题。

六、考核评价

考核方式采用参与积极性、案例演示与书面报告相结合的方式，其中参与积极性占10%，案例演示占50%，书面报告占40%，对于表现突出的成员可以给予适当加分。

七、作业

完成以下思考题：

（1）不同企业为什么要设计供应链的一体化方案？原因有哪些？

（2）不同类型的供应链一体化方案如何设计？

（3）供应链一体化方案设计的过程中的难点和重点问题可能会有哪些？

八、参考资料

参考实训二的资料。